| 뇌과학이 보여주는 |

마음의 풍경

PICTURES OF THE MIND

WHAT THE NEW NEUROSCIENCE TELLS US ABOUT WHO WE ARE

| 뇌과학이 보여주는 |

마음의 풍경

미리엄 볼린-피츠제럴드 지음 | 박소현 · 김문수 옮김

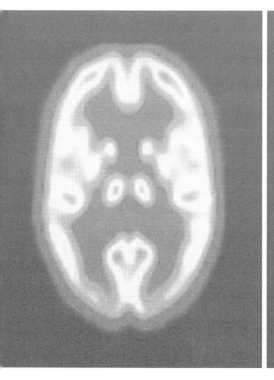
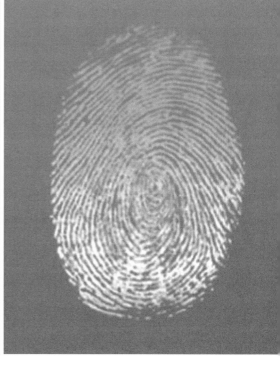

Σ시그마프레스

뇌과학이 보여주는 **마음의 풍경**

발행일 | 2013년 7월 15일 1쇄 발행

저자 | 미리엄 볼린-피츠제럴드
역자 | 박소현, 김문수
발행인 | 강학경
발행처 | (주)시그마프레스
편집 | 이미수
교정 · 교열 | 이정현

등록번호 | 제10-2642호
주소 | 서울특별시 영등포구 양평로 22길 21 선유도코오롱디지털타워 A401~403호
전자우편 | sigma@spress.co.kr
홈페이지 | http://www.sigmapress.co.kr
전화 | (02)323-4845, (02)2062-5184~8
팩스 | (02)323-4197

ISBN | 978-89-6866-060-3

Pictures of the Mind
What the New Neuroscience Tells Us About Who We Are

＊ 책값은 뒤표지에 있습니다.

이 도서의 국립중앙도서관 출판시도서목록(CIP)은 서지정보유통지원시스템 홈페이지 (http://seoji.nl.go.kr)와 국가자료공동목록시스템(http://www.nl.go.kr/kolisnet)에서 이용하실 수 있습니다.(CIP제어번호: CIP2013010759)

역자 서문

우리가 무언가를 생각할 때 그 생각은 어디서 일어나는 것일까? 누군가를 그리워하거나 미워할 때 어디서 그런 감정이 생겨나는 것일까? 이러한 생각을 하는 '나'는 누구이며 어떻게 내가 그런 '생각'을 하고 있는 것일까?

이런 궁금증을 풀려면 어떻게 해야 할까? 물론 뇌를 살펴보아야 할 것이다. 그런 생각이나 감정이 일어나는 곳이 뇌이고, '나'라는 존재가 나의 '뇌'와 떼려야 뗄 수 없는 관계에 있다는 것은 이제 상식이라 할 수 있다. 그런데 신경세포들로 이루어진 뇌가 도대체 어떤 작용을 하기에 그런 일들이 일어나는 걸까? 이 문제를 해결하기에는 갈 길이 한참 멀지만, 현재의 뇌과학 수준은 우리가 어떤 생각을 하고 어떤 감정을 느낄 때 뇌가 어떤 활동을 하고 있는가를 쉽게 알 수 있는 정도에 이미 다다랐다.

옮긴이들이 학생이었던 시절에는 살아 있는 뇌가 실제로 활동하고 있는 모습을 영상으로 보여주는 기적과 같은 신경영상화 기술이

한창 개발되고 있는 중이었다. 그때까지 뇌의 '활동'을 알기 위해 사용했던 주된 방법은 뇌 속에 아주 가느다란 미세전극을 집어넣어 신경세포의 활동을 전기생리적으로 기록하는 것이었다. 예컨대, 옮긴이 중 한 사람은 동물의 시각 담당 영역에서 세포 하나를 전극으로 잡아내어 그 활동을 기록하는 '단일 세포 기록' 연구를 하였다. 세포 하나를 잡아내기란 엄청나게 힘든 일이었지만 동시에 흥미롭고 때로는 희열이 느껴지는 작업이기도 했다. 하지만 더 궁금한 것은 뇌 전체의 활동이었으므로 당시에 신경영상화 기법이 널리 알려져 있었다면 얼마나 좋았을까라는 생각이 든다. 신경영상화만으로 뇌의 모든 것을 알아낼 수는 없지만, 어떤 상태에 있는 뇌와 그 상태가 아닐 때의 뇌를 비교하는 데는 그만한 기법이 없어 보인다. 게다가 신경세포의 전기생리적 활동에 대한 연구 같은 것은 전문적인 지식이 있어야 이해할 수 있지만 뇌의 활동을 보여주는 사진은 비전문가라도 쉽게 이해할 수 있다.

신경영상화 기법을 통해 그려볼 수 있는 마음의 풍경이 어떠한지는 이 책의 저자가 '저자 서문'에서 잘 요약해놓고 있기 때문에 여기서 반복할 필요는 없겠다. 다만 저자는 우리가 특정 방식의 훈련이나 마음 수련을 통해 뇌 활동을 스스로 변화시킬 수도 있음을, 그래서 우리의 인생을 더 긍정적인 방향으로 돌려놓을 수도 있음을 강조한다는 점만 밝혀놓고 싶다.

2013년
박소현, 김문수

 저자 서문

당신의 마음이 청명한 3월의 들판이라고 상상해보자. 이 들판을 둘러볼 기회가 생겼다. 당신은 겨울에 해둔 갈색 거름 사이로 새로이 길을 내고, 얼음과 눈 아래 숨어 있는 줄도 몰랐던 쓰레기를 들어내고, 무슨 씨를 어디에 뿌릴지 결정을 내릴 수 있다. 흙이 비옥하다(당신의 생각보다 훨씬 더)는 말을 들은 바 있다. 그래서 시간과 관심 그리고 자갈밭을 가는 큰 노력만 들인다면 거의 어떠한 작물이라도 재배할 수 있다는 확신이 지금 생긴다. 소매를 걷어붙이고 자세히 점검을 해본다. 마음의 습관 중 어떤 것을 캐내어서 퇴비 더미에다 던져버릴까? 어떤 정신적 기술과 정서 상태를, 그리고 자신과 세상에 대한 어떤 신념을 선택해서 재배할까?

십몇 년 전만 해도 마음의 물리적 풍경을 본다는 것은 완전히 불가능한 일이었고, 우리가 아는 한, 마음의 비옥함과 생산성은 더 이상 나아질 수가 없는 것이었다. 사고, 심상 그리고 정서를 우리가 자각하고 있다 하더라도 그 정신 현상과 연관된 신경 활동이 머릿속에서 생겨나서 일을 하고는 사라져버리는 것을 볼 방법이 없었다. 그 신경 활동이 신경망을 실제로 수정하고 강화시키는 것을 볼 수 있는 수단이 없었던 것이다. 이제는 기능 MRI(fMRI)와 양전자방출 단층촬영법(PET Positron Emission Tomography) 같은 강력하고 새로운 영상화 기법 덕분에 마음이라는 기관이 작용하는 것을 볼 수 있다. 그리고 그런 기술이 보여주는 것은 신나는 그림이다. 즉, 뇌가 이전에는 불가능하다고 생각되었던 방식으로 자신을 치유하고 성장시키고 변화시키는 능력을 지니고 있다는 것이다.

전통적인 과학 지식에 따르면 성인의 뇌에 대한 완전히 다른 그림이 그려지곤 했다. 그 그림에서는 뇌의 물리적 구조가 근본적으로 변할 수 없는 것이었다. 3세 즈음에 대부분의 신경망이 자리를 잡고 사춘기가 끝날 때쯤 기질, 즉 행복감이나 신경질의 토대를 이루는 화학적 상태가 고정된다는 이야기다. 우리가 항상 명랑한 아이였다면 아마 나머지 인생도 밝은 쪽으로 갈 전망이 높다. 하지만 어두움을 타고나서 자라난 사람은 불안, 슬픔 그리고 공격성 같은 부정적인 정서와 늘 싸우게 된다는 것이다. 이런 우울한 그림을 더 어둡게 만드는 것은 다음과 같은 생각이었다. 즉 질병, 노화 또는 부상으로 신경세포를 잃게 되면, 그게 혹시라도 회복되기를 바라는 것은 쓸데없는 일이다.

우리는 이제 치유가 되고 난관에 적응하는 뇌를 화면으로 볼 수 있게 되었다. 그리고 유전자와 어렸을 때의 경험이 인지적 및 정서적 구조에 중요한 영향을 실제로 미치는 것이 사실이기는 하지만, 그게 우리가 어떤 사람이 될지 절대적인 명령을 내리는 것은 **아님**을 알게 되었다.

이전에는 인식하지 못했던 신경 경로의 이러한 융통성과 훈련 가능성을 가리키는 용어가 '신경가소성neuroplasticity'인데, 이는 현대 신경과학을 매우 긍정적인 분야로 탈바꿈시켰다. 신경과학자들은 외상성 뇌 손상, 뇌졸중, 알츠하이머병, 정서 장애, 약물 중독 및 만성 통증으로 인해 뇌에 구조적 손상을 입거나 화학적 불균형을 보이는 환자를 진단하고 치료하는 새로운 기법을 탐색하고 있다. 신경가소성 연구는 뇌 손상을 치료하고 정신을 연마시키는 방법만 알려주는 것이 아니다. 그뿐 아니라 단순히 세상을 지각하는 방식과 세상에 대한 우리의 반응을 바꾸기만 함으로써 핵심 신경로를 강화시켜서 우리가 더 행복하고 친절하며 두려움이 적고 효율적인 사람이 될 수 있는 방법도 보여준다.

인간이 특히 유연한 생물이라는 생각은 새로운 게 아니다. 그런 생각을 했던 한 사람인 아리스토텔레스는 뇌의 주된 생물학적 역할이 심장을 식히는 것이라고 생각했다. 그에게는 심장이 사고, 이성 및 감정의 진정한 물리적 중추였다. 이 위대한 철학자는 뇌가 '심장의 열과 끓어오름을 가라앉히며'[1] '인간 심장의 열이 가장 순수하기 때문에'[2] 인간에게는 동물보다 훨씬 더 큰 뇌가 필요하다고 썼다. 그의 추측에 따르면, 우리의 뇌가 뜨겁기 그지없는 피를 식힐 만큼 충분히 크기 때문에 인간은 가장 현명하고 가장 성격이 좋은 동물이다.

아리스토텔레스 이래로 뇌의 조절 역할에 대해서 많은 것을 알게 되었지만, 어떤 의미에서는 그가 정확하게 옳았다. 정서장애, 충격적인 기억 및 중독에서 회복하는 뇌의 영상은 뇌라는 놀라운 기관이 실제로 '심장을 식힌다'는 것을 보여준다. 자기 조절적인 뇌가 분노와 공포 같은 원초적인 정서가 야기하는 강력한 생리적 효과를 완화시킬 수 있다. 그리고 그럼으로써 정서적 상처를 치유하고 신체를 보호할 수 있다.

우리를 중독의 악순환에 빠지게 만드는 매우 고통스러운 욕구를 의식적으로 특정 뇌 영역의 활동을 조절함으로써 치료하는 방법이 언젠가는 발견될지도 모른다. 우리는 고도의 적응력을 갖고 태어났다는, 즉 역경에 맞닥뜨렸을 때 치유되고 변화하는 놀라운 능력을 부여받았다는 점을 항상 본능적으로 알고 있었던 것 같고, 이제는 그 점을 증명하기 위한 사진들을 찍고 있다.

또한 최첨단 영상화 연구는 의식장애가 있는 환자, 또는 대단히 끔찍한 일이지만, 외부 세계와 소통할 능력 없이 의식만 있는 환자에게 새로운 진단 및 치료 기법을 제공할 가능성을 보여준다. 환자의 생각을 다른 사람들이 이해할 수 있도록 화면에 보여줄 수 있을지도 모른다. 이는 뇌 손상을 당해서 회복 중인 환자의 병상을 몇 달, 아니 심지어 몇 년이나 지켜온 가족과 친지에게는 가슴이 뛸만한 일이다. 물론 극단적으로 가슴 아픈 경우는 전혀 의미 있는 수준의 의식을 회복하지 못하는 환자들이다. 줄기세포 연구자들은 제대로 기능을 하는 뉴런을 실험실에서 배양하려고 열심히 노력하고 있다. 하지만 그와 같은 연구가 치료적 결실을 맺기 전에는 일부 극심한 뇌 손상(예컨대, 오랜 산소 결핍으로 인한 전반적인 뉴런 상실)은 도저히 복구가 불가능하다.

병상에 누워 있는 환자의 의식에 대한 표준검사들은 30년 동안 별로 바뀐 것이 없다. 삶을 끝낼 것인지를 판단해야 할 때 생겨나는 고통스럽고 모호한 의문도 마찬가지이다. 뇌 영상화 기법은 의식의 신경 대응물neural correlates of awareness을 알려줌으로써 그런 복잡한 선택에 따르는 고뇌를 덜어줄지도 모른다. 세상에 대해 반응하고 있는 뇌의 영상이 언젠가는 생사를 가르는 결정을 돕는 표준 도구가 될 수도 있다. 즉, 의학적 개입이 의미 있는 삶을 연장시키는 작용을 하는지 아니면 죽음을 부적절하고 고통스럽게 연기시키기만 하는지를 명확하게 가려내주는 것이 뇌 영상이 될지도 모른다.

새로운 영상화 기법은 또한 노화와 관련된 인지 능력 쇠퇴를 막을 수 있다는 새 희망을 준다. 기능 MRI, PET, 그리고 피츠버그 물질 B(PiB)라는 혁신적인 영상화 물질은 다음과 같은 사실을 밝혀냈다. 즉, 알츠하이머병은 정상적인 노화에 영향을 받는 뇌 부위와는 다른 부위를 공격하며, 특정 형태의 기억을 비롯한 어떤 뇌 체계는 알츠하이머병에 걸려도 온전하게 남아 있다. 손상되지 않은 이 체계를 훈련시키면 알츠하이머병에 걸린 사람의 기능 향상에 도움이 될 가능성이 있다. 그리고 뇌에 아직 많은 능력이 남아 있는 사람들에게는 더 좋아할 일이 있다. 즉, 새로운 진단 방법에 대한 연구가 이 파괴적인 질환을 아주 초기 단계(약물 및 기타 형태의 치료가 가장 효과적일 수 있는)에서 잡아내는 데 도움을 줄 것이다. 그리고 다른 분야의 연구는 특정한 종류의 정신적 훈련이 '정상적인' 노화에 의한 기억 쇠퇴를 완화시킬 수 있음을 보여준다.

영적 체험과 정신 활동 사이의 연결 관계를 탐색하는 학문 분야인 신경신학neurotheology 영역에서도 뇌에 대한 흥미로운 영상이 나오고 있다. 신경과학자들은 티베트불교 승려에서 성프란시스코회 수녀에 이르는 다양한 영적 수행자들의 뇌를 스캔하여 그들이 '고차 의식' 상태에 있을 때 뇌 활동이 놀랄 만큼 유사함을 발견했다. 고차 의식이란 자신과 세상이 따로 떨어져 있다는 감각이 없는 상태로서, 이때 그 사람의 마음은 무한하고 널리 펼쳐져 있으며 신이나 영적인 깨달음과 맞닿아 있다고 느낀다.

연구자들은 또한 공감, 자비심, 용서 같은 영적으로 중요한 마음 상태와 관련된 신경로를 규명하여, 친사회적 정서가 훈련을 통해 완성될 수 있는 기술임을 보여주고 있다. 그뿐만 아니라 그런 기술을 실행하는 것이 뇌 회로를 더 긍정적이고 반응적으로 만들어서 우울증 및 기타 기분장애, 해코지와 폭력, 그리고 심지어는 우리 자신의 부정적인 내적 상태로 인한 신체적 상처까지도 방지하는 데 사용될 수 있음을 보여준다.

이 책은 의식의 전체 스펙트럼(손상된 것에서부터 건강한 것까지, 그리고 '고차'의 것까지도)에 걸친 영상을 살펴본다. 그리고 그런 영상을 통해 우리는 뇌가 질병과 부상에서 치유되고, 새로운 도전에 직면하여 적응하고, 자신을 재훈련시켜 우리가 더 행복하고 건강한 사람이 될 수 있게 하며 우리 자신과 타인의 필요에 더 신경을 쓸 수 있게 하는 놀라운 능력이 있음을 알 수 있다. 지식의 기관인 뇌에 대한 지식이 깊어짐에 따라, 변하지 않는 제한된 실체로 생각되었던 '자아'가 광활하고 생산적인 풍경으로 근본적으로 변환되고 있다. 그 풍경 속에는 행복을 위한 조건을 만들어내기에 이상적인 땅이 있다.

추천의 글

"이 책은 정말 놀랍다. 의식에 대해 펼쳐지고 있는 과학적 이야기를 생생한 것으로, 심지어 기쁨을 주는 것으로까지 만들면서도 우리 자신과 우리의 감정, 그리고 우리의 뇌에 대해 밝혀진 사실들을 세련된 방식으로 들려준다. 훌륭한 읽을거리이다."

— 루스 R. 페이든Ruth R. Faden

"이 책은 우리의 마음이 내적으로 어떻게 작동하는가에 대해 신경과학이 놀라운 사실들을 여러 가지 방식으로 밝혀내고 있음을 보여준다. 그런 사실 중 중요한 것 하나는 명상이 파괴적 사고와 행동을 변화시키는 영향을 미칠 수 있다는 것이다. 나는 미리엄 볼린-피츠제럴드의 이 작품이 이 매력적인 새 연구 분야에 관심이 있는 사람들에게 대단히 도움이 될 것이라고 믿어 의심치 않는다."

— 욘게이 밍규르 린포체Yongey Mingyur Rinpoche
*The Joy of Living: Unlocking the Secret and Science of Happiness*의 저자

"마음은 체화體化되어 있으며 관계적이다. 명확하고 이해하기 쉬운 이 책에서 미리엄 볼린-피츠제럴드는 뇌를 변화시키는 마음의 힘을 포착한 그림들을 시각적인 이야기 형식으로 들려준다. 우리의 정신생활이 어떻

게 신경회로를 형성시키며 또한 신경회로(그 자체가 경험에 의해 끊임없이 틀이 잡혀가는)에 의해 형성되는지는 인간이 된다는 것이 무슨 의미인지를 보여준다. 이것이 뇌 영상이 보여주는 강렬한 초상화들의 중심 주제이다. 마음을 우리 자신과 타인들을 향해서 더 자비로운 방식으로 집중하는 법을 배움으로써 우리는 더 건강하고 잘 통합된 뇌를, 말 그대로 '만들어낼 수' 있다. 이 책의 내용을 읽어보라. 그러면 당신 눈에 저절로 보일 것이다!"

– 대니얼 J. 시겔Daniel J. Siegel, M.D.
*Mindsight: The New Science of Personal Transformation*의 저자
UCLA 의과대학 정신의학과 임상교수
문화, 뇌 및 발달 센터의 공동연구자, 마음챙김 자각 연구센터의 공동소장

"미리엄 볼린–피츠제럴드는 새로운 뇌 영상화 기술을 통해 우리의 가장 심각한 질병들을 어떻게 깊이 이해할 수 있게 되는지를 놀랄 만큼 명백하고 흥미롭게 설명해준다. 치유력이 우리 안에 있을 때가 많다는 그녀의 결론은 과학을 옛 지혜와 합쳐주는 것이다."

– 조나단 D. 모레노Jonathan D. Moreno
*Mind Wars*의 저자, 데이비드 앤드 린 실펜 대학교 교수
펜실베이니아대학교 의료윤리학 교수, 과학의 역사 및 사회학 교수

"새로운 뇌 과학이 우리의 근본적인 인간성의 요소들을 이해하는 데 어떤 도움을 주는지를 보여주는, 대단히 매력적이고 눈을 뗄 수 없게 만드는 읽을거리이다."

– 진델 시걸Zindel Segal
*The Mindful Way through Depression*의 저자
토론토 대학교의 우울증 연구소와 중독 및 정신건강 센터의 캐머론 윌슨 소장

차례

제1부   마음의 스냅사진

제1장   삶, 죽음, 그리고 그 중간 _ 3

자각을 영상으로 포착하기 _ 5 | 드문 실수라고? _ 9 | 자각의 연속선 _ 16
의식에 새로운 범주가 추가되다 _ 18 | 말 없이 듣고만 있을 수밖에 없다면 _ 20
의식 영상화 기법의 미래 _ 31

제2장   좋은 놈, 나쁜 놈, 치사한 놈 : 강력한 감정, 그리고 이를 이용하는 능력 _ 35

감정의 폭풍우를 만났을 때 _ 38 | 마음이 자신을 바라보는 모습을 바라보기 _ 41
상처 입은 마음을 재훈련시키기 _ 46 | 함께 하는 게 더 좋아 _ 54
치유되는 뇌, 치유되는 제도 _ 55

제3장   뇌의 행복 회로 _ 61

비대칭 뇌 _ 65 | 쾌락은 좋지만 그 끝은 … _ 68
행복하게 오래오래 산다고? _ 74 | 행복을 가르치기 _ 80
'똑똑하다' 는 게 뭘까? _ 82

제4장 불꽃을 식히기 : 중독, 만성 통증, 그리고 회복 _ 87

유약한 성격 때문일까 아니면 치료할 수 있는 뇌 질환일까 _ 89
약물에 취한 뇌 _ 92 | 통증에 시달리는 뇌 _ 99 | 마인드 컨트롤 _ 102

제2부 마음의 풍경

제5장 뇌의 도덕성 회로 _ 111

가까이에서 사적으로 들여다본 선과 악 _ 114 | 젊은 뇌, 미성숙한 선택 _ 119
예방 대 처벌 _ 122 | 우리의 판단을 바라보기 _ 127 | 이타적인 뇌 _ 137

제6장 기억의 형성과 파괴 _ 145

내 기억에 매달리기 _ 148 | 어둠의 신경망이 빛을 비추다 _ 153
운동이 뇌에 활력을 주다 _ 155 | 치료를 위한 망각 _ 164

제7장 '나' 는 어디에 있을까? 자신, 타인,
그리고 자신도 타인도 아님에 대한 경험 _ 177

하나가 아닌 자아 _ 183 | 마음이 둘이라고? _ 189 | 독립적인 자아는 없다 _ 195
자아가 사라지다 _ 198 | 자아개념을 넘어서 _ 204 | 주의 기울이기 _ 208
'인간' 을 생각하라 _ 222 | 호기심은 우리의 본성 _ 224

참고자료 _ 231

주석 _ 235

찾아보기 _ 253

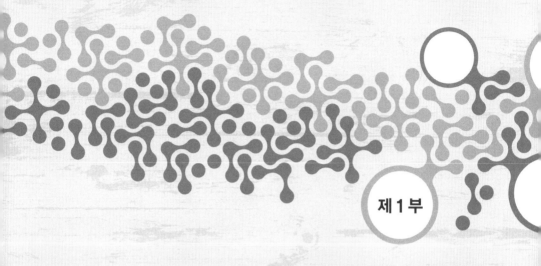

제 1 부

마음의 스냅사진

01 삶, 죽음, 그리고 그 중간 02 좋은 놈, 나쁜 놈, 치사한 놈 : 강력한 감정, 그리고 이를 이용하는 능력

03 뇌의 행복 회로 04 불꽃을 식히기 : 중독, 만성 통증, 그리고 회복

삶, 죽음, 그리고 그 중간

당신이 마지막으로 느낀 것은 무언가와 정면충돌할 때의 무자비한 힘이다. 긴급구조대가 도착하지만 당신은 이미 의식이 없다. 끔찍한 교통사고로 심각한 머리 부상을 당한 것이다. 긴급구조 요원들이 다급히 당신을 가까운 응급실로 실어간다. 의사들이 출혈을 막고 뇌손상을 최소화하기 위해 필사적으로 노력한다.

가족과 친지들이 병원에 도착한다. 그러고는 최악의 상황에 대한 마음의 준비를 하라는 말을 듣는다. 당신의 부상이 실제로 어떤 것이고 얼마나 심각한지는 시간이 지나야 알 수 있고 종합적인 신경검사가 필요한 일이다. 당신은 여러 날을 혼수상태에 빠져 있다가 어느 날 눈을 뜨게 된다. 당신의 가족과 친구들에게는 너무나 다행스런 일이다. 가까운 사람들 모두가 매우 기뻐한다. 그들은 당신이 눈을 뜬 것이 회복의 징조라고 간주한다. 즉, 당신이 그들을 볼 수 있고 들을 수 있으며 그들이 당신을 사랑한다는 것을 당신이 알고 있다고 생각

3

한다. 하지만 의사들은 앞으로 의식을 완전히 회복할 수 있을지 단정하기에는 아직 이르다고 주의를 준다. 병상에서 실시한 검사 결과에 따르면 당신은 아직 의식을 회복하지 못했다는 것이다.

당신은 꼭 건강한 사람처럼 잠에서 깨어나고 다시 잠이 들곤 한다. 가족과 친지들에게는 그게 희망적인 일이긴 해도 당신에게 의식이 있다는 증거가 되지는 못한다. 수면 주기는 우리 뇌의 가장 원시적인 부위인 뇌줄기brain stem가 담당하는 일이지, 의식적인 지각이나 사고에 관여하는 뇌 부위가 담당하는 일이 아니기 때문이다. 그 후 몇 달에 걸쳐 당신이 생각하고 느끼고 의식이 있는지를 판단하기 위한 표준적인 신경검사들이 실시되지만, 결과는 좋지 않다. 당신이 의지가 있고 자발적이고 반응을 할 수 있음을 알려줄 명백한 행동이 전혀 나타나지 않는다. 담당의사들은 희망을 가질 이유를 찾지 못한다. 5개월 후 당신에게 영구적 식물인간이라는 진단이 내려진다.

당신의 경우는 알고 보면 대단히 놀라운 사례이다. 하지만 비극적인 사실은 그것을 아는 사람이 당신뿐이라는 것이다. 당신은 실제로 자신과 주변을 완전히 의식하고 있지만 의도적인 움직임은 전혀 만들어낼 수가 없다. 누가 당신에게 눈을 깜박이라고 해도 그럴 수조차 없다. 이건 악몽 속에서나 생길법한 일이다. 전혀 마음대로 통제할 수 없는 신체 속에 갇혀 있는 꿈 말이다. 가족과 친지, 의사 혹은 간호사에게 당신의 생각이나 느낌을 알려줄 방법이 없으므로, 세상과 단절된 채 극도의 두려움과 외로움을 느낀다. 누군가가 당신의 마음이 아직도 살아 있음을 언젠가는 감지할 수 있을지 전혀 알 도리가 없다. 당신은 완벽하게 고립되어 있음을 고통스럽게 느끼고 있다.

이런 형벌 같은 운명이 존재할 수 있을까? 그럴 수 있다. 그리고 식물인간이란 진단을 받은 환자들의 뇌활동을 연구하는 학자들은 그런 사례가 드물지만 실제로 있다고 말한다.

2005년 7월, 23세의 한 영국 여성이 교통사고로 중상을 입었다. 만 5개월 동안 그녀는 의식이 있는지를 확인하는 임상검사들을 통과하지 못했고, 따라서 의사들은 그녀가 식물인간이라고 선언했다. 하지만 놀랍게도 그녀의 뇌가 활동한다는 사실이 발견된 것은 사고 후 1년 반이나 지난 뒤였다. 영국 케임브리지의 연구자들이 최첨단 기능자기공명영상(fMRI functional magnetic resonance imaging)을 사용하여 식물인간이 된 환자들의 뇌활동을 알아보는 연구를 진행했는데, 여기에 그녀가 포함됨으로써 그러한 사실이 밝혀진 것이었다.

자각을 영상으로 포착하기

MRI 기법은 엄청나게 강력한 자기장(지구 자기장의 30,000배나 될 때도 종종 있다.)을 사용하여 물 분자들을 그 힘과 평행으로 또는 수직으로 정렬시킨다. 이 물 분자들은 라디오파를 흡수하거나 전도하는데, 그러면서 만들어지는 패턴을 탐지하여 컴퓨터로 분석한다. 1980년대부터 구조 MRI라는 뇌영상법이 고화질의 2차원과 3차원 뇌영상을 만들어내기 시작했다.

1990년대에 처음 개발된 fMRI 스캔은 놀라운 속도로 발전하면서 널리 활용되었다. 이 기법은 자기공명 신호를 사용하여 혈액 내 산소 농도의 변화를 기록함으로써 혈류의 변화를 측정한다. 뇌에서 특정 부위의 활동이 증가하면 신선한 산소도 그만큼 많이 필요해진다. 따라서 혈액이 많이 쏟아져 들어오면 자기공명 신호가 올라간다. 이런 방식으로 fMRI 기법은 뇌의 어느 부위가 어떤 상황에서 일을 하고 있는지 보여줄 수 있다.

앞에서 언급한 젊은 영국 여성 환자를 fMRI 스캐너를 이용해 스캔 했더니 놀라운 사실이 발견되었다. 그녀에게 말소리를 들려주고 나서, 그 말소리와 음향 특성은 대등하지만 아무런 의미 없는 잡음을 들려주었더니 그녀의 뇌가 그 두 가지를 구분할 수 있었던 것이다. 즉, 의미 있는 문장을 말하는 소리가 들리자 언어 처리 시에 나타나는 뇌활동 패턴이 그녀에게서도 드러났다.

이 연구를 주도한 에이드리언 M. 오웬Adrian M. Owen과 영국 및 벨기에의 동료 연구자들은 신중한 입장을 취해서, 그런 뇌활동 패턴만 가지고서는 자각이 있다는 확실한 증거가 될 수 없다고 말했다. 그들은 논문에서 다음과 같이 강조하였다. "마취 및 수면 상태에서의 학습에 대한 연구뿐만 아니라 암묵학습과 점화에 관한 연구를 보면, 언어 지각과 의미 처리를 비롯한 인간 인지의 여러 측면이 의식적 자각이 없는 상태에서 일어날 수 있음이 입증되었다."[1]

그리고 나서 그들은 정말로 충격적인 결과를 보고했다. 연구자들은 그녀에게 정신적 이미지를 머릿속에 그려보라고 하면서, 먼저 자신이 테니스를 치는 모습을 상상하고 그 다음에는 자신의 집에 있는 방들을 돌아다니는 모습을 상상하라고 말했다. 그러자 그녀의 뇌는 즉각적으로 반응하기 시작해서 총 30초 동안 그런 정신적 '작업'을 하였다. 운동 및 이미지 처리에 관여하는 뇌 부위들로 가는 혈액의 흐름을 측정하여 그녀의 정신활동 패턴을 화면에 나타내었더니 건강한 사람의 것과 똑같아 보였다.

이 깜짝 놀랄만한 결과 때문에 이 연구를 했던 신경과학자들은 그녀에게 "자신과 자신의 주변에 대해 의식적 자각이 있음에 의심의 여지가 없다."는 결론을 내리게 되었다. 오웬 박사는 12명의 건강한 자원자들의 뇌를 스캔한 영상과 그녀의 뇌영상을 나란히 두고 보면 "환자의 것이 어느 것인지 가려낼 수 없다."라고 적었다.[2] 6개월 후, 즉 사고가 난 1년 뒤에는 정지해 있다가 가끔씩 한쪽으로 움직이는 거울을 눈으로 따라갈 수 있었다. 따라서 그녀는 '최소 의식minimally conscious' 환자라는 비교적 새로운 범주에 속하게 되었다.

다른 신경과학자들은 오웬 박사와 공동연구자들을 강하게 비판했다. 이들은 그 연구 결과가 과장되었다고 생각했다. 즉, 그러한 fMRI 결과가 의도적인 정신활동을 보여주는 뚜렷한 증거라고 받아들일 수 없다는 것이다. 이들이 비판하는 요점은 그 이미지 상상 과제에서 환자에게 말해주었던 '테니스'나 '집' 같은 단어들은 자각이 없이도 정신적 반응을 이끌어낼 수 있었을 것이라는 것이다.

오웬 박사와 동료들은 2007년 봄 과학학술지 *Science*에 그렇지 않다는 반박 논문을 게재했다. 의식적 자각 없이 일어나는 그런 자동적인 변화는 "대개 일시적이며(즉, 몇 초밖에 지속되지 않음), 당연히 단어 처리와 관련된 뇌 영역에서 일어난다. 우리 환자의 경우 그런 활동이 일시적이지 않아서 각각의 이미지 상상 과제마다 30초 내내 지속되었다. 사실상 환자에게 휴식을 취하라는 뜻으로 다른 자극을 줄 때까지 그런 과제 특정적인 변화가 계속되었다. 이런 반응은 자동적인 뇌 과정으로는 설명할 수 없다." 게다가 그녀의 이런 반응은 단어 처리 영역들(무의식 상태의 환자에게서 일어나리라고 예상할 수 있는 곳이다.)이 아니라, "그녀에게 수행하라고 했던 두 가지 이미지 상상 과제에 관여하는 것으로 알려진 영역들"[3]에서 나타났다.

심리학자 대니얼 그린버그Daniel Greenberg는 그 환자가 연구자들의 지시를 따르겠다는 결정을 의식적으로 했는지를 알려면 다음과 같은 검사를 할 수 있다고 제안했다. 즉, 만약 "그 연구에서 사용했던 것과 유사하지만 명령이 아닌 문장, 예컨대 '셜린이 테니스를 치고 있었어요?' 같은 말을 들려주면" 어떻게 될까?[4] 오웬과 동료들은 그린버그가 제기한 질문에 답하기 위해 건강한 자원자들에게 그런 종류의 비명령문을 들려주었다. 그러자 비판을 잠재울 만한 결과가 나왔다. 즉, 이번에는 그 환자나 건강한 자원자들이 이미지 상상 과제를 할 때 활동했던 뇌 영역 어디에서도 그런 활동이 나타나지 않았던 것이다. 연구자들은 이 결과를 통해 애초의 결론이 옳았다고 주장하였다. 즉, 그녀가 의도적으로 연구자들의 지시를 따랐다는 것이다.

비록 의사들의 진단은 그녀가 의식이 없다는 것이었음에도 불구하고 말이다.

드문 실수라고?

이런 발견의 의미를 생각해보면 으스스한 느낌이 든다. 현재 식물인간 판정을 받은 환자 중 얼마나 많은 사람이 fMRI 스캔을 해보면 이와 유사한 정신활동 패턴을 보일까? 식물인간 판정을 받은 환자의 수는 미국에서만도 25,000~35,000명으로 추정된다.[5]

니컬러스 시프Nicholas Schiff는 의식장애 분야의 연구를 주도하고 있는 미국의 연구자이다. 그는 앞서의 연구에서 그 환자가 의식이 있는지에 대하여 "가타부타 논쟁할 여지없이 확고한" 증거가 나오기는 했지만 "그런 결과가 식물인간 100명 중 1명에게서 나올지 혹은 1,000명 중 1명에게서 나올지, 혹은 두번 다시 없을지"는 분명하지 않다고 말한다.[6] 대부분의 신경과학자들은 앞서의 영국 여성 환자에게서와 같은 복잡한 정신활동이 대다수의 식물인간에게서는 나타나지 않을 것이라고 생각한다. 테레사 샤이보Theresa Schiavo가 그러한 사례이다(역자 주 : 테레사 샤이보는 1990년 심장마비로 쓰러졌는데, 그로 인한 뇌손상으로 식물인간이 되었다. 1998년, 남편 마이클은 그녀의 인공호흡기를 제거할 수 있도록 법원에 청원서를 냈지만, 그녀에게 의식이 있다고 생각했던 샤이보의 부모는 이에 반대하였다. 이 재판은 2005년까지 계속되었고, 미국 내에서 존엄사를 지지하는 집단과 반대하는 집단 사이에 많은 논쟁이 일었다. 결국 2005년 법원의 판결에 따라 그녀의 인공호흡기가 제거되었고 그녀는 쓰러진 지 15년 만에 숨졌다). 이런 환자들은 대개 산소가 극도로 결핍된 상태를 겪으면서 엄청나게 많은 뉴런을 상실해버린 사람들이다. 벨기에 리에주대학교 사이클로트론연구소 혼수상태학 그룹의 연구소장인 스티븐 로리스Steven Laureys의 보고에 따르면, 그의 연구 팀이 "리에주대학교에서 60명이 넘는 식물인간에게 fMRI 스캔을 실시한 결과, 의식이 있음을 보여주는 비슷한 징후가 전혀 나타나지 않았다."[7]

로리스 박사는 그 젊은 영국 여성 환자를 대상으로 했던 뇌영상화 연구의 공동 저자이다. 그의 말에 따르면, 의식장애 전문가들에게조차도 "식물인간 상태는 매우 골치 아픈 것이다. 그것은 의식의 주요 요소 두 가지가 어떻게 완벽하게 분리될 수 있는지를 보여준다. 즉, 각성wakefulness은 온전하게 남아 있지만 자각awareness(모든 사고와 감정을 아우르는)은 없어져버린 상태이다."[8]

의식을 회복할 가능성은 앞의 젊은 영국 여성 환자처럼 뇌에 심각하지만 국소적인 손상을 입은 환자에게서 더 높다. 충격에 따른 뇌손상으로 의식불명이 된 환자들(교통사고 피해자인 경우가 많음)은 약 절반이 1년 이내에 의식을 되찾는 것으로 추정된다. 반면에 산소 결핍으로 인한 뇌손상 환자들은 처음 3개월 안에 약간이라도 의식을 회복하는 사람이 겨우 15%이고, 그 이후에 의식을 회복하는 환자는 거의 없다. 식물인간 700명에 대한 1994년도 연구를 보면, 산소 결핍으로 인한 뇌손상 환자들은 2년이 지나도 아무도 의식을 회복하지 못했다.[9]

"단일 사례로부터 많은 이야기를 끄집어내는 것은 항상 주저할 수

밖에 없는 일이죠. 하지만 제가 이 연구를 보고 깨달은 것은 우리가 환자의 침대 곁에서 알 수 있는 것보다 환자는 훨씬 더 많이 자기자각하고 있을지도 모른다는 것입니다."라고 제임스 버냇James Bernat 박사는 말한다. 그는 다트머스 의과대학의 신경과 교수이다. "비록 어떤 환자들은 의식이 없다고 가정해도 되겠지만, 우리는 항상 그들에게 이야기를 해주고, 주변에서 일어나는 일을 설명해주고, 편안하게 해주어야 해요. 왜냐하면 그들은 어쩌면 그 몸 안에서 모든 것을 자각하고 있을 수도 있기 때문이죠."[10]

영국 케임브리지셔의 케이트 베인브리지Kate Bainbridge도 같은 생각이다. 그녀는 자신 또한 오웬 박사의 뇌영상화 연구의 덕을 많이 보았다고 믿고 있다. 그녀는 26세에 바이러스에 감염되어 뇌에 심한 염증이 생겨 쓰러졌다. 병상에서 하는 표준적인 검사들에 따르면 그녀는 6개월 동안 식물인간 상태였다. 당시 오웬 박사는 뇌영상화 기법을 사용하여 식물인간 환자들의 뇌활동 패턴을 조사하는 연구를 시작한 터였다. 케이트의 경우 양전자방출 단층촬영술(PET)을 썼는데, 이 기법은 생물학적 활성이 있는 포도당 같은 화학물질에 방사성 동위원소를 꼬리표같이 붙여놓고서는, 활동 중인 뇌세포가 그 물질을 흡수한 정도를 탐지하여 기록하는 것이다.

오웬 박사는 케이트에게 가족사진들을 보여주었는데, 뇌의 얼굴 처리 영역들이 스크린상에서 빛나는 것을 보고는 그녀가 가족들을 인식한다는 것을 알게 되었다. 그녀에게 그 사진들과 비슷한 색깔의 무의미한 이미지를 보여주자, 그 동일한 뇌 부위는 아무런 반응을 보이지 않았다. 오웬 박사는 그 후 몇 달 동안 PET 스캔으로 뇌를 더 촬영했는데, 그 뇌영상들은 그녀가 계속적으로 자각을 되찾아가고 있음을 보여주었다.

"의사소통을 할 수 없다는 건 끔찍한 일이었어요. 내가 내 몸 안에 갇혀 있는 것처럼 느껴졌기 때문이죠."라고 케이트는 말했다. "의문이 진짜 많았어요. 이를테면 '내가 어디에 있는 걸까?', '왜 여기에 있는 걸까?', '무슨 일이 일어난 걸까?' 같은 것들이요. 하지만 물어볼 사람이 아무도 없었어요. 혼자서 그 모든 걸 알아내야만 했죠."[11] 그녀는 그 모든 것을 이해하기 위해 악몽과 같은 이론들을 만들어냈다. "내가 감옥에 있으며 어떻게 움직이는지를 망각한 거라고 생각했어요."[12]

하지만 PET 스캔이 이 모든 것을 바꾸어놓았다고 그녀는 말했다. "내가 내 몸 속에 있지만 그 몸이 반응을 하지 않는다는 걸 그들이 알아냈죠."[13] 그녀는 PET 스캔 영상 덕분에 회복이 앞당겨졌고, 희망을 갖게 되었으며, 다른 사람들이 자신과 소통할 마음이 생겼다고 믿고 있다. 이제 그녀는 휠체어를 타지만 키보드를 사용해서 의사소통을 할 수 있고, 남의 도움 없이 독서도 가능하며 컴퓨터를 사용할 수 있고 보드게임도 할 수 있다.

오웬 박사의 발견이 결정적인 소식이었다는 점에 그녀의 부모도 동의한다. "우리에게 그 스캔 영상의 의미는 엄청난 것이었어요."라고 그녀의 아버지는 말했다. 그 검사 이후 "의사들이 처음으로 우리에게 케이트의 뇌가 작동하고 있다는 말을 해줄 수 있었어요. 그게 중요한 돌파구가 되어서 우리가 그녀에게 무언가를 할 때, 즉 그녀에게 이야기를 하고 사진을 보여주고 글을 써서 보여줄 때, 비록 이해는 못하더라도 그녀의 뇌가 그걸 처리하고 있다는 느낌을 받게 되었죠. 그녀가 겪고 있는 이 끔찍한 경험을 이겨내는 데 도움을 줄 수 있는 무언가가 있다는 걸 깨닫게 되었어요."[14]

그녀에게 케임브리지 연구 팀이 또 다른 '식물인간' 환자에게서 정상적인 뇌활동으로 보이는 것을 찾아냈다는 소식을 전하자 케이트는 이렇게 말했다. "오웬 박사가 하고 있는 연구는 너무나 중요하다고 생각해요. 제가 그런 상태였을 때 얼마나 끔찍했는지 잘 기억나요. 그 스캔 기법으로 저를 촬영하지 않았더라면 일이 어떻게 되었을지 생각하면 정말로 두렵죠."[15]

희망이 물거품이 될 때

과학학술지 Science는 위의 놀라운 fMRI 결과를 출간하면서 이를 일반적인 것으로 받아들여서는 안 된다고 주의를 주었다. 편집자들은 많은 논란을 불러일으켰던 테레사 샤이보 사례를 그 연구의 보도자료에서 언급하면서 특별히 다음과 같이 강조했다. 그 새로운 연구가 "식물인간 상태인 모든 환자들에게 일반화되어서는 안 된다. 특히 각각의 사례가 상이한 종류의 부상으로 인한 것일 수 있기 때문이다."[16]

그렇다면 가슴 아픈 테레사 샤이보의 경우는 어떻게 되는 걸까? 삶의 종말에 대한 이야기 중 그녀의 것만큼 한 나라 전체를 둘로 갈

라놓은 경우도 없을 것이다. 그리고 그 사건을 처음부터 지켜본 사람이라면 이 새로운 연구에 비추어 볼 때 영구적 식물인간 상태라는 그녀의 진단명이 달라질 수도 있지는 않았을까라는 생각이 들 수 있을 것이다. 테레사가 의식을 회복할 수 있다는 희망이 아주 조금이라도 있었을까?

이에 대해 의견을 물어보자, 신경과학자들은 그녀의 뇌가 너무나 오랫동안 산소 결핍 상태에 빠져 있었던 점을 들어 단호하게 아니라고 말한다. 응급구조대가 도착하여 그녀에게 심폐소생술을 실시했을 때는 이미 그녀의 뇌가 복구 불가능할 만큼 심하게 손상된 상태였다. 그녀를 진찰한 7명의 신경과의사들 모두가 그녀가 영구적 식물인간 상태라는 데 동의했다. 뇌의 사고 및 감정 관련 부위가 죽었다는 것이다. 메이오클리닉 의과대학 신경과의사 일코 위딕스Eelco Wijdicks는 "그런 상황에서 그녀가 자신을 돌보고 독자적으로 기능을 수행하는 인간으로 돌아올 수는 절대로 없었을 것입니다."라고 말한다.[17]

그녀를 진찰한 신경과의사들의 합치된 의견에도 불구하고, 생명연장기구를 제거할 것인가에 대한 세간의 논쟁이 격화되면서 그녀의 건강 상태에 대해 여러 가지 이야기들(대부분 틀린)이 떠돌았다. 그녀의 죽음이 가까웠을 무렵 어떤 신경과의사들은 그녀에게 최소한의 의식이 있을지도 모른다고 시사했던 반면, 다른 이들은 그녀가 뇌사 상태라거나 감금증후군locked-in syndrome 환자라고 이야기했다. 감금증후군이란 뇌줄기는 심하게 손상되었지만 대뇌 겉질은 멀쩡한 상태를 이르는 말로서, 인지능력의 연속선상에서 뇌사와는 반대쪽 끝에 있는 경우라 할 수 있다. 감금증후군 환자는 건강한 사람과 똑같이 생각하고 느낄 수 있지만, 눈을 깜박이는 것 말고는 움직일 수도 없고 의사소통을 할 수도 없다.

뇌 스캔 영상이 그녀의 진단에 어떤 역할을 했을까? 2002년에 샤이보를 진찰한 로날드 크랜퍼드Ronald Cranford 박사는 컴퓨터 단층촬영술(CT)로 그녀의 뇌를 찍었다. CT 기법은 2차원 엑스레이 영상을 연달아 여러 장 찍어서 컴퓨터 알고리듬을 사용하여 3차원 영상으로 종합하는 기법이다.* 크랜퍼드 박사는 그녀의 뇌영상에서 흉터 조직과 척수액 말고는 볼 수 있는 게 별로 없었다고 보고하였다. 그는 또한 정신활동과 관련된 전기신호(즉, 뇌파)를 기록하는 진단검사인 뇌전도(EEG electroencephalogram)도 실시하였다. EEG 역시 그녀의 뇌에서 사고를 담당하는 영역이 살아 있다는 증거를 전혀 보여주지 않았다.

"뇌파가 완전히 밋밋해요. 아무 것도 없어요."라는 것이 크랜퍼드 박사의 말이다. "그리고 이건 매우 드문 일이에요. 지속적 식물인간 상태에 있는 환자들 대다수가 정상적인 뇌활동의 5% 정도의 활동을 보이기 때문입니다."[18]

----

* CT 스캐너가 오늘날 존재할 수 있는 것은 부분적으로 영국의 음악밴드 비틀즈 덕분이다. 비틀즈 음반이 빅 히트를 기록하는 바람에 그들의 소속인 EMI 음반사가 CT 스캐너의 발명자 중 한 사람의 연구에 자금을 지원할 수 있었기 때문이다.

2005년 6월 발표된 부검보고서는 신경과의사들의 진단을 뒷받침했다. 부검의는 그녀 뇌의 손상 정도에 대해서 "돌이킬 수 없을 정도로 파괴된 상태였어요."라고 말했다. 그녀의 뇌는 정상 크기의 절반으로 줄어들어 있었던 것이다. "어떠한 치료를 아무리 많이 받더라도 그렇게 방대한 규모로 상실된 뉴런들을 재생하기란 불가능했을 겁니다."[19]

자각의 연속선

앞에서 언급한 젊은 영국 여성의 사례는 아주 드문 경우인 것으로 판명이 났다. 하지만 그럼에도 불구하고 이 사례 때문에 사람들은 병상에서 실시되는 식물인간 상태에 대한 표준검사들이 믿을 만한가에 대해서, 그리고 여러 가지 의식 상태들 사이의 경계가 명확하기는 한 것인지에 대해서 우려하게 되었다.

현재 우리가 아는 한 지속적 식물인간 상태persistent vegetative state는 뇌 기능 손상 연속선상의 한 지점이다. 혼수상태도 아니고 뇌사 상태도 아니지만 식물인간은 자신과 주변에 대한 자각이 없다. 즉, 의식이 없는 상태로 살아 있는 것이다. 그들은 깨어나고 잠들 수 있지만 의사소통을 하거나 명령에 적절하게 반응하지 못한다. 뇌의 사고 및 감정 영역(대뇌겉질)이 더 이상 기능을 하지 못하는 것이다. 하지만 반사를 관장하는 더 원시적인 뇌 부위(뇌줄기)는 여전히 작동을 하고 있다. 겉질의 몇몇 부위들이 아직도 활동하고 있을 수는 있지만, 의식적 지각에 필수적인 뇌 부위들과는 단절된 채로 고립되어 있다.

"침묵의 바다에서 몇몇 섬들만이 소리를 내고 있는 형국이죠."[20]라고 스티븐 로리스는 말한다. 그는 의식이라는 경험을 유지하는 데 결정적일 수 있는 대뇌겉질 영역들(및 그것들과 다른 뇌 영역들 사이의 연결)을 규명하려는 희망을 품고서 다양한 의식상태를 PET 스캔으로 촬영해왔다.

테레사 샤이보 같은 식물인간들이 혼수상태나 뇌사라고 잘못 분류되는 경우가 종종 있다. 그들의 뇌줄기가 여전히 완벽하게 작동하고 있어서 심장과 폐가 제 기능을 하고 있고 정상적인 수면−각성 주기가 나타남에도 불구하고 말이다. 이와 달리 혼수상태인 환자는 아무리 강력한 자극으로도 깨울 수 없는 깊은 무의식에 빠져 있다. 반면에 뇌사란 모든 뇌 기능이 총체적으로 그리고 영구적으로 상실된 상태를 의미하는 말로서, 사망의 의학적 및 법적 정의 중 한 가지이다. 뇌사 상태인 환자는 더 이상 스스로 호흡을 할 수 없으며 기계 장치로 산소를 공급받지 못하면 심장이 멈춘다. 이런 중요한 차이점에도 불구하고 1996년 *Annals of Internal Medicine*에 발표된 한 설문조사에 따르면 미국의 신경과의사와 요양원 의료소장들 중 거의 절반이 식물인간 상태의 환자에게 사망 선고를 내릴 수 있다고 생각한다는 놀라운 결과가 나왔다.[21]

현재의 진단 지침에 의하면 환자가 앞의 젊은 영국 여성 환자처럼 외상성 뇌손상을 입었다면 1년 후에, 혹은 테레사 샤이보처럼 산소 결핍으로 뇌손상을 입었다면 6개월 후에, 지속적 식물인간 상태라는 진단을 내릴 수 있다. 산소 결핍으로 뇌손상을 입고서 지속적 식물인간으로 진단된 환자들이 나중에 의식을 되찾은 경우는 드물다. 하지만 그런 드문 경우에 그들은 모두 2년 안에 회복이 되었다. 외상성 뇌손상을 입은 식물인간 중에는 훨씬 더 오랜 시간이 지나서 의식을 되찾은 대단히 놀라운 경우도 몇 건 있었다. 아칸소 주에 거주하는 기계공 테리 월리스Terry Wallis는 2003년에 의식을 회복했는데, 이는 그가 큰 교통사고를 당한 지 18년 이상 지난 후였다. 이제는 월리스 씨에게 '최소한의 의식'이 있다고 말하는 것이 더 정확했을 것이라고 생각하는 신경과의사들이 많다.

의식에 새로운 범주가 추가되다

최근 몇 년 사이에 의식장애에 최소 의식 상태minimally conscious state라는 새로운 범주가 등장했다. 논란 많은 이 용어는 2002년에 처음으로 사용되었는데, 이전 같으면 식물인간 진단을 받았을 테지만 눈으로 무언가를 쫓아갈 수 있고 가끔씩 반응을 하기도 하는 사람들을 가리키는 말이다. 메이오클리닉의 일코 위딕스는 최소 의식 상태를 "의식이 있는 환자에게서 볼 수 있는 가장 심한 형태의 신경학적 장애"[22]라고 묘사한다.

신경과의사들은 최소 의식 상태와 지속적 식물인간 상태를 구분하는 게 중요하다는 데는 동의하지만, 최소 의식 상태가 단일한 장애인지 아니면 광범위한 여러 장애들인지에 대해서는 여전히 많은 이들이 확신하지 못하고 있다. 위딕스는 진단기준이 "정의하기가 어렵고 경계가 불분명하다(얼마나 적은 것이 최소한이고 얼마나 많은 것이 최대한인가?)."[23]라고 말한다.

미국의 경우 이렇게 자각이 가끔씩 되돌아오는 환자들은 100,000명 정도로 추정되는데, 그중에는 완전히 의식을 회복하는 이들도 있다. 텍사스 주 오스틴의 보건재활센터 신경과의사 낸시 차일즈Nancy Childs는 이렇게 말한다. "그런 정의에 합의하기까지 오랜 시간이 걸렸어요. 그리고 그 정의가 이제야 어느 정도 수용되고 있죠. 하지만 이렇게 다른 종류의 집단이 있음은 오래 전부터 알려져 있었어요."[24] 1990년대 초 런던 왕립신경장애병원의 차일즈 박사와 키스 앤드루스Keith Andrews 박사는 식물인간 진단을 받은 환자들 중 3분의 1 이상에게서 의식이 있음을 보여주는 징후를 발견했다.

이 새로운 진단명을 정의하는 데 뇌영상법이 큰 역할을 했다. 컬럼비아대학교의 조이 허시Joy Hirsch와 코넬대학교 웨일의과대학의 니컬러스 시프는 최소 의식 상태인 환자 두 명을 대상으로 fMRI 스캔을 이용하여 그 상태의 신경적 특성을 살펴보았다. 연구자들은 환자가 잘 알고 있는 환자 자신의 생활사건에 대해 가까운 가족들이 이야기한 내용을 녹음하여 들려주면서 뇌를 스캔했다.[25] 허시와 시프가 발견한 것은 충격적이었다. 최소 의식 상태의 환자들은 그런 의미 있는 이야기에 대해서 건강한 사람들과 비슷한 정신활동을 보였던 것이다. 비록 이야기를 거꾸로 들려주자(따라서 이야기가 언어학적으로 무의미해지자) 건강한 뇌에 비해 그 활동이 더 낮아지기는 했지만 말이다.

허시는 이 연구 결과를 이야기하면서 "오싹한 일이었죠."[26]라고 회상했다. 이러한 결과는, 비록 자각이 있다는 움직일 수 없는 증거는 아니지만, 단순한 명령에만 반응하거나 확실한 의사소통을 할 수 없는 환자들도 무언가를 알 수 있음을 시사한다.

말 없이 듣고만 있을 수밖에 없다면

닉 치솜Nick Chisholm은 스포츠와 삶을 사랑하던 23세의 재능 있는 운동선수였다. 어느 날 그는 뉴질랜드의 한 럭비 운동장에서 경기 도중 심한 태클을 당했다. 그는 시야가 흐려졌고 곧바로 토할 것 같았지만 그런 증세들을 가벼운 뇌진탕쯤으로 여기고 꾹 참아냈다. 경기에서 잠시 빠져서는 겨우 10분의 휴식을 취한 후 그는 코치에게 다시 경기에 들여보내달라고 요청했다. 하지만 그러고 나서 그는 쓰러졌고 응급구조요원들이 그를 급하게 병원으로 실어갔다.

닉에게 무슨 일이 일어났는지는 사흘 뒤에도 여전히 분명하지 않았지만 그는 잘 회복하고 있는 듯이 보였다. 의사들은 그를 퇴원시킬 예정이었다. 하지만 그는 병원의 샤워실에서 또 다시 실신할 뻔했고, 그 후 6일 동안 여러 차례의 발작이 찾아와서는 결국 몸이 마비되고 말을 할 수 없게 되었다. 종합검사(닉은 그것들이 "인간이 할 수 있는 모든 검사"[27]처럼 느껴졌다고 말한다.)를 실시한 결과 척추동맥이 파열되어 뇌졸중을 여러 차례 겪었음이 밝혀졌다. 그중 한 번의 뇌졸중이 너무나 대규모여서 뇌줄기가 사실상 완전히 파괴되었고, 결과적으로 그 위쪽 부분의 뇌가 신체와 단절되어버렸던 것이다.

2000년도에 일어난 그와 같은 끔찍한 사고 이후 닉은 감금증후군 진단을 받았다. 이 병은 극히 드문 것으로서, 의식적인 정신생활 및 감각은 온전하지만 몸을 움직일 수도 없고(눈을 움직이거나 깜박이는 것 말고는) 의사소통을 할 수도 없는 상태를 말한다. 감금증후군은 닉의 경우처럼 급작스러운 부상으로 생길 수도 있고 근위축성 측삭경화증이라는 무서운 신경질환으로 운동신경이 점점 퇴화되어 생길 수도 있다.

닉이 제대로 된 진단을 받기까지는 시간이 좀 걸렸다(닉에게는 끝없는 기다림의 시간이었다). 의사들이 그의 어머니에게 그가 아마도 죽을 것이라고 얘기하고 나서는 원한다면 그에게서 생명 유지 장치를 뗄 수도 있음을 알려주었을 때, 그는 이 모든 것을 듣고 의식하고 있었다. 하지만 의사들은 그 사실을 몰랐다. 그가 혼수상태인 게 아니라 의식이 온전히 있으며, 들리는 단어 하나하나를 다 알아들을 수 있다고 추측한 것은 그의 가족들이었다. 몇 년 후 뉴질랜드 TV가 그에게 당시 그가 들었던 말 중 가장 무서운 것이 무엇이었는지를 물어보았다. 그는 의사들이 자신의 생명 유지 장치를 꺼버리는 이야기를 하고 있을 때였다고 주저 없이 답했다.[28]

"닉의 어머니와 그의 여자친구는 의료진에게 그가 주위 상황을 자각하고 있음을 알아달라고 호소했다."[29]라고 의료윤리학자 그랜트 질렛Grant Gillett은 말한다. 그는 닉 치솜과 함께 BMJ British Medical Journal에

글을 기고한 사람이다. "임상의들이 그가 감금증후군임을 인정하게 되자 치료의 분위기가 달라졌다."

감금증후군은 식물인간 상태와, 심지어 혼수상태와도 쉽게 혼동되어 오진되는 경우가 흔하다. 이는 비극적인 일이다. 닉의 경우에도 그랬듯이 감금증후군 사례의 절반 이상이 의사나 간호사보다는 가족에 의해 밝혀진다. 왜냐하면 가족들은 환자가 필요로 하는 것에 당연히 더 예민하므로 환자에게 의식이 있다는 기미를 읽어내기가 쉽기 때문이다. 2002년 감금증후군 환자 44명을 조사한 결과를 보면, 그런 진단이 내려지는 데 평균 두 달 반이 걸렸다.[30] 6년씩이나 걸린 끔찍한 경우도 있었다. 환자의 의식이 온전하다는 기미를 가족들이 포착하더라도 담당 의사가 그런 사실을 인정하도록 설득하는 데는 여전히 애를 먹을 수 있는 것이다.

최근 몇 년 사이에 뇌영상법은 급성 감금증후군 환자들이 얼마나 무서운 경험을 하는지를 보여주었다. 당신이 의식은 멀쩡하지만 움직이지 못하는 몸 속에 갇혀 있어서 자신이 겪고 있는 것을 남에게 알려줄 도리가 없다면 어떻겠는가? PET 스캔 영상을 보면 감금증후군 환자 뇌의 고등 영역들에서 나타나는 포도당 대사가, 같은 나이의 건강한 통제집단의 것과 별로 다르지 않다(역자 주 : 뇌의 신경세포는 포도당을 에너지원으로 사용하기 때문에 포도당 대사가 높은 영역일수록 그만큼 신경활동이 활발한 곳이라 할 수 있다). 이는 이 환자들이 부상으로 신체만 마비되었을 뿐이며, 로리스와 동료들이 말하듯이 "지적 능력을 완벽하게 회복"[31]할 수 있다는 결론을 뒷받침한다. PET 영상은 또한 급성 감금증후군 환자에게서 건강한 통제집단과는 현격한 차이가 나는 한 가지 특징(뇌에 새겨진 '서명'이라 할 만한)을 뚜렷이 보여주었다. 즉, 공포나 불안 같은 원초적 정서와 관련된 뇌의 원시 부위인 편도체amygdala가 (만성이 아닌) 급성 감금증후군 환자의 경우 과도하게 활동하고 있었던 것이다.

"환자가 혼수상태에서 깨어나서는 움직일 수 없는 껍데기 속에 갇혀 있음을 알게 될 때 어떤 생각이 들고 어떤 감정이 느껴질지는 판단하기 어렵다."라고 로리스와 동료들은 말한다. 하지만 뇌의 고등 영역들이 정상적인 대사를 보인다는 사실에 비추어 이 연구자들은 다음과 같이 믿고 있다. 의식은 있지만 외부 세계와 의사소통하는 방법을 아직 알지 못하는 환자들에게서 편도체의 활동이 과도한 것은 "지각 있는 존재가 움직이지 못하는 신체 속에 갇혀서 온전한 자각 상태로 겪고 있을 끔찍한 좌절, 스트레스, 그리고 고뇌를 이야기해 준다." 그들은 뇌영상법으로 알아낸 이 예비적인 증거를 바탕으로, 감금증후군 환자를 돌보는 의료진은 환자가 극도의 정서적 고통을 겪고 있음을 감안하여 환자 옆에서 행동을 조심해야 한다고 결론 내린다.

"다른 사람들이 자신의 생명 유지 장치를 떼는 것에 관하여 이야기하는 걸 듣는다는 게 얼마나 몸서리치는 일인지"[32]는 상상만 할 수밖에 없다고 질렛은 덧붙인다. 닉이 의식이 온전하며 방 안에서 벌어지는 모든 일을 알고 있다는 사실을 알게 된 후에조차도, 의료진이 여전히 "닉이 무슨 생각을 하고 있을지는 거의 상관하지 않고 그의 예후와 생활에 대해 이야기하는 것을 닉은 들었어요."라고 질렛은 말한다. 닉은 뉴질랜드 재해보험회사에서 나온 담당자가 자신이 있는 앞에서 그가 설사 살아난다고 하더라도 어쨌든 살기를 원하지 않을 것이라고 말했다고 이야기한다. 그리고 한 전문가는 그에게 여생을 계속 휠체어에서 보내게 될 것이므로 거기에 익숙해지는 것이 좋을 것이라고 말했다. 그가 입원한 2년째에는 또 다른 전문가가 그가 여태까지 나아진 것 이상으로 더 나아질 수는 없다고 말했다.

닉은 도저히 동의할 수가 없었다. "그들이 정말로 아는 게 있기나 할까요? 그들은 교과서에서 본 것밖에 몰라요."라고 말하면서, 그를 담당한 전문가와 의사들을 "극단적으로 부정적"이라고 묘사한다.

질렛의 말에 따르면 감금증후군의 경우, 임상의들은 환자가 무슨 생각을 하고 무엇을 느끼는지에 대해서 자연히 항상 오류를 저지른다. 왜냐하면 환자는 우리가 그런 입장이 되어보지 않고서는 도저히 어떤 느낌일지 알기가 불가능한 그런 의식 상태에 처해 있기 때문이다. 그는 "우리는 감금증후군 장벽을 뚫고 나가서 환자가 우리와 연결될 수 있도록 특별한 노력을 기울여야 합니다."라고 주장한다. 닉의 상태가 의식이 없는 다른 상태들과 아무리 비슷하다 하더라도 그는 온전한 한 인간으로 대우받아야 한다. 생각과 느낌과 감정을 충분히 경험할 수 있는 온전한 사람으로 말이다.

닉은 그런 상황으로 인해 인지적 결손을 경험하기는커녕 오히려 자신의 감각(특히 시각과 청각)이 사실상 향상되었다고 느낀다. 감금증후군 환자 주변의 사람들은 상실되어버린 모든 것에 미련을 갖는 경향이 자연히 생기기 때문에, "닉 같은 사람이 하고 있는 '자신의 재구성' 작업이 진행 중"이라는 사실을 놓치고 지나가기가 너무나 쉽다는 것을 질렛은 알게 되었다. 닉의 통역자가 된 동생을 통해 그가 말하는 것을 들어보면, 닉은 극심한 장애에도 불구하고 여전히 정신적으로 명민함이 분명하다. 또한 인간성을 어떻게 정의하든 간에 그가 인간성을 상실하지 않았음도 분명하다. 사고를 당하기 전 그는 사람들과 어울리기를 좋아했으며 짓궂은 장난도 즐겨했다. 그래서 그의 정신생활의 그런 면들이 어느 때보다도 더 큰 힘이 되고 있다.

"내 친구들, 나를 돌봐준 사람들, 그리고 가족들의 도움 없이는 여기까지 올 수 없었을 것이라고 생각해요."라고 닉은 말한다. 퇴원 후 닉은 한 친구의 도움으로 자신의 예전 럭비팀의 경기를 정기적으로 보러갈 수 있게 되었다. 그리고 그 사고 때문에 엉뚱한 일을 벌이는 그의 장난기가 사라지지는 않았다(예컨대, 닉과 남동생 및 여러 친구들은 선거일에 나체로 투표소에 등장하여 유튜브에 그 동영상이 올라오기도 했다). 그리고 닉이 함께 어울리는 사람들은 이젠 가족과 예전의 친구들만이 아니다. "사고 이후 많은 사람들을 만났어요."라고 닉은 말한다. "그중에는 친구가 된 이들도 있어요. 몇몇 사람들하고는 아주 좋은 친구가 되었죠."

어떠한 측면에서 보더라도 닉의 회복은 놀라웠다. 그는 병원에 있었던 2년 동안 겨우 한 가지 소리를 내기 위해서 엄청난 노력을 해야 했다. 하지만 2005년도에 그는 이렇게 썼다. "나는 이제 많은 단어를 말할 수 있고, 숫자를 셀 수 있으며, 간병인 네 명 정도의 이름을 비교적 또렷하게 발음할 수 있고, 누워서 쉬고 있을 땐 가끔씩 몇 가지 단어를 함께 연이어 말하기도 한다." BMJ에 그의 이런 글이 실린 이후로도 닉은 보행보조기를 사용하여 짧은 거리를 갈 수 있게 되었다. 심지어 도움을 받으면 몇몇 운동기구까지도 사용할 수 있게 되었다. 그가 어떠한 신체적 기술도 절대 회복하지 못할 것이라고 했던 전문가들의 말을 보기 좋게 깔아뭉갰던 것이다(그는 자기에게 절대로 다시는 움직이지도, 말하지도 못할 것이라고 말했던 한 전문가를 기억하고 있다. 그가 오랜 병원생활 후 집으로 돌아갈 때 그 전문가는 그를 진찰하고서는 경과에 깜짝 놀랐다. 그는 닉에게 자신이 했던 예측에 대해 사과를 했다. 닉은 "나는 그에게 가운데 손가락으로 욕을 날렸죠."라고 이야기한다).

그의 회복은 전혀 평범한 일이 아니었지만 집중적인 간호를 지속적으로 받은 감금증후군 환자 중에서는 이례적인 일도 아니었다. 2003년에 행해진 한 연구에서는 세 군데의 재활센터에서 14명의 감금증후군 환자를 5개월~6년에 이르는 기간 동안 추적했다. 그리하여 초기에 집중적인 재활치료를 하면 결과가 아주 좋아지며 사망률도 감소함을 밝혀냈다.[33] 로리스와 동료들의 연구에 따르면, 95명의 감금증후군 환자 중 92%가 머리를 움직일 수 있는 능력을 어느 정도 회복했고, 절반이 개별 단어를 알아들을 수 있게 말할 만큼 언어능력을 회복했다.[34] 손가락, 손 혹은 팔을 약간 움직일 수 있게 된 환자가

65%였고, 다리나 발을 약간 움직일 수 있게 된 환자는 75%였다.

살려는 의지

닉같이 굴하지 않는 정신과 뛰어난 유머 감각을 가진 사람에게조차도 삶이 견딜 수 없이 힘들게 느껴지는 어쩔 수 없는 순간이 있다. 그의 절친한 친구 한 사람은 사고 이전의 그에 대하여 "근육 밖에 없는 몸짱이었어요. 지독히도 행복한 녀석이었죠. 예쁜 여자친구도 있었어요. 더 이상 좋을 수가 없었죠."[35]라고 말한다. 이제 닉은 자신이 외로운 삶을 살게 될 거라고 말하며 연애는 꿈도 꾸지 못할 것이라고 생각한다. "물론 연애하면 좋겠죠. 하지만 몸이 멀쩡한 사람도 짝을 찾기가 힘든데, 나는 어림도 없어요."라고 그의 동생이 통역해준다.

그는 자기의 병 때문에 얼마나 창피한 일이 일어나는지를 들려준다. 예컨대 공공장소에서 배변을 통제하지 못하게 될 때 같은 이야기 말이다. "정말이지, 나이가 서른인데 그런 일이 생기면 정말 치욕적이죠."라고 그는 말한다. "그리고 다른 곳도 아닌 헬스클럽의 사람들 앞에서 그러면 더더욱 그래요. 그런 일이 일어나면 내 기분이 되게 급작스레 변해버려요. 상상이 되죠?"[36] 그는 종종 자살을 생각해보았음을 인정한다. 특히 밤에 침대에 혼자 누워 있을 때 그랬다. 그는 때로는 병원으로 가는 구급차 안에서 죽었더라면 하고 바라기도 한다. 그랬더라면 덜 괴로웠을 것이다. 하지만 지금은 자살을 하고 싶어도 할 수가 없다. "육체적으로 불가능하죠."라고 그는 덧붙인다. 하지만 가장 가까운 사람들과 자신의 자살에 대해 논의한 적은 있다.

그의 동생의 말이다. "그래요. 그런 이야기를 한 적이 있죠. 형이 '40~50년을 이 의자, 이 껍데기에 갇혀서 살고 싶지는 않아.' 라는 요지의 말을 했어요. 나도 이해가 돼요. 사지 멀쩡한 내 입장에서 형이 그렇게 살아야 한다고 어떻게 감히 말할 수 있겠어요?"[37] 하지만 삶을 마감하는 것(혼자 힘으로든 도움을 받아서든)이 가능하다 하더라도 그건 별 문제가 아니라고 닉은 말한다. "아직까지 살아 있는 것이 기뻐요. 어쨌거나 대부분의 시간은 말이죠. 이제는 오로지 회복될 것이라는 희망으로 살아요."[38]

감금증후군 환자들이 죽음을 선택(그럴 수 있다면)할 것이라는 잘못된 생각을 가진 이들이 많다. 하지만 살고자 하는 닉의 결심은 대다수의 감금증후군 환자들이 보이는 생각과 같다. "때로는 건강한 사람들과 의료전문가들이 감금증후군 환자의 삶의 질이 너무 낮아서 살아갈 만하지 않다고 가정한다."[39]고 로리스와 동료들은 쓰고 있다. "그와는 반대로 만성 감금증후군 환자들은 대체로 의미 있는 삶을 살고 있다고 이야기하며, 놀랍게도 안락사를 시켜달라는 요구는 거의 하지 않는다." 감금증후군 환자들은 조기 진단과 치료가 이루어지면 사망률이 감소하고 삶의 질도 개선된다는 연구 결과들이 있다. 그럼에도 불구하고 이를 모르는 의사들이 어떤 환자가 마땅히 받아야 할 적극적인 의료 행위를 제공하지 않을 수도 있다는 우려를 전문가들은 하고 있다. 감금증후군 환자의 경험과 소망을 잘 모르는 의사들은, 심지어 환자가 무엇을 더 원하는지 밝히기 위한 합리적인 시도를 모두 해보기도 전에 가족들에게 생명 유지 장치를 제거하도록 영향을 줄지도 모른다.

로리스와 동료들은 감금증후군 환자들이 궁극적으로 어떤 식의 간병을 요구하는지와 상관없이 그들의 자율성을 가장 중요하게 생각해야 한다고 강조한다. "감금증후군 환자들의 죽을 권리가, 특히 존엄성을 갖추고 죽을 권리가 무시되어서는 안 된다. 하지만 더 중요한 것은 그들의 살 권리 역시 무시되어서는 안 된다는 것이다. 존엄하게 살 권리, 가능한 한 최선의 재진단을 받을 권리, 그리고 통증과 증상을 치료받을 권리 말이다."

닉으로서는 그의 삶이 살 가치가 있는가를 자신 말고 남들이 결정하는 것을 원치 않는다. 2007년 뉴질랜드 TV가 그에게 자신이 행복하다고 생각하느냐고 묻자 "물론이죠. 제가 겪은 걸 생각하면 지금은 완전히 환상적이에요. 아마 대부분의 사지 멀쩡한 사람들보다 더 행복할 거예요."[40]라고 닉은 말했다.

목소리 없이 이야기하기

닉이 외부 세계와 소통하는 도구는 표면에 알파벳 글자들이 적혀 있는 커다란 투명 보드이다. 그가 말하려는 문장의 글자들을 하나씩 애써서 눈으로 쳐다보면 보드의 반대편에서 그의 말을 '듣는' 사람이 닉이 무슨 글자를 바라보고 있는지를 추측해야 한다. 그가 전체 문장을 다 말할 때까지 닉이 '극도로 고되다'[41]고 묘사하는 이 과정이 계속된다. 닉같이 친구들과 법석을 떠는 것이 너무나도 중요한 사람에게는 말을 하지 못하는 것이 마치 고문을 당하는 것처럼 괴로울 수 있다. 그는 "내 마음을 표현하거나 풍자적인 말을 하기가 매우 어려워요(거의 불가능하죠)."라고 말한다.

닉이 사용하는 투명 보드 같은 말하기 보조기구로 단 한 마디(생각과 느낌, 정보나 도움 요청을 비롯해서)라도 하려면 다른 사람의 도움이 필요하다. 이는 그렇지 않아도 남에게 의존해야 하는 감금증후군 환자들의 삶을 더욱 의존적으로 만드는 안타까운 현실이다. 닉과 같은 사례를 보면 우리가 그들에 대한 배려를 충분히 해야 함을 알 수 있다. 그래서 질렛은 "그가 심한 장애를 가지고도 우리와 함께 다시 삶을 시작할 수 있도록 쌍방향 소통기술과 개인의 굳센 노력을 통해 소통의 도구를 재구성해야 합니다."라고 말한다.

스크린상의 키보드에 연결된 적외선 안구센서 같은 최첨단 환자-컴퓨터 인터페이스 덕분에 많은 감금증후군 환자와 간병인의 삶이 개선되고 있다. 이런 장치들은 감금증후군 환자에게 일상적 활동을 할 수 있는 자유를 준다. 전등이나 전자제품을 켜고 끄기, 전화나 팩스로 소통하기, 웹서핑하기, 이메일 보내기, 워드프로세서와 언어 합성기 사용하기같이 우리가 당연한 것으로 여기는 단순한 활동들 말이다. 이런 장치들은 가격이 수천 달러에 이르기 때문에 보험회사가 구입해주지 않는다면 턱없이 비싼 것이다. 하지만 그 비용을 감당할 수 있는 환자들에게는 그전까지는 얻을 수 없었던 자유를 선사한다.

닉같이 안구 운동을 의식적으로 통제할 수 있는 환자는 그런 장치가 선사하는 자유와 독립의 혜택을 분명히 받을 수 있을 것이다. 하지만 앞서 나온 젊은 영국 여성 환자같이 의식이 있다는 징후는 있으나 안구 통제 능력이 없는 경우는 어떻게 되나? 그런 환자들에게는 안구 운동을 이용한 컴퓨터 인터페이스가 충분히 발달된 소통 기술이 되지 못한다. 의식장애를 다루는 연구자들은 fMRI 혹은 다른 기능적 신경영상화 기법을 이용한 직접적인 마음-컴퓨터 인터페이스의 가능성에 희망을 걸고 있다. 그런 인터페이스는 사실상 환자의 생각과 정서를 읽을 수 있게 해줄 것이고, 따라서 환자가 자신의 치료에 대해서, 그리고 삶의 연장(혹은 중단) 같은 중요한 결정에 대해서 적극적인 목소리를 낼 수 있게 해줄 것이다.

코마 사이언스 그룹의 로리스와 동료 연구자들은 최근의 한 사설에서 "의료기술과 소통기술의 발전이 굉장한 일인 이유는 그 덕분에 심각한 신경질환이 있는 환자들이 건강한 다른 사람들과 점점 더 같아지기 때문이다."[42]라고 말했다. "이로부터 당연히 뒤따르는 결론은, 다른 모든 환자들과 마찬가지로 그들도 똑같이 자율성이 있음을 존중해야 한다는 것이다. 그뿐만 아니라 지금까지 별로 명확하지 않았던 삶과 죽음 사이의 경계를 더욱 확실한 수준으로 끌어올려야 한다는 것이다."

의식 영상화 기법의 미래

영국 및 벨기에 연구 팀이 앞서의 젊은 영국 여성 환자가 '의심의 여지없이' 의식이 있다는 결론을 내린 것은 학계에서 논쟁을 불러일으켰지만, 신경과의사들은 한 가지 점에서는 동의를 한다. 즉, 그녀의 놀라운 이야기 덕분에 외적 반응의 기미가 보이지 않는 환자에게 fMRI를 진단 도구로 사용할 수 있다는 주장이 힘을 얻는다는 것이다.

뇌영상화 기법이 시간이 흐르면서 더 많은 시험을 거치고 나면 결국 믿을 수 없는 방법으로 판명될지도 모르고, 심지어는 불가항력적인 사례에 헛된 희망을 심어줄 수도 있다는 우려는 남아 있다. 하지만 오웬 박사의 주장이 사실일 수도 있다는 낙관론이 널리 퍼져 있다. 그와 그의 연구 팀은 "기존의 임상적 방법들로는 환자가 의식이 있다는 사실을 알 수 없는 경우, 그것을 보여줄 수 있는 방법을 찾아냈습니다."[43]라고 주장한다.

오웬, 로리스 및 동료들은 fMRI가 진단 목적에 유용할 수 있는데다가 치료용으로도 강력한 힘을 발휘할 수 있다고 믿고 있다. 앞서 젊은 영국 여성 환자의 정신활동을 볼 수가 있었는데, 그것은 "식물인간이나 최소 의식 상태나 감금증후군으로 진단받은 환자들을 비롯한, 의사소통이 불가능한 여러 환자들이 그들의 남아 있는 인지능력을 사용하여 자기 자신의 신경활동을 조절함으로써, 주위 사람들에게 자신의 생각을 전할 수 있는 방법이 있을 수도 있음"[44]을 시사한다고 그들은 주장한다.

환자의 생각이 스크린에 다른 사람들이 이해할 수 있는 방식으로 나타날 수도 있을 것이다. 이는 케이트 베인브리지와 닉 치숌 같은 환자의 가족과 친구들에게는 가슴이 두근거릴만한 소식이다. 몇 달

혹은 몇 년을 고통 속에서 사랑하는 사람의 회복을 바라며 기도한 그런 사람들에게는 말이다. fMRI는 설사 소통 도구로서는 실패가 되더라도 환자가 부상 이후 의학적으로 가능한 한 빨리 가장 적절한 간병을 받을 수 있도록 보장해줄 수도 있다.

의식의 연속선 반대편 끝에는 병세가 더 이상 호전되지 않는 비극적인 환자들이 있다. 이들에게는 최첨단 생명 유지 장치가 신체 상태는 유지해주지만 의미 있는 회복은 가져다주지 못한다. 1960년대와 1970년대에 개발된 강력한 생명 연장 기술들은 시간이 가면 회복될지도 모르는 중병 및 중상 환자들에게 새로운 희망을 주었다. 하지만 새로운 문제가 생겨났다. 미국 연방대법관 안토닌 스칼리아Antonin Scalia가 1990년에 내린 낸시 크루잔Nancy Cruzan 소송 판결에 따르면, 이 기계들은 "이성이 있는 사람이라면 더 이상 살고 싶지 않을 때를 넘어서까지 인간의 육신을 살아 있게 만들 수 있을 것이다." 환자 가족들은 사랑하는 사람에게서 의료 장치를 제거해야 할지, 만약 그렇게 한다면 언제 할지라는 견디기 힘든 결정을 내려야 했다.

낸시 크루잔의 아버지의 가슴 아픈 이야기에 동정하지 않을 부모가 어디 있겠는가? 낸시의 차는 1983년 겨울, 인적이 드문 얼어붙은 도로에서 뒤집어졌고 그녀는 저만치 날아가서 도랑에 얼굴이 처박히고 말았다. 낸시는 산소 결핍으로 뇌가 심하게 손상되었다. 몇 년후 테레사 샤이보가 겪게 된 것과 비슷하게 말이다. 낸시의 아버지는 딸의 생명 유지 장치를 제거할지 말지를 결정해야 하는 끔찍한 순간에 신음하며 말했다. "구급차가 5분만 더 일찍 왔더라면, 아니면 5분만 더 늦게 왔더라면."[45]

환자의 가족과 친지들은 오늘날에도 정확히 똑같은 고통스러운 딜레마에 빠진다. fMRI 스캔이 앞서의 젊은 영국 여성 환자의 가족들의 물음에는 답을 주었다. 전 세계의 혼수상태 및 식물인간의 가족과 친구들의 마음을 아프게 하는, "그녀가 내가 하는 말을 들을 수 있을까?"란 물음 말이다.

그녀의 놀라운 사례에서는 그 답이 "네, 들을 수 있어요."인 것으로 보인다.

좋은 놈, 나쁜 놈, 치사한 놈
강력한 감정, 그리고 이를 이용하는 능력

우리는 '의식'이 있는 상태에서 완전히 무의식적인 행위를 할 수도 있다. 이런 말을 하는 사람들이 점점 많아지고 있는데, 그들은 강한 정서가 뇌에 어떤 영향을 미치는지를 연구하는 학자들이다. 걱정을 하거나 두려움을 느낄 때, 화를 내거나 우울할 때, 아니면 그냥 완전히 스트레스를 받을 때 우리는 자기 자신의 주인이 아니라 감정의 노예인 것처럼 느끼게 된다.

우리는 대개 자신이 어떤 정서적 경향성을 갖고 있는가가 자신이 어떤 사람인가라는 개인 정체성의 중요한 부분이라고 생각한다. 우리가 특히 고통스럽거나 파멸적인 감정으로 몸부림치게 되기라도 하면 더욱더 그런 생각이 들게 된다. 심지어는 우리의 감정 **자체**가 곧 우리 자신이고, 다른 사람들의 감정도 곧 **그들** 자신이라고 느껴질 수조차 있다. 또 자신의 정서적 정체성(항상 꽃피는 춘삼월은 아닌)이 아무래도 꽤 딱딱해서 변하기 힘들다고 느낄 수도 있다. 사람들은

"그는 성질이 불같아." 같은 말을 한다. "그녀는 너무나 부정적이야."라며 어떤 사람의 기질이 마치 그녀의 갈색 눈이나 솟아오른 광대뼈, 또는 창백한 피부와 똑같이 그 사람이 누구인가를 나타내는 특징인 것처럼 이야기한다. 우리의 기질(즉, 자족감 혹은 성마름의 '타고난' 기본 수준)이 사춘기 후반 즈음에는 우리에게 아로새겨져 변하지 않는다는 생각은 전통적인 과학적 지식과 잘 들어맞는 것이었다. 얼마 전까지는 말이다.

하지만 그렇지 않다고 위스콘신대학교 매디슨캠퍼스의 신경과학자이며 정서 영상화 분야의 선구자인 리처드 데이비드슨Richard Davidson은 말한다. "뇌에는 유연성 및 변화의 가능성이 무궁무진하게 잠재되어 있어요."[1] 또한 그는 뇌가 유연하다는 이런 새로운 지식을 기반으로 의료체계를, 그리고 전체 교육체계(질병 예방의 첨병이라 할 수 있는)까지도 변화시킬 수 있다고 생각한다.

"신경가소성neuroplasticity(역자 주 : 신경가소성이란 경험에 의해 뉴런들의 구조나 기능이 변화되는 것을 가리킨다.)이라는 말을 쓸 때 나는 경험을 통해 변하도록 만들어져 있는 유일한 기관이 뇌라는 의미로 그런 이야기를 해요. 신경가소성은 지난 10년간 신경과학 전체를 통틀어 보편적으로 발견된 가장 중요한 사실입니다. 뇌는 경험을 통해 그리고 훈련을 통해 심장이나 신장이나 간보다도 더 많이 변화하도록 만들어져 있어요. 그리고 우리가 학습을 할 수 있는 이유는 사실 이런 능동적인 신경가소성 때문이죠."[2]라고 데이비드슨은 말한다.

경험을 통해 변화할 수 있는 뇌의 이런 놀라운 능력이 어떻게 생겨나는 것일까? UCLA의 정신과의사인 대니얼 시겔Daniel Siegel은 "우리는 이제 경험이 신경 발화를 변화시킬 수 있고, 신경 발화가 신경 연결을 변화시킬 수 있음을 알고 있어요."[3]라고 말한다. 우리의 인지적 및 정서적 특성이 유전자와 어린 시절의 경험에 큰 영향을 받는다는 점은 아무도 부인하지 않는다. 하지만 정서적 삶이 반드시 유전적 유산의 지배를 받을 필요는 없다는 증거가, 그리고 어린 시절에 받은 온갖 종류의 파괴적인 정서적 상처가 치유될 수 없는 것은 아니라는 증거가 발견되고 있다. 이런 증거들은 논란을 불러일으키고 있다. 데이비드슨은 "감정은 사실이라 부를 수 있는 게 아닙니다."라고 설명한다. 그래서 감정이란 변하기 마련이라는 특징을 단순히 알고 있기만 해도 감정(역자 주 : 특정 순간에 느껴지는 것으로서의)을 우리 자신과 동일시하지 않을 수 있고, 따라서 "감정을 떨쳐버리는 일이 더 쉬워진다".[4]

신경과학, 정신의학 및 심리학 분야에서 연구하는 데이비드슨 및 여타 학자들이 뇌의 비상한 능력을 입증해보이기 시작했다. 즉, 뇌는 정서적 스트레스에 대한 반응을 스스로 변화시킬 수가 있는데, 그 결과 신체에 가해지는 생리적 스트레스도 감소된다는 것이다. 활동 중인 뇌를 찍은 사진들은 다음과 같은 여러 사실을 보여주었다. 자신을 사랑하고 이해해주는 사람이 있으면 뇌가 느끼는 공포가 누그러진다. 신체적 고통을 감당해낼 수 있다고 생각하면 그 고통의 경험이 완화될 수 있다. 인지치료cognitive therapy는 우울하고 화가 나고 공포에 질린 마음을 재훈련시켜서 파멸적인 사고에서 벗어나게 만들 수 있다. 이쯤에서 떠오르는 고색창연한 의문은 "사람의 기질은 고정된 것일까 아니면 사람이 정말로 변할 수 있을까?"라는 것이다.

　그에 대한 답은 점점 더 "그래요, 우린 변할 수 있어요"가 되어가고 있는 듯하다. 시간과 지속적인 노력과 의식적인 목표가 있다면 말이다.

감정의 폭풍우를 만났을 때

우리는 모두 부정적인 감정에 휘둘린다고 느낀 적이 한 번쯤은 있지 않은가? 전쟁이나 철천지원수를 만들어내는 분노라는 감정에서부터 시작해보자. 여러 연구에 따르면 지나친 분노는 신체 건강과 인간관계를 망가뜨리고, 심하면 우리의 삶에 너무 일찍 마침표를 찍어버릴 수도 있다. 2004년의 한 연구에서는 적대감이나 분노를 쉽게 느끼는 남성이 뇌졸중이나 사망의 위험이 훨씬 더 높다는 것이 밝혀졌다. *Circulation*이라는 학술지에 실린 이 연구에서 호전적인 남성은 심방 잔떨림이 발생할 위험이 10% 더 높았다. 이 병은 뇌졸중의 위험을 증가시킨다. 다른 사람들에게 분노를 폭발시킨 남성의 경우에는 상황이 더 나빠서, 이 연구 도중에 어떤 이유로든 죽을 확률이 20% 더 높았다.[5]

　분노를 받아내는 입장에 있는 사람의 건강은 어떨까? 미국에서는 매일 네 명(그중 세 명은 4세 이하)의 아이가 학대로 인해 숨지며, 어린 시절에 학대받았던 성인 중 80%가 적어도 한 가지 이상의 정신건강 문제(병적인 우울증, 불안, 섭식장애, 혹은 외상 후 스트레스 장애를 포함하여)를 겪게 된다.[6] 네 명 중 한 명의 여성이 일생 동안 한 번은 가정 폭력을 경험하며, 여성 살해범의 거의 3분의 1은 자신의 부인을 살해한 사람이다. 심리적 학대를 받은 피해자들은 신체 건강이 나쁘고 집중력이 떨어지며, 정서적인 문제를 안고 있고 일이나 공부를 잘 못하며, 약물이나 알코올중독에 빠지고 자살에 대한 생각(또는 행위)을 할 가능성이 더 높다.[7]

만성 분노가 우리에게나 또 우리가 사랑하는 사람들에게나 나쁜 것이라는 사실을 안다고 해서, 그 만성 분노라는 괴물을 어떻게 다룰지를 반드시 알게 되는 것은 아니다. 공격성의 유해한 효과에 대한 연구를 잘 알고 있는 경우에조차도 우리는 가끔씩 스스로를 걷잡을 수 없을 때가 있다. 우리는 배우자나 아이들에게 신경질을 부리고, 내가 들어가려던 주차 칸에 얌체같이 새치기해 들어가는 운전자에게 욕을 하며, 내가 생각해낸 아이디어로 다른 동료가 칭찬을 받으면 화가 나고, 지독히 싫어하는 정당 후보자에게는 의분을 느낀다. 분노는 이 세상에서 가장 파괴적인 정서 중 하나이지만, 우리가 분노에 휘말려 있을 때는 기운이 샘솟는 것처럼 느껴질 수 있다. 분노는 우리에게 활력을 불어넣기도 하는 것이다.

어떤 종류든지간에 강한 감정들은 일단 생기면 주체할 수가 없다. 그로 인해 무슨 행동인가를 시작하게 되기까지 딱 그 시간 동안만은 말이다. 그런데 여기엔 그럴만한 이유가 있을지도 모른다는 게 밝혀졌다. 새로운 연구 결과에 따르면, 우리가 강력한 감정의 손아귀에 사로잡혀 있을 때 그것을 표현하려는 욕망을 그냥 억누르는 것이 우리에게도 좋은 일은 아니다. 감정의 외적인 표현을 억제하려는 의식적인 노력을 표현 억압expressive suppression이라 하는데, 이런 감정 조절 방식에 대한 최근의 연구는 괜찮은 척하는 것이 절대로 훌륭한 감정적 전략이 아님을 보여준다. 옛 현인들의 말씀대로 말이다.

"도로에서, 사무실에서, 그리고 심지어는 창공에서 분노가 폭발해서 일어나는 사건이 이제는 일상적으로 뉴스에 등장한다. 그런 일들은 분노 같은 부정적 정서를 조절하지 못함으로 인한 피해를 보여주는 강력한 일화적 증거이다. 배우자, 아동 및 노인 학대에 대한 암울한 통계 수치는 감정 조절 실패가 가져올 수 있는 심각한 해악을 보여주는 또 다른 증거이다."[8]라고 스탠퍼드대학교의 심리학자 제임스 그로스James Gross는 쓰고 있다. 충동적 행위는 분명히 나쁜 결과를 가져온다. 하지만 그로스 박사와 동료들은 감정을 억압하는 것 역시 건강한 방법은 아님을 보여주었다. 감정의 억압은 기억 기능을 손상시키고, 부정적 정서를 감소시키지는 못하면서 오히려 긍정적 정서까지도 느끼기 힘들게 한다.[9] 또한 감정을 억압하면 혈압과 기타 생리적 스트레스 지표들이 상승하는데, 이런 반응이 정서 반응을 억압하고 있는 그 자신뿐만 아니라 그의 배우자나 친지들에게서도 일어난다.[10]

이 모든 새로운 정보가 쉽게 성질을 내는 사람들에게 말해주는 바는 무엇일까? 우리의 신경을 긁는 이웃에게 고함을 치는 것이 좋은 수가 아니라면, 그렇다고 고함치고 싶지 않은 척하는 것 또한 좋은 수는 아니라면, 성질이 불 같은 사람은 도대체 어떻게 해야 할까?

반응과 억압이라는 두 가지 도구밖에 들어 있지 않은 감정의 도구 상자를 다른 무언가로 채워넣을 수는 없을까? 이런 생각으로 연구자들은 반응과 억압이라는 두 극단의 중간 어딘가를 살펴보고 있다. 어떻게? 먼저 새로운 뇌영상화 기법들을 사용하여 강력한 감정의 폭풍우를 만났을 때 우리의 뇌에서 어떤 일이 일어나는지를 알아낸다. 그다음, 배가 폭풍우에 흔들리지 않게 하는 여러 가지 노력을 할 때 뇌가 어떻게 반응하는지를 본다. 슬픔에 잠긴 뇌는 항우울제에 어떻게 반응할까? 인지치료에는 어떻게 반응할까? 공황에 빠진 뇌는 베타 차단제에 어떻게 반응하고, 외상을 입은 뇌는 마음챙김 수행에 어떻게 반응하며, 화가 난 뇌는 용서하기 훈련에 어떻게 반응할까? 이런 것들이 감정에 관해 연구자들이 하는 몇 가지 질문이며, 이에 대해 뇌의 영상은 흥미로운 답을 보여주고 있다.

마음이 자신을 바라보는 모습을 바라보기

강력한 감정 때문에 몸부림치고 있는 사람에게는 마음챙김mindfulness 이라는 개념(생각, 감정, 신체 감각을 비롯한 우리의 순간순간의 경험을 그냥 바라보는 훈련)이 얼핏 보기에 너무 뉴에이지new age적이거나 너무 무저항적으로 보일 수 있겠다. 하지만 다시 보면 그게 아니다. 최근의 뇌영상화 연구에 의하면, 마음챙김이라는 상당히 차분하고 미묘한 훈련이 뇌를 변화시키는 가장 강력한 도구 중 하나인 것으로 판명될지도 모른다. 마음챙김은 서양 심리학의 상위인지metacognition(사고 및 사고 과정에 대한 자각이라 정의됨)라는 개념과 유사하며, 불교 심리학에서는 때론 '순수한 비판단적 자각bare, nonjudgmental awareness'으로 묘사되기도 한다. 그리고 토론토대학교에서 수행되고 있는 혁신적인 fMRI 연구의 대상이기도 하다.

연구자들은 마음챙김 수련을 받은 사람들이 받지 않은 사람들에 비해 슬픔에 대해서 다르게 대처하는지, 그리고 만약 그렇다면 그런 차이가 뇌에서 정확히 어떻게 나타날지 알고자 했다. 그 연구의 한 저자인 심리학자 진델 시걸Zindel Segal은 "우리는 사람들을 스캐너에 넣어놓고 슬픈 기분을 유발했지요. 그러고는 그런 슬픈 기분이 닥칠 때 스스로를 어떻게 조절하는지를 보았습니다."[11]라고 이야기한다. 참가자들은 두 집단이었는데, 한 집단은 마음챙김에 근거한 스트레스 감소(MBSRmindfulness-based stress reduction) 코스를 최근에 수료한 사람들이고, 다른 집단은 똑같은 코스를 들으려고 기다리는 사람들이었다. 모든 참가자들은 우울증, 불안 또는 만성 통증을 전문으로 하는 토론토의 한 클리닉에서 치료를 받고 있는 환자들이었다.

MBSR은 만성 스트레스, 통증 및 질병 치료를 위한 8주 프로그램으로 존 카밧-진Jon Kabat-Zinn이 개발한 것이다. 그는 미국의 유명한 저술가이자 과학자이며 명상 스승으로서, 매사추세츠대학교 의과대학에 있는 스트레스감소클리닉의 창립자이고 의학, 보건 및 사회를 위한 마음챙김센터의 소장이다. MBSR은 몸과 마음을 진정시키고 비판단적 자각 상태에서 현재의 순간에 집중하는 능력을 길러주는 명상과 요가 수행으로 구성되어 있다.

1990년대부터 시걸 박사는 카밧-진 박사 및 옥스퍼드대학교의 두 동료인 심리학자 마크 윌리엄스Mark Williams와 정신과의사 존 티즈데일John Teasdale과 함께 연구를 해왔다. 그들은 정신건강 문제의 치료를 위해 MBSR 기법을 인지치료와 통합시킨 일군의 치료기법을 만들어내고, 마음챙김에 근거한 인지치료(MBCTmindfulness-based cognitive therapy 또는 알아차림 인지치료)라는 이름을 붙였다. 그러고는 그것이 임상 우울증의 치료에 효과가 있는지를 연구하기에 나섰다. 두 번 이상의 주요 우울 발작을 겪고서 회복된 환자들을 대상으로 한 대규모 연구에서, 마음챙김 훈련을 받은 환자들 중 65%가 1년 후에도 안정적인 상태를 유지했다. 반면에 통제집단에서는 그런 사람들이 34%에 불과했다. 세 번 이상의 우울 발작을 겪은 환자들의 경우에는 재발률이 절반으로 줄어들었다.[12]

그렇다면 마음챙김 기법이 재발 방지에 더 효과적이었던 이유가 정확히 무엇일까? 이는 여전히 추측할 수밖에 없는 일이었다. 토론토의 시걸과 동료들이 fMRI 연구를 한 것은 마음챙김 수행이 슬픔에 빠져 있는 뇌에 실시간으로 미치는 영향을 새로이 조명해보고자 했기 때문이다. 그렇게 얻은 뇌영상은 그들을 실망시키지 않았다.

"우리는 사람들이 슬픔을 느낄 때면 뇌의 어떤 영역들이 자동적으로 활동하기 시작해서 지금 무슨 일이 벌어지고 있는가를 알아내려고 한다는 것을 발견했습니다."[13]라고 시걸 박사는 말했다. 이 영역들은 대개 자기참조, 계획 세우기, 위협 평가 및 문제 해결에 관여하는 곳으로서, 시걸 박사의 말에 따르면 '이게 나한테 문제인가? 내가 무언가 조치를 취해야 하나? 이게 나에게 의미하는 바가 뭐지?' 같은 질문을 하는 부위들이다. 그런 일이 처음에는 모든 이들에게 일어났다. 환자가 마음챙김 훈련을 거쳤건 안 거쳤건 슬픔은 슬픔이었고 괴로움은 괴로움이었다. 모든 사람이 그렇게 느꼈다.

이는 그 자체로 흥미로운 결과이지만 그러고 나서 눈이 번쩍 뜨일 만한 일이 일어났다. 뇌영상을 찍는 스캐너 안에 있는 동안 마음챙김 집단은 그런 애초의 정서 반응에 통제집단과는 아주 다르게 대처했다. 그들은 전략을 짜고 자기를 반추하는 영역들의 활동 강도를 낮추었고, 신체 감각을 통해 들어오는 정보를 강화시킬 수가 있었다. "이들은 마치 새로운 두 번째 통로를 열어젖히는 것 같았어요. 그래서 느껴지는 감정이 앞서 언급한 유형의 언어적·전략적 영역들만을 통해 생겨나는 그런 정서 경험('내가 무언가 조치를 취해야 하나?') 이 아니게 되었죠."[14] 그런 언어적·전략적 영역들의 활동은 낮아진 상태이긴 해도 여전히 지속되고 있었는데, 시걸에 따르면 다른 뇌 영역들 또한 활동을 하기 시작했다. 이 영역들은 "지금 이 시점에 몸이 어떤 느낌인가? 신체, 자세, 위치, 호흡을 내가 자각하고 있는 와중에 또 다른 어떤 일들이 일어나고 있는가?" 같은 질문을 다루는 곳이다. 마음챙김 훈련을 받아본 사람은 '순간순간 일어나는 일들에 대한 좀 더 전체적인 그림'을 볼 수 있었을 것이며, 자신에게 초점을 맞춘 생각에 정신적 에너지가 덜 소모되었을 것이라고 시걸은 추측한다.

정서적으로 힘든 경험 이후 괴로움이 얼마나 지속되는가는 자기 자신에 대한 생각을 얼마나 많이 하는가와 관련되는 것으로 알려져 있다. 이와 대조적으로, 부정적인 경험에 대하여 집요하게 곱씹어 생각하는 일을 줄여주는 전략들은 그런 괴로움을 덜어준다.[15] 자신에 대한 생각을 줄이는 것이 정서적 질병에 대한 전통적인 불교적 치료법의 핵심이다. 그리고 토론토대학교에서의 이 fMRI 연구 결과는 이 방법이 효과가 있는 몇몇 중요한 이유를 보여준다.

"현재 우리가 아는 바로는, 그것이 마음챙김이 사람들에게 도움이 되는 이유 중 하나인 것 같습니다. 즉, 마음챙김은 불쾌한 기분으로 인해 생겨나는 자동적인 뇌활동들을 차단해버리는 게 아니라, 실제로 일어나고 있는 일에 대한 증강된 또는 향상된 이미지를 매 순간 제공하는 거죠."[16]라고 시걸은 말한다.

옥스퍼드대학교의 정신의학과 교수이며 MBCT 프로그램의 공동 창시자인 마크 윌리엄스는 마음챙김이 그토록 강력한 기법인 이유가 "문제를 보는 방법, 즉 문제를 분명하게 관찰하되 꼭 그것을 고치거나 해결하려고 시도하지는 않는 법을 가르쳐주기 때문"이라고 말하고 다음과 같이 덧붙인다. "이 기법은 사람들이 자신의 모든 생각을 긍정적이든, 부정적이든, 아니면 중성적이든 그냥 생각일 뿐인 것으로 보기 시작하게 이끕니다."

그런데 강력한 감정이 마음과 몸에 작용하는 것을 단순히 보고만 있는 것이 정말 그 감정의 효과를 감소시킬 수 있을까? 윌리엄스는 그렇다고 생각하며 다음과 같이 말한다. 마음챙김은 "기대, 즉 우리 자신에 대한 끊임없는 평가(우리가 충분히 잘난 사람이 아니라는 느낌)에 대처하게 해줍니다. 이 모든 것들은 그냥 생각일 뿐이죠. 그리고 명상 도중에 그런 생각이 떠오를 것인데, 그것이 단지 생각에 지나지 않음을 인식하고 내려놓는 법을 배우게 되면 어느 누구라도 대단한 힘을 얻을 수 있어요."[17]

상처 입은 마음을 재훈련시키기

MBCT가 우울증에 걸린 마음을 재훈련시킬 수 있다면 심리적 충격을 일으킨 기억에 사로잡혀서 공포에 떨고 있는 마음은 어떨까? 외상 후 스트레스 장애(PTSD post-traumatic stress disorder)는 신체적으로 해를 입는, 혹은 그런 협박을 받는 끔찍한 사건을 경험한 이후에 생길 수 있는 파괴적인 불안장애이다. 이는 그런 일을 당한 당사자뿐 아니라 그런 사건을 목격한 사람에게도 생길 수 있다. PTSD가 있는 사람들은 그 외상적 사건을 낮에는 기억 속에서 다시 체험하고 밤에는 악몽으로 또 겪는다. 그래서 영화의 '플래시백'처럼 그 기억 장면에 사로잡혀 있는 사람에게는 마치 그 외상적 사건이 또 다시 일어나고 있는 것처럼 느껴질 수도 있다.

PTSD를 겪고 있는 미국의 성인은 770만 명 정도이다. 하지만 PTSD는 어린 시절을 포함하여 어떤 연령에나 나타날 수 있는 장애이며, 우울증, 물질 남용 혹은 다른 불안장애를 동반하는 경우가 종종 있다. 미국 정신보건원은 PTSD의 촉발 요인으로 "강도, 강간, 고문, 유괴당하거나 인질로 잡히는 일, 아동 학대, 자동차 사고, 철도 사고, 비행기 추락, 폭발 혹은 홍수나 지진 같은 자연재해"[18] 등을 예로 들고 있다.

PTSD가 여러 가지 끔찍한 일로 인해 생길 수 있기는 하지만, 뒤늦게라도 사람들의 관심을 크게 끌게 된 것은 이라크 전쟁 이후 귀국한 참전용사들에게서 많이 나타났기 때문이다. 2004년 *New England Journal of Medicine*에 발표된 한 연구에 따르면, "총격을 받거나 시신을 처리하거나 아는 동료가 죽었거나 적군을 사살하는 등의 전투 경험과 PTSD의 유병률 사이에 깊은 관계"가 있었다.[19] 이라크 전쟁에서 돌아온 육군과 해병대원들에게서 나타나는 PTSD의 유병률은 임무 수행 시에 경험한 총격전의 수가 많을수록 직선적으로 증가했다. 즉, PTSD가 발병하는 비율이 총격전을 겪지 않은 병사들에게서조차 4.5%였고, 총격전을 1~2회 겪은 경우엔 9.3%, 3~5회 겪은 경우엔 12.7%, 6회 이상 겪은 경우엔 19.3%였다. 이는 섬뜩한 통계 수치여서, 뇌 연구자들은 심리적 충격의 파괴적인 효과 때문에 고생하고 있는 참전용사 및 다른 사람들의 신경 패턴을 점점 더 많이 살펴보고 있다. 무엇이 손상되었으며 어떻게 그것을 치료하는 게 가장 좋은지를 알아내기 위해서이다.

정신과의사이자 신경과학자인 이스라엘 리버존Israel Liberzon이 이끄는 미시간대학교의 한 연구 팀은, PTSD가 있는 참전용사의 뇌가 외상적 기억을 상기시키는 자극에 대해 PTSD가 없는 사람의 뇌와 어떤 다른 반응을 보이는지 연구하고 있다. 이 연구 팀은 심리적 외상과 그것이 뇌에 어떻게 영향을 주는가에 대한 다양한 문제들을 다루어왔다. 예컨대, 심리적 외상이 있으면 정서의 경험과 표현이 어떻게 달라질까? 스트레스 호르몬 체계에는 어떤 변화가 생길까? 어린 시절에 외상적 사건을 겪으면 성인이 되어 정신적 장애를 더 쉽게 앓게 될까? 그리고 부모로서 자식을 기르는 능력도 영향을 받을까? "우리는 좋은 사람들에게 나쁜 일이 생길 때 어떤 일이 벌어지는지 알고 싶어요."[20]라고 앤서니 킹Anthony King은 말한다. 그는 이 연구 팀에 속한 신경과학자로 마음챙김에 근거한 치료법이 PTSD 치료에 효과적일 수 있을지를 분석하고 있다.

PTSD의 신경학적 기반을 밝혀내기 위해 리버존, 킹 그리고 그 동료들은 PTSD가 있는 참전용사들의 뇌가 PTSD가 없는 사람들의 뇌와 어떻게 달리 반응하는지를 살펴보기 위한 연구를 계획했다. 이들은 참전용사들 자신의 외상을 상기시켜주는 영상과 그들의 과거사와는 무관하지만 괴로움을 유발하는 영상들을 보여주고, 그들의 뇌가 보통 사람들과 어떻게 다른 반응을 보이는지를 비교하였다. 우선 궁금했던 점은 뇌에서 신경 스트레스 반응을 하향 조절하는 특정 영역들이 있는지, 그리고 그 영역들이 PTSD가 있는 사람들에게서 충분히 잘 작동하고 있는지에 관한 것이었다. 킹의 말에 따르면 "뇌의 어떤 부위는 가속 페달로 작용하여 스트레스 반응을 촉발할 수도 있고, 다른 부위는 브레이크처럼 억제 작용을 할 수도 있을 것입니다."

연구자들은 세 집단의 참전용사들, 즉 전투 경험이 있으며 PTSD가 있거나, 전투 경험이 있지만 PTSD가 없거나, 전투 경험도 PTSD도 없는 참전용사들이 스트레스 유발성 자극에 어떤 영향을 받는지를 알아내기 위해 PET 스캔을 시행했다. 이들은 자기가 겪은 외상적 사건들을 스스로가 자세히 이야기했던 녹음테이프를 들었고, 또 일정 간격 후에 그 사적인 이야기와는 관련 없는 끔찍한 사진들을 보았다. 킹의 말에 따르면 그것들은 아마도 피 튀기는 전투 경험을 상기시킬 것으로 생각되는 "유혈이 낭자한 사진들"이었다. 하지만 그 사진들은 "사적인 관련성은 없는 것들이어서 그걸 보고 자기 자신에 대한 생각이 드는 경우는 별로 없어요."라고 킹은 말한다.

실험 결과, 이 끔찍한 사진들은 별다른 효과를 내지 못했지만 외상적 사건에 대한 사적인 이야기는 스트레스 호르몬 반응에 분명한 효과가 있었다. 이는 전투 경험이 있는 두 집단의 참전용사들 모두에게서 그랬는데, 이런 결과는 스트레스 호르몬 반응의 증가가 PTSD 때문이 아니라 단지 심각한 외상적 기억이 떠올랐기 때문임을 보여준다. PTSD가 있든 없든 말이다.

그러나 스트레스 호르몬 반응과는 달리 뇌영상은 전투 경험이 있는 두 집단 사이에 뚜렷한 차이를 드러냈다. PTSD가 없는 참전용사들은 스트레스 호르몬 수준과 안쪽 이마앞겉질medial prefrontal cortex(이마 바로 뒤의, 소위 '제3의 눈' 영역[역자 주 : 제3의 눈이란 인도 명상에서 나오는 심안 또는 영안을 가리킴])의 활동 사이에 강한 관련성을 나타냈다. 반면에 PTSD 환자들은 스트레스 호르몬 수준과 뇌섬insula(변연계의 일부로 신체 감각과 정서 사이의 주요 접점으로 여겨지는 곳)이라는 뇌영역의 활동 사이에 강한 관련성을 보였고, 게다가 안쪽 이마앞겉질의 활동은 상대적으로 부족했다.[21] 킹의 말에 따르면 이 결과는

"[PTSD 환자에게서는] 조절에 문제가 있다는 것을, 즉 정서 반응을 조절하는 브레이크 체계가 좋지 않다는 점을 시사하는 것이었다."

마음챙김 수행이 만성 통증과 불안 증상을 완화시키며, 마음챙김에 근거한 인지치료가 우울증 재발 가능성을 낮춘다는 증거가 나타나기 시작하는 것을 보고, 킹은 마음챙김 훈련이 PTSD 증상의 치료에도 비슷한 효과가 있을지 알고 싶어졌다. 갑자기 괴로운 생각들이 떠올라서 그것에 완전히 압도당하는 느낌이 드는 것이 PTSD의 전형적인 증상이다. 이런 고통스런 일은 충격적 사건에 대한 기억이 떠오르거나 그것을 상기시키는 다른 어떤 것들이 주어지면 언제 어디서라도 일어날 수 있다. 예컨대 저녁 뉴스를 보다가 혹은 외상적 기억을 환기시키는 어떤 감각 자극이 주어지면 그런 일이 일어날 수 있는 것이다. "베트남전 참전용사들 중에는 헬리콥터 소리를 듣거나 디젤유 냄새를 맡으면, 혹은 슬프게도, 심지어 날씨가 덥기만 해도 심각한 증상이 촉발되는 이들이 많아요."라고 킹은 말하면서 많은 베트남전 참전용사들이 여름을 대단히 힘들어한다는 점을 지적한다.

티베트식 및 한국식 선禪의 전통을 따르는 숙련된 명상 수행자인 킹은, 특정한 마음챙김 수행(예컨대, 고통스러운 기억들이 생겨나는 것을 지켜보고 그에 대한 우리의 정서적 및 신체적 반응을 지켜보는 것)을 하면 고통스러운 정서를 동반하는 기억의 파괴적 효과가 경감될 수 있지는 않을까라는 생각이 들었다. "마음챙김의 핵심 수련법 중 하나는 일들을 있는 그대로 두고 그것들이 영원히 지속되지는 않는다는 점에 주목하는 것입니다. 실제로 모든 일은 지나가죠. 우리를 괴롭히는 생각은 결국에는 사라지고 맙니다. 이게 많은 사람들에게 는 중요한 깨달음이 될 수 있지요."라고 킹은 말한다.

그는 마음챙김 훈련이 PTSD 치료에 어떤 효력이 있는지 알아보기 위해 예비 연구를 실시했다. 그는 참전용사들에게 여러 가지 마음챙김 기법들을 소개해주는 8주간의 집단 코스를 듣게 했는데, 여기에는 '3분 호흡 공간three-minute breathing space' 이라는 기법이 포함되어 있었다. 이는 애초에 윌리엄스, 티즈데일, 시걸 및 카밧-진이 우울증을 위한 MBCT 코스의 일부로 제시했던 기법이다. 킹의 말에 따르면 이 호흡 훈련은 하루 중 언제든 짧은 시간 동안 "약간의 태도 조정을 위해" 행할 수 있다. 그리고 참전용사들은 대부분 이 기법이 극도로 유용하다고 느꼈다고 한다. 킹은 또한 메따metta 수행법도 소개했는데, 이는 자신과 타인에 대한 무조건적인 사랑을 의식적으로 길러내는 훈련이다. 메따란 용어는 영어로는 'loving-kindness', 한국어로는 자애, 자비, 선 정도로 번역될 수 있는데, 메따 수행법은 '내가 행복해지기를', '내 아이들이 보호 아래 안전함을 느끼기를' 등의 구절을 두고 명상을 하는 것으로서, 처음에는 자신 및 사랑하는 사람들에게 정신을 집중하다가 점점 그 대상을 넓혀가서 친구, 낯선 사람, 적, 마침내는 모든 존재에 대하여 그런 명상을 하는 훈련이다.

킹은 "저는 사실 위태로운 일을 하고 있었어요."라고 말한다. 그는 '전투를 벌였던 이 늙은 참전용사들이 어떻게 할까? 일어서서 나가버릴까 아니면 다른 무슨 일이 벌어질까?'라는 궁금증이 들었다. "그런데 그들 모두가 그런 훈련의 진가를 정말로 인정하는 것이었습니다." 그에 따르면 이 훈련의 주된 목표는 그들의 장애, 즉 "사랑이나 행복 같은 것을 거의 느끼지 못하는 상태"로 인해 심한 정서적 마비를 종종 겪는 사람들에게 긍정적인 정서를 심어주는 것이었다. 킹이 그들에게 요구한 것은 소중한 사람, 생각만 해도 저절로 미소 짓게 만드는 그런 사람에게 메따를 보내는 것에서부터 시작하라는 것이었다. "그들은 이걸 제대로 해냈어요. 그들 대부분에게 이는 진정 긍정적인 경험이었습니다."

그러나 자기 자신에게 메따를 보내는 일은 전혀 다른 이야기였다. 그러기가 힘들었던 참가자가 많았다는 사실은 놀라운 일이 아니다. 왜냐하면 PTSD에는 종종 죄책감과 자기 비난이 상당히 많이 들어 있기 때문이다. "누가 PTSD에 걸릴지를 예언하는 가장 중요한 인지적 지표 중 하나가 그 일이 내 탓이라는 생각을 하는 것입니다."라고 킹은 말한다. "성 폭력이든 전투 경험이든 간에 '내가 그런 종류의 사람이기 때문에 그 일이 일어난 거야.'라든지 '내게 무언가 잘못된 점이 있기 때문에 나쁜 일이 일어나는 거야.' 같은 생각을 하게 되는데, 이는 분명히 매우 괴로운 생각이지요."

참전용사들이 어떤 수행은 힘들어했음에도 불구하고, 예비 연구가 끝나자 킹과 동료들은 8주 집단 코스 이후 PTSD 증상이 유의미하게 감소했음을 발견했다. PTSD에 대한 다른 종류의 집단 요법이 별다른 효과를 내지 못했다는 기존 자료를 감안하면, 이런 결과는 특히 희망적인 것이라고 킹은 말한다. 다른 집단 요법들은 비슷한 경험을 공유하는 사람들과 함께 있는 데서 생겨나는 안도감과 공동체 의식을 길러주는 등 다른 면에서는 도움이 되지만 말이다. "효과가 있는 집단 요법을 개발한다면 정말 좋겠죠."라고 킹은 말한다.

더욱이 병세의 호전은 거의 대부분 회피 증상이라는 측면에서 일어났다. 회피는 PTSD 환자들에게 생겨나는 가장 강력한 대처 전략 중 하나이다. 흔히 그들은 항상 바쁘게 생활함으로써, 가만히 앉아서 곰곰이 생각할 기회를 만들지 않음으로써, 괴로운 생각과 정서를 피해나가는 데 아주 능숙해진다. 정신적 외상을 입은 참전용사들에게 생각할 시간과 공간이란 고통스러운 기억과 그것이 불러일으킬 끔찍한 정서를 대면할 기회를 의미할 수 있다. "그들 중에는 매일 일분일초도 쉬지 않고 바쁘게 산다는, 정말로 성공적인 대처 전략을 만들어놓은 이들이 많습니다. 그리고 대개 이것이 어느 정도까지는 잘 작동하죠."라고 킹은 말한다. "그들은 매우 열심히 일하는 경향이 있어요. 초과근무를 많이 해서 하루에 15~16시간을 일합니다. 그리고 젊은 시절엔 잠을 자기 위해서 술을 마시죠. 그러다가 어느 시점이 되면 그들의 몸이 먼저 항복하고 말아요." 하지만 마음챙김 수행을 하는 참가자들은 고통스러운 기억과 정서를 그냥 회피하기보다는 대면하는 방법을 배워나갔다.

킹과 동료들은 마음챙김에 근거한 요법이 예비 연구가 시사한 것처럼 위의 증상들에 효력이 있는지를 검증하기 위해, 카밧-진, 시걸 그리고 다른 학자들의 자문을 받아 좀 더 광범위한 4년짜리 연구를 시작했다. 이 새 단계의 연구에서는 우울증에 대한 인지행동치료법의 효과에 대한 뇌영상화 연구에서 그랬던 것처럼 치료 전후의 신경영상화 연구가 포함될 것이다.

함께 하는 게 더 좋아

강력한 부정적 감정을 스스로 조절하는 능력이 우리의 건강과 행복에 꼭 필요하다면, 우리를 지지해주는 강한 인간관계를 만들어내는 능력 또한 그러하다. 공중보건 연구자들은 사회적 고립이 건강을 위협하는 심각한 요인임을 오래전에 밝혀냈다. 그리고 결혼한 사람들 중에서는 결혼생활의 질이 좋을수록 감염의 위험이 낮고 부상에서 회복되는 속도가 빠르다는 사실도 알아냈다. 심지어는 치명적인 질병으로 인한 사망률까지도 낮다고 한다. 그 이유가 무엇일까?

　"신경가소성 덕분에 우리는 경험에 의해, 주변의 사람들에 의해 영향을 받아 변화할 수 있습니다."라고 데이비드슨 박사는 말한다. "고의든 아니든 우리는 항상 서로의 뇌를 변화시키고 있는 거죠."[22] 지지적인 사회적 행동은 생리적 고통과 부정적 정서를 완화시킨다는 사실이 밝혀져 있다. 그래서 버지니아대학교의 제임스 코안James Coan 및 위스콘신대학교 매디슨 캠퍼스의 힐러리 섀퍼Hillary Schaefer와 함께 데이비드슨은, 공고한 관계와 지지적 행동이 공포 경험을 어떻게 완충시키는지를 보여주기 위한 연구에 착수했다.

　이 연구에서는 행복한 결혼생활을 하고 있는 16명의 여성에게 전기충격을 받을 수 있다는 위협을 했는데, 이때 각 여성은 자기 남편의 손을 잡고 있거나 낯선 남성의 손을 잡고 있거나 또는 누구의 손도 잡지 않은 상태였다. 이 세 조건에서 fMRI로 그들의 뇌를 찍었더니, 그 결과는 명백했다. 위협에 직면했을 때 손을 잡고 있으면 공포 반응에 중요한 뇌 영역들에서 나타나는 스트레스 반응이 완화되었던 것이다. 그리고 결혼생활의 질이 좋을수록 이 신경 공포 반응은 더 약화되었다. 신체적 각성의 측정치를 보면, 낯선 사람과 손을 잡고 있는 것이 전혀 손을 잡지 않은 것보다는 더 나았다. 하지만 여성들이 느낀 '불쾌함'의 수준은 배우자의 손을 잡고 있는 경우에만 낮아졌다. 낯선 사람의 손을 잡는 것은 위협에 대처하는 전형적인 신체 반응을 할 필요성(다시 말해서, 도망가서 자취를 감추려는 본능)을 감소시키는 것으로 보였다. 그러나 배우자의 손을 잡고 있는 것은 "특별히 강력한 힘을 발휘해서 경계하고 평가하고 부정적 정서를 스스로 조절할 필요성을 감소시키는 부수적인 효과까지 있었다."[23]

치유되는 뇌, 치유되는 제도

이 유망한 연구가 보여주는 핵심적인 메시지는 우리에게 가장 부정적인 정서(즉 공포, 불안, 슬픔 및 분노)가 육체적 및 정신적으로 미치는 파괴적인 효과가 운명에 의해 미리 결정된 것도 아니고 또 바꿀 수 없는 것도 아니라는 점이다. 이는 굉장히 좋은 소식이다. 강한 부정적 정서에 유독 취약한 사람들에게는 특히 그렇다. 하지만 여전히 의문은 남는다. 우리의 뇌가 유연하다는 이 새로운 정보가 보건이나 교육 같은 주요 문화적 제도에 어떻게 통합될 수 있을까?

데이비드슨은 "단계적으로 차례차례 변화가 일어날 것이라고 생각해요. 시간이 좀 걸리겠죠."[24]라고 말한다. 그는 심리적 치료법의 표준 모델에 대해 다음과 같이 말했다. "정말 완벽하게 부실합니다. 그 이유는 신경의 유연한 변화를 만들어내는 데 훈련이 하는 역할을 제대로 설명하지 못하기 때문이라고 생각해요. 뇌에서 일어나는 변화 중에는 극도로 체계적이고 엄밀하고 진지한 훈련을 통해서만 생겨나는 것들이 있습니다."

표준적인 치료 모델(심리치료는 대개 일주일에 한 번씩 45분 동안 이루어짐)은 "뇌에 대해 알려진 모든 것을 바탕으로 볼 때 그냥 완전히 말도 안 되는 것입니다."라고 데이비드슨은 말한다. "사람들은 신체 운동을 할 때는 일주일에 한 번으로는 별 효과가 없다는 걸 알죠. 그런데 뇌라고 해서 이와 달라야 할 이유가 어디 있을까요? 이런 점은 끊임없이 강조할 필요가 있다고 생각해요."

데이비드슨은 사람들이 이런 메시지를 받아들이기 시작하고 있고, 그리고 당장 그래야 한다고 믿고 있다. "이런 수련법들이 더 널리 퍼지고 우리 문화의 주요 제도에 통합된다면, 아이들이 더 행복해지고 더 잘 적응하게 될 것이라고 정말로 생각합니다." 아주 큰 학군들을 포함하여 미국 전역에서 행해지고 있는 관조적 교육contemplative education에 관한 고무적인 예비 실험 연구 결과가 있다(역자 주 : 관조적 교육이란 1970년대에 미국 콜로라도 주의 나로파대학교를 중심으로 퍼져나간 교육철학으로서, 동양과 서양의 교육적 전통을 통합하려는 시도이다. 명상, 태극권, 요가, 꽃꽂이, 붓글씨 등의 활동을 통해 자신과 타인, 나아가서 세계를 더 잘 이해하고자 한다.). "뉴욕 시에서는 현재 27,000명의 아동이 학교에서 관조적 교육을 받고 있는데, 이들은 모두 9·11 테러로 개인적인 피해를 입은 아이들입니다."라고 데이비드슨은 말한다.

표준적인 치료 모델이 변화하는 속도는 느릴지 모른다. 하지만 마음챙김 같은 관조적 훈련을 정신의학적 장애의 치료에 통합시키는 방법을 찾아가는 치료자들이 많아지고 있다. "이 분야에 대한 관심은 이제 막 시작되었죠. 어떤 형태로든 스스로 명상을 수행하면서 그것을 치료에 도입하기를 원하는 치료자들이 점점 더 많아지고 있다는 게 중요한 일이라고 생각됩니다."[25]라고 시걸은 말한다.

시걸 박사 연구 팀의 임상 인턴인 알리자 와인립Aliza Weinrib은 치료자가 되기 오래 전부터 명상을 하였다. 그녀는 "개인적 경험에서 얻은 생각인데, 마음챙김과 명상 수행은 정신 건강과 삶의 질을 개선할 수 있어요."라고 말한다. 그녀에게 명상 수행은 "저와 저의 '부정적인' 정서 사이에 일종의 틈을 만들어주었어요. 그런 정서들은 여전히 존재하고 있었고 물론 그걸 제가 느낄 수 있었지만, 그것들이 예전처럼 저를 휘두르지는 않았죠. 제 행동이 좀 더 자유로워졌어요. 저의 근심이 의식되기는 했지만 그러면서도 해야 할 일을 할 수 있었어요. 그렇게 하니까 시간이 가면서 어쩐지 근심도 줄어들었어요."[26]

이런 심리적인 혜택이 아마도 임상치료에서도 자연스럽게 나타날 것이라고 그녀는 믿었다. 하지만 마음챙김은 그녀의 대학원 세미나에서 각광받는 주제가 아니었다. 그 뒤 그녀는 마음챙김 기법이 치료자-환자 관계를 어떻게 개선시키는지에 관심이 있는 심리치료 지도

자의 강의를 우연히 듣게 되었다. "그와 공부한 지가 2년이 되어갔지만 그가 [마음챙김에] 관심이 있는 줄은 전혀 몰랐죠. 그도 저를 가르친 지 2년이 되도록 제가 마음챙김 수행을 하고 있는 줄 전혀 몰랐어요." 그녀는 이미 자신의 일에 마음챙김 기법을 활용하고 있었다. 공식적인 치료 도구로서가 아니라 상담을 하기 전에 자신을 준비시키는 과정의 일부로 말이다. "그렇게 하면 저에게서 상담을 받는 그 사람에게 개방적인 자세로 주의를 기울이는 상태가 되는 데 도움이 많이 된다는 걸 알게 되었어요. 하지만 아무에게도 이런 얘기를 하지는 않았어요. 비밀이어서가 아니라 아무도 그런 것에 대해 알고 있거나 관심이 있을 거라고는 생각하지 않았기 때문이죠." 그녀는 그 세미나를 통해 마음챙김의 임상적 활용을 탐색하는 치료자들이 점점 많아지고 있다는 것을 알게 되었고, 그런 것에 오로지 자기만이 관심을 갖고 있다는 고립감에서 벗어났다. "그때부터 저는 치료자와 연구자로서 제 일에 마음챙김을 본격적으로 통합시키기 시작했어요. 심리학자이면서 또한 마음챙김 수행자인 사람들을 만난 덕분에 저는 더 나은 심리학자가 되었고, 놀랍게도 그 때문에 저의 마음챙김 수행도 더 심화되었어요."

명상 수행에 대한 최근의 폭발적인 관심은 정신적 및 정서적 건강 분야에만 국한된 게 아니다. 메이오클리닉의 의료진은 2008년에 달라이 라마, 리처드 데이비드슨, 존 카밧-진 및 다른 학자들을 만나 의학적 치료와 예방에 마음챙김 및 기타 명상 수행을 사용하는 것에 대한 논의를 하였다. 데이비드슨은 의료진이 "놀랍도록 잘 받아들였어요."라고 말한다. "그들은 이것이 전통적인 의료 행위를 보완할 수 있는 어떤 것이며, 환자 간호와 병원의 수익에 도움이 될 것임을 이해하고 있습니다. [명상] 수행이 상처 회복을 실제로 촉진한다는 것을 보여주는 자료들이 있어요. 그게 의료비용을 절감시킬 겁니다. 그럴 거라고 믿을만한 이유는 충분히 많아요."[27]

2009년 현재 미국 국립보건원은 우울증에서부터 중독, 천식, 민감성 대장증후군, 심장병, 홍조에 이르기까지 다양한 질환을 치료하는 데 마음챙김 기법을 적용하려는 60건이 넘는 연구에 연구비를 지원하고 있다. 2000년에는 그런 주제로 연구비를 지원받은 건수가 3개밖에 되지 않았다.

03 뇌의 행복 회로

행복은 우리를, 말하자면, 행복하게 만든다. 행복이란 우리가 가장 좋아하는 마음 상태이다. 우리가 행복을 찾아내는 데 전문가는 아니지만 어떤 게 행복인지는 보면 안다. 그리고 우리는 행복으로 가는 길을 알려주는 지도가 제발 좀 있었으면 하고 생각한다(우리는 그런 지도를 다른 이들과 함께 보겠다고 약속한다. 행복을 찾은 사람들은 관대하기도 하니까).

오늘날 질병과 부상을 치유하는 뇌의 능력이라는 주제보다 더 큰 관심을 끌고 있는 것은 없을 것이다. 그런데 이런 신경 회복력neural resiliency에 대한 희망찬 연구 결과들이 정신건강이 기본적으로 '정상적인' 상태로 살아가고 있는 사람들에게는 무슨 의미가 있을까? 만성적인 분노나 불안, 우울증, 또는 공황장애로 고생한 적이 한 번도 없다(아마도 차분한 성격이나 순조로운 상황 덕분에, 혹은 운 좋게도 그 둘 다 있었던 덕분에) 하더라도, 감정 기복 없이 한결같은 사람도 그냥 물 흐르는 대로 살아가는 것 이상의 무엇이 인생에는 있지 않을까라는 생각이 들 수 있다. 괜찮은 것보다 더 나은 무언가가 정말로 있을까?

미국 심리학회의 회장을 지낸 마틴 셀리그먼Martin Seligman도 그런 생각이 들었다. "내 직업이 반쪽에 불과하다는 점을 깨닫게 되었습니다. 장애를 초래하는 질병을 무효화시켜 0으로 만드는 것으로는 충분치 않았지요. '인간을 풍요롭게 만드는 조건들은 무엇일까? 어떻게 하면 0을 넘어서 +5에 도달할 수 있을까?' 라는 질문을 할 필요가 있었어요."[1] 1990년대 말에 셀리그먼은 사고의 힘에 관한(즉 이상적인 조건하에서 우리의 마음이 도대체 얼마나 건강해질 수 있는지에 관한, 그리고 그런 조건들이 정확히 어떤 것인지에 관한) 새로운 사조가 생겨나는 데 중요한 역할을 했다.

그가 미국 심리학회장으로 취임하여 첫 번째로 한 일이 미국 심리학회의 경영 책임자인 레이 파울러Ray Fowler와 행복 연구의 공모자인 심리학자 미하이 칙센트미하이Mihaly Csikszentmihalyi를 멕시코 해변으로 초청하여 긍정심리학 및 그 분야의 미래에 대해서 논의를 한 것이었다. 그들은 이듬해에 최초의 긍정심리학 학술대회를(당연히, 바로 그 멋진 멕시코 해변에서) 열 계획을 세우고 헤어졌다. 미국 심리학회 지도자들로부터 새로운 임무를 부여받은 미국 전역의 연구자들이 행복을 만드는 기본 단위가 무엇인지를 찾아내기에 착수했다. 이들이 공통적으로 궁금해했던 것은 일시적인 즐거움만이 아니라 지속적인 행복감으로까지 인도해주는 사고의 패턴, 관계의 유형 및 행동 방식이 어떤 것인가였고, 따라서 그에 대한 연구가 폭발적으로 증가했다.

셀리그먼은 낙관주의에 관한 연구를 하면서 행복에는 단 하나가 아니라 세 가지의 주요 요소가 있다는 확신을 갖게 되었다. 물론 거기에는 쾌락이 들어간다. 쾌락은 초콜릿 케이크 한 조각이 처음으로 혀를 건드릴 때 느껴지는 달콤함만큼 기본적인 것이기도 하고, 윗사람이 우리가 한 일을 칭찬할 때 느껴지는 자부심만큼 우리를 의기양양하게 만드는 것이기도 하다. 그런데 쾌락이 가족, 일 및 열정을 갖고 있는 다른 것에 깊이 몰입되어 있을 때 느끼는 행복감과는 질적으로 다르다고 셀리그먼은 주장한다. 또한 쾌락은 우리가 '의미'로부터 얻는 행복감(그의 말에 따르면, 자신의 능력과 재능을 고귀한 목적에 봉사할 때 느끼는 만족감)과도 구분된다고 주장한다. 셀리그먼은 "이 점은 보도할 가치가 있는 이야기입니다. 왜냐하면 너무도 많은 미국인이 쾌락 추구 위주로 살아가는데, 쾌락보다는 몰입과 의미가 훨씬 더 중요한 것으로 밝혀졌기 때문입니다."[2]라고 말한다.

다른 연구자들은 행복을 이와는 다른 식으로 구분한다. 예를 들면 향락적 안녕(삶의 만족감과 쾌활한 겉모습)은 행복론적 안녕(목적이 있거나 성장하거나 숙달했다는 느낌 같은 것으로서, 무언지 모를 따뜻한 감정이 반드시 동반될 필요는 없음)과 다르다. 만약 행복에 질적으로 서로 다른 요소들이 있다면, 행복이라는 케이크를 어떤 식으로 자르든지 간에 뇌를 영상화해보면 다른 점이 나타나야 하지 않을까?

긍정심리학이 새로운 학문 분야로 등장할 즈음에 이미 리처드 데이비드슨은 다양한 정서 상태들이 뇌 속에서 어떻게 작동하는지를 연구하는 데 거의 10년을 바쳐왔다. 그는 긍정적인 마음 상태에 대한 새로운 연구 분야가 생긴 것을 환영했다. 2004년도에 데이비드슨과 동료들은 "최근 이 분야의 연구자들에게 셀리그먼과 칙센트미하이는 인간을 풍요롭게 만드는 과정들을 긍정적인 조건하에서도 이해하는 방향으로 노력을 기울일 것을 촉구했다(역자 주 : 이전까지는 공포나 슬픔, 스트레스 같은 부정적인 조건하에 있는 인간에 대한 연구가 대부분이었다.). 정말이지, 삶을 살만한 가치가 있게 만드는 것에는 인간의 상태 중 행복, 성취감 및 풍요로움, 즉 안녕이라는 것이 반드시 포함된다."[3]라고 썼다.

　　과거에 부정적 정서를 강조했던 한 가지 이유는, 부정적인 정신과정이 그냥 없기만 하면 건강하고 '적응적인' 정신생활을 하고 있다는 잘못된 가정을 했기 때문이다. 긍정적 정서에 대한 새로운 뇌영상 덕분에 부정적 정신 상태를 조절하는 능력이란 전체의 절반밖에 보여주지 않는 것임을 알 수 있다. 사랑, 공감, 자비심, 그리고 다른 사람의 행운에 대한 기쁨 등의 감정들은 행복이라는 주관적 경험과 밀접한 상관관계를 보이는 것들인데, 이런 감정들이 느껴질 때 명백하게 불이 켜지는 뇌의 신경망이 있다. 그리고 분노, 슬픔, 공포 및 질투심 등의 부정적 정서의 경우와 마찬가지로, 긍정적 정서를 함양하면 그와 관련된 주요 신경망이 확장되고 강화될 수 있다. "나는 행복을 하나의 특질이 아니라 테니스 같은 하나의 기술이라고 이야기해

왔어요. 테니스를 잘 치려면 라켓만 들면 되는 것이 아닙니다. 연습을 해야만 하죠."[4]라고 데이비드슨은 말한다.

우리가 공을 향해 달려가거나 상대방에게 공을 쳐 넘기기 위해 몸을 단련하듯이 우리의 마음도 훈련을 통해 어떠한 어려움(혹은 기쁨)에 대해서도 더 즐거운 방식으로 반응하도록 만들 수 있다.

비대칭 뇌

1990년대에 데이비드슨의 연구가 꾸준히 보여준 것은 왼쪽 이마앞겉질의 활동이 긍정적 정서 상태와 깊이 관련되어 있다는 것이다. 긍정적 감정(혹은 우리 부모님들은 '밝은 마음가짐' 이라 불렀을지도 모르는)과 정서적 탄력성emotional resilience 또한 정서적 시련으로부터의 빠른 회복력 및 편도체의 활동을 의식적으로 조절하는 능력과 상관관계가 있었다. 편도체amygdala는 정서 처리의 중심이 되는 뇌 구조로서, 조건화와 장기 기억의 형성에 핵심적인 역할을 하는 것으로 여겨진다. 인생을 밝게 사는 사람들에게는 좋은 소식이 더 있었다. 즉, 연구 참여자들 중 왼쪽 이마앞겉질의 활동이 높은 사람들은 오른쪽 이마앞겉질의 활동이 높은 사람들보다 면역 기능이 더 좋았던 것이다.

데이비드슨은 정서적 작업의 이런 비대칭성은 접근/철회 행동approach/withdrawal behavior이라는 기본적인 생물학 원리에 기인한다고 설명한다. "접근과 철회 행동은 유기체가 환경에 관하여 내리는 근본적인 심리적 판단을 보여주는 것이라고 생각하면 됩니다."⁵라고 그는 말한다. 만약 동물이 자기 눈앞에 보이는 게 좋으면 그것에 접근하는 것을 선택할 수 있다. 반면에 만약 그게 좋지 않으면 그냥 지나쳐버릴 수 있다. 이러한 밤낮으로 이루어지는 행동 선택이 단순 유기체에서는 특히 분명하게 나타나서, 어떤 것들은 접근과 철회 외에는 다른 아무런 행동도 하지 않는다.

척추와 좌우로 나뉜 신경계가 지배권을 갖게 되면 행동이 더욱 교묘해진다. 2007년 이탈리아의 연구자들은 인간과 가장 친한 동물의 뇌에서 대단히 흥미로운 발견을 하였다. 즉 인간을 비롯한 다른 영장류뿐만 아니라 개도 특별히 즐거울 때는 왼쪽 뇌의 활동이 더 높더라는 것이다. 개는 사랑하는 주인을 보면 좀 더 엉덩이 오른쪽으로 꼬리를 흔드는데, 이는 왼쪽 뇌의 활동이 더 높음을 보여준다. 이에 반해 낯설고 공격적인 다른 개를 보면 꼬리를 훨씬 더 엉덩이 왼쪽으로 흔든다. 이는 위협적인 상황에서 오른쪽 뇌가 조종간을 잡게 되었음을 보여준다.⁶

복잡한 행동을 서로 다른 반구가 통제하게 되면 기능의 중복을 피하고 뇌 조직을 최대한 효율적으로 사용할 수 있게 된다. 그래서 동물은 두 가지 중요한 행위를 묘기 부리듯 한꺼번에 할 수 있다. 이를테면 포식동물이 나타나면 도망('철회' 행동)갈 채비를 한 상태에서 먹이 찾기('접근' 혹은 목표 지향적 행동)를 할 수 있다. 일반적으로 접근 행동은, 예를 들어 음식이나 관심을 끄는 다른 어떤 것을 집어 드는 것 같은 훨씬 더 정교한 손동작의 통제가 필요하다. 왼쪽 반구가 그런 정교한 손동작의 통제 중추이다(역자 주 : 왼쪽 뇌는 신체의 오른쪽을, 오른쪽 뇌는 신체의 왼쪽을 통제한다. 대부분의 사람들은 오른손잡이인데, 따라서 정교한 동작을 하는 오른손은 왼쪽 뇌에 의해 통제된다.).

인간 및 기타 영장류에게서 접근 행동은 가리키기, 만지기, 움켜잡기 혹은 포옹하기 같은 형태로 나타날 수 있다. 그리고 이렇게 밖으로 드러나는 목적 지향적 행동은 욕망, 애착 및 사랑 같은 긍정적 느낌과 잘 연결된다. 또한 접근 행동은 느린 호흡과 심박률 같이 안전, 평온함 및 휴식을 보여주는 생리적 지표들과 관련된다. 반면에 철회 행동은 대개 도피하려는, 혹은 좀 더 섬세하게 말하면, 거리를 두려는 선택이다. 그것은 공포나 불안 같은 부정적 느낌과 잘 연결된다. 그리고 높은 심박률, 면역 기능 저하 및 소화불량 같은 괴로움을 나타내는 생리적 지표들과 연관된다.

우리가 갑자기 사자나 강도를 만나면 행복을 느끼거나 감기와 싸우거나 영양 섭취를 하는 일이 뒷전으로 물러나게 되는 것이 진화적으로 당연한 일이다. 하지만 시부모님 앞에서 그렇게 된다면 진화적으로 그다지 좋지 않다. 명절에 가족들과 식사를 하면서는 긍정적인 정서가 우리를 지배한다면 좋은 텐데 말이다.

우리가 우리 감정의 결정권자일까? 우리의 행복 근육은 '베풀기'를 얼마나 많이 할 수 있을까? 그리고 개선의 여지가 있다면 어떻게 행복 근육을 바람직한 방향으로 쓸 수 있을까?

쾌락은 좋지만 그 끝은…

1950년대에 쥐의 뇌에서 '쾌락 중추'가 우연히 발견된 이래로 과학자들은 쾌락 반응에 핵심적인 역할을 하는 특정한 신경회로가 있다는 사실을 알고 있었다. 반세기 전, 과학자 제임스 올즈James Olds와 피터 밀너Peter Milner는 쥐의 뇌에서 전극으로 자극을 하면 불편감이 유발되는 부위를 찾아내려는 실험을 하고 있었는데, 막상 그 결과는 정반대로 나왔다. 즉 사실상 전기 자극을 하자 쥐들이 그 자극을 더 받으려고 하게 만드는 뇌 부위가 있음이 밝혀졌던 것이다. 그 쥐들은 전기 자극을 아무리 받아도 만족하지 못했다. 실제로 쥐에게 스스로 레버를 눌러서 기댐핵nucleus accumbens(또는 측핵, 의지핵)이라는 뇌 부위에 전기 자극을 받을 수 있게 해주자, 쥐들은 먹지도 마시지도 않고 레버만 미친 듯이 눌러대다가 결국에는 지쳐 쓰러져서 죽고 말았다.

최근의 뇌영상화 연구 덕분에 우리는 보상과 쾌락에 관여하는 회로를 더 깊고 넓게 이해할 수 있게 되었다. 그리고 뇌가 어떻게 잘못되면 유쾌한 자극이 있는데도 쾌락을 별로 느끼지 못하는지, 혹은 반대로 전혀 즐겁지 않아야 할 자극에 지나친 쾌락을 느끼게 되는지에 대해 눈이 휘둥그레질만한 단서들을 얻게 되었다.

밀크셰이크에 대한 분석

과자 한 봉지를 몽땅 먹어치우거나 밤늦게 야식을 먹고 싶은 건강하지 못한 갈망에 굴복하고 말았던 적이 누구에게나 있을 것이다. 그렇게 하고는 후회할 것을 알면서도 말이다. 한밤중에 밀크셰이크 한 모금만 맛보면 뇌의 쾌락 중추가 마치 커다란 크리스마스트리에 불이 켜질 때처럼 환하게 밝아진다. 우리는 그 맛이 좋아서 더 원하게 된다. 그렇지만 결국 우리는 밀크셰이크를 그만 먹게 된다. 어쩌면 배탈이 나서 한 일주일은 절대로 밀크셰이크를 먹지 않으리라고 다짐할 수도 있다. 하지만 미친 듯이 레버를 눌러 댄 쥐들처럼 우리도 그런 갈망에 무기력하게 노예가 된다면 어떻게 될까?

미국에서 예방 가능한 사망 원인 중 비만은 흡연에 뒤이어 두 번째 자리를 차지하며, 미국 성인의 3분의 1 이상이 비만이다. 1980~2000년 사이 미국 성인의 비만율은 배 이상으로 증가했으며, 더욱이 청소년의 비만율은 3배 이상으로 증가했다. 전염병같이 퍼져나가고 있는 비만의 주요 요인은 물론 건강하지 못한 식생활과 운동 부족이다. 하지만 가족 대대로 비만인 경우도 있다. 연구자들은 과식과 비만에서 유전이 하는 역할을 오래전부터 알고 싶어 했으며, 뇌에 있는 보상 회로(역자 주 : 앞서 소개된 연구에서부터 나온 '쾌락 중추'라는 이름이 너무 주관적인 면이 있기 때문에 보상이라는 외부자극이 주어질 때 작동한다는 의미로 '보상 회로'라는 더 객관적인 이름이 통용된다.)의 오작동을 그 주범으로 추정해왔다. 어쩌면 과식을 하는 사람들은 다른 사람들보다 음식을 먹을 때 더 강한 쾌락을 경험하는지도 모른다. 혹은 그들의 뇌가 건강한 체중을 유지하는 사람들과 다른 방식으로 쾌락 반응에 중독되는지도 모른다.

과식하는 사람들의 뇌에서 실제로 벌어지는 일은 무엇일까? 그리고 그런 것을 알게 되면 쉽게 과식하는 사람들에게 어떤 도움이 되기라도 할까? fMRI 기법을 써서 이 문제를 연구한 오리건연구소의 에릭 스타이스Eric Stice 박사는 흥미로우면서도 반직관적인 결과들을 내놓았다. 이 연구에서는 깡마른 여성부터 심하게 비만인 여성까지 다양한 체격의 젊은 여성들에게 fMRI 스캐너 안에서 밀크셰이크를 맛보게 하였다. 이렇게 해서 찍은 영상을 보면, 뇌 깊숙이 있는 쾌락 중추의 핵심 구조 중 하나인 등쪽 줄무늬체dorsal striatum(또는 배측 선조체)의 활동이 날씬한 사람들보다 비만인 사람들에게서 훨씬 더 낮았으며, 특정 유전자가 변형된 사람들에게서도 역시 그러했다. 더욱이 Taq1A1이라는 유전자를 지닌 젊은 여성들은 그렇지 않은 여성들보다 차후 1년 동안 살이 더 많이 쪘다.

스타이스는 "밀크셰이크 맛에 대한 반응이 무딜수록 살이 찔 가능성이 더 높습니다."[7]라고 결론을 내렸다. 스타이스와 공동 저자들의 이론에 따르면, 음식을 먹으면 즐거움이 많이 느껴지는 사람들은 음식에 만족해서 먹기를 멈추는 반면에, 음식에서 즐거움이 덜 느껴지는 사람들은 이를 보충하려고 과식을 하게 될 수 있다. 비만인 사람들의 뇌에 도파민 수용체가 상대적으로 적다는 사실(역자 주 : 보상 회로에서의 도파민 활동은 쾌감과 깊이 관련된다.)은 이미 과거의 연구에서 입증되었지만, 스타이스의 연구는 비만의 원인으로 추정되는 유전적 요인을 뇌 기능의 패턴과 관련지어 눈으로 볼 수 있게 한 최초의 뇌영상화 연구이다.

미국 약물남용연구소의 소장인 노라 볼코우Nora Volkow 박사는 동기, 욕망 및 쾌락에서 도파민이 하는 역할을 오랫동안 연구해왔다. 그녀는 다음과 같이 말하며 위의 연구가 '명쾌하다'고 했다. "살찌기 쉽게 만드는 유전자가 왜 그런 결과를 초래하는지를 묻고 있기 때문이죠. 그 유전자가 뇌의 기능에 어떤 작용을 하기에 사람이 강박적으로 음식을 먹고서는 쉽게 비만해지는 것일까요?"[8]

하지만 볼코우는 비만인 사람들이 정말로 낮은 쾌락 반응을 더 높이려고 과식을 하는 것인지, 아니면 도파민 반응이 적정 수준에 못 미치는 연유로 다른 사람들보다 더 충동적으로 되는 것인지 궁금해한다. 그녀는 "도파민이 오로지 쾌락과만 관련되는 것은 아닙니다."라고 말하면서, 도파민이 조건화 학습과 충동 통제에도 결정적인 역할을 한다는 사실을 지적한다.

해코지하는 아이의 뇌

왜 어떤 아이는 남을 괴롭히고 싶어 할까? 해코지를 당해본 아이는 남을 괴롭히는 아이의 머릿속에서 무언가 잘못된 일이 일어나고 있음을 안다. 하지만 정확하게 무엇이 잘못된 것일까? 그리고 그렇게 고장난 것을 고칠 수 있기라도 한 것일까?

시카고대학교의 학자들이 fMRI를 사용하여 품행장애conduct disorder가 있는, 즉 비정상적으로 공격적이거나 난폭한 행동 패턴을 나타내는 청소년의 마음을 연구해서 깜짝 놀랄만한 결과를 얻었다. *Biological Psychology*라는 학술지에 실린 이 연구에서는 품행장애가 있는 10대 소년 8명과 그렇지 않은 10대 소년 8명에게 사람들이 남에게 때로는 우연히(예 : 망치를 어떤 사람의 발가락에 떨어뜨림), 또 때로는 의도적으로(예 : 피아노를 치고 있는 사람의 손가락 위로 피아노 뚜껑을 쾅 닫음) 고통을 주는 비디오 영상을 보여주면서 그들의 뇌를 스캔했다.

이 연구를 주도한 진 데세티Jean Decety는 "공격적인 10대들은 타인에게 고통이 가해지는 것을 볼 때 편도체와 배쪽 줄무늬체ventral striatum(또는 복측 선조체, 보상을 받을 때의 느낌과 관련된 뇌 영역)가 대단히 강하게 활동했어요. 이는 그들이 남이 아파하는 모습을 보는 것을 즐긴다는 점을 시사합니다."[9]라고 말했다. 하지만 그 소년들의 높은 신경 반응이 부정적 정서나 감각이 아니라 쾌감에 더 가깝다고 확실하게 말하려면 더 많은 연구가 필요하다면서, 이 연구의 저자들은 섣불리 결론 내리지 않았다.

한 가지 대안 가설은 품행장애가 있는 10대들의 뇌에서 통증 처리 회로가 심하게 활동하면 고통이 강하게 느껴지고, 이는 공격성의 폭발로 이어질 수 있다는 것이다. 신체적 고통은 공격을 유발할 수 있는데, 저자들의 말에 따르면 통증 처리 신경망이 강하게 활동하면(부정적 정서를 조절하는 능력이 부족할 경우) 공격적인 행동이 나올 수 있다. "예를 들어 친구(혹은 같은 패거리의 한 사람)가 다친 것을 보면 품행장애 청소년은 다른 청소년보다 더 공격적으로 반응하기 쉬운데, 그게 이런 이유 때문일 수 있습니다."[10]

비록 언론 기사들은 쾌락 반응의 잠재적인 역할을 과장해서 보도했지만, 시카고대학교 연구진이 놀랐던 주된 이유는 다른 데 있었다.

연구진은 다른 사람이 괴로워하는 장면에 대해 품행장애 청소년들이 무딘 정서 반응을 보일 것이라고 예상했다. 이들이 타인의 고통에 무관심하다면 죄책감 같은 정서에 구애받지 않고 다른 사람을 위협하거나 상처를 입힐 수 있을 것이기 때문이다. 이 연구에 참여했던 시카고대학교의 심리학자 벤자민 라헤이Benjamin Lahey는 "사람들은 일반적으로 이런 아이들이 공격성을 보일 때 냉정하고 감정이 없다고 생각하죠. 그런데 연구 결과를 보면 이 아이들이 대단히 감정을 많이 느끼는 것으로 보입니다."[11]라고 말한다. 품행장애가 있는 10대들은 사실상 다른 사람의 고통에 대한 신경 반응이 결핍된 게 아니라, 오히려 "사람이 괴로워하는 장면에 대하여 더 강렬한 반응"[12]을 나타냈던 것이다.

하지만 통증 처리 회로에서 이렇게 높은 반응이 나온 반면에 이들에게는 자기의 반응 강도를 조절하는 능력이 명백히 부족했다. 품행장애가 없는 10대들은 다른 사람의 괴로움을 보면 통증 처리 회로와 안쪽 이마앞겉질(자기 조절 및 정서 관리에 핵심적인 뇌 영역의 일부)의 활동이 급격히 올라갔다. "하지만 품행장애가 있는 아이들에게서는 두 영역들 사이에 그런 연결이 없었어요."[13]라고 라헤이는 말한다.

정상적인 10대들의 이러한 뇌영상은 기존 연구 결과들과 잘 들어맞는 것이다. 즉, 7~12세의 좀 더 어린 아이들은 다른 사람이 아파하는 것을 보면 자연스럽게 감정이입을 하며, 이때 자기 자신이 고통을 경험할 때 활동하는 뇌 영역의 활동이 증가한다. 이 연령대의 아이들에게 남에게 고의로 고통을 주는 장면들을 보여주면 사회적 및 도덕적 평가에 관여하는 뇌 영역들이 활동하기 시작했으며, 이마앞겉질에 있는 주의집중 담당 신경망으로 가는 연결에서도 활동이 증가했다.

"인간의 공감능력"은 다른 사람의 정서 상태를 "단순히 흉내내는 것 이상으로 더 정교한 것이다."라고 디세티와 동료들은 썼다. "실로 공감이란 다른 사람의 정서 상태를 자기 자신과 관련시켜 함께 느끼면서 이해하는 것이다."[14]

행복하게 오래오래 산다고?

즐거움을 추구하는 천성 때문에 우리는 심각한 곤경에 처해지기 쉽지만 설사 그렇지 않다고 하더라도 인정해야 할 사실은 이것이다. 즉, 즐거운 경험이 항상 행복을 보장하지는 않는다. 우리는 살갗에 닿는 햇살을 좋아하지만, 아쉽게도 우중충한 날씨의 도시에서 창문 없는 사무실에 앉아 일하는 처지일 수 있다. 어쩌면 우리는 긍정적 강화positive reinforcement를 받기 위해서라면 무슨 짓이라도 할 그런 유형의 사람인데, 긍정적 강화를 줄 줄 모르는 배우자와 살고 있을 수도 있다.

그렇다면 우리를 행복으로 이끄는 다른 경험들이 존재한다는 게 얼마나 다행스러운 일인가? 이를테면, 우리를 화나게 하지만 사랑스럽기도 한 배우자와 감정이 통한다는 것을 느낄 때나, 역시 우리를 화나게 하지만 사랑스럽기도 한 자녀들과 놀 때, 또는 친구나 낯선 사람의 인생에 도움이 될 때 느끼는 기쁨 같은 그런 경험 말이다. 최근의 한 설문 조사에서 사람들에게 행복의 원천을 물었을 때 아이들과의 관계, 친구와의 우정, 다른 사람의 인생에 공헌하는 것, 배우자와의 관계가 1위부터 4위를 차지했다.[15] 응답자의 4분의 1이 기분을 좋게 하려면 음식을 먹을 것이라고 말하기는 했지만, 절반 이상이 친구나 가족과 이야기를 할 것이라고 했다. 우리가 다른 사람들과 의미 있는 관계를 맺을 때 기분이 좋아지는 것은, 그런 관계가 우리 뇌에 순간적인 쾌락이 줄 수 없는 다른 영향을 미치기 때문일까? 적어도 부분적으로는 그럴까?

리처드 데이비드슨은 자비심compassion(심리학 문헌에서는 찾아보기 힘든 정서인)을 출발점으로 삼았다. "어떠한 과학 교과서의 색인에서도 자비심이라는 단어는 찾을 수가 없어요."라고 그는 말한다. "하지만 자비심은 과학계가 오랫동안 관심을 가져왔던 그 모든 부정적 정서들, 즉 공포, 불안, 슬픔, 분노, 혐오 등과 똑같이 연구할 가치가 있는 주제입니다."[16]

데이비드슨은 제14대 달라이 라마와 그의 업적에 감화를 받았다. 달라이 라마는 티베트 불교의 지도자로 추앙받는 사람으로서 전 세계적으로 사랑과 용서의 상징이며, 이 세상의 고통과 폭력을 치료할 묘약으로 그 어떤 정서보다도 자비심을 강조한다. "다른 사람이 행복하기를 원한다면 자비심을 가지십시오. 당신이 행복해지기를 원한다면 자비심을 가지십시오."[17] 달라이 라마의 유명한 말이다. 세계의 종교들 중 사회에 이로운 이러한 정서를 강조하는 것은 불교뿐만이 아니다. 대부분의 명상 수행법들은 타인의 고통을 경감시키고자 하는 소망을 최상의 덕목 중 하나로 본다.

만약 자비심이 그토록 특별한 것이라면 뇌에 특별한 효과를 낼 것이라고 데이비드슨은 추측했다. "우리가 알고 싶었던 것은 이러한 자발적인 자비심이 공감에 관여하는 뇌 체계에 어떤 영향을 주는가였어요."[18]라고 그는 말한다. 1992년 인도 다람살라에서 데이비드슨은 달라이 라마와 협력 관계를 맺었는데, 이로부터 서양 신경과학에서 정서, 주의 및 행복에 대한 연구가 완전히 바뀌게 되었다. 데이비드슨은 "내가 명상에 관심을 갖고 있음을, 말하자면 더 이상 숨기지 않고, 공개하겠다는 약속을 나 자신에게뿐만 아니라 그에게도 한 것이"[19] 그 만남에서였다고 말한다.

달라이 라마는 경험이 풍부한 승려들에게 뇌 연구에 자원하도록 권했고, 2000년도부터 8명의 승려들(각자 수만 시간의 명상 경험이 있는)이 차례로 위스콘신 주 매디슨에 있는 데이비드슨의 연구실까지 찾아왔다. 그들은 대단히 민감한 전극들이 사슬처럼 엮여 있는 정교한 모자 모양의 기구를 착용하여 뇌파를 측정할 수 있게 된 상태에서 의식적으로 자비심을 만들어냈다(달라이 라마에게 왜 자신의 뇌는 측정해보지 않았냐는 질문을 하자, 그는 "명상할 시간이 충분했던 적이 없기 때문에" 자신의 뇌는 "전혀 특별한 게 없어"[20] 보일 거라고 대답했다).

이렇게 행해진 첫 실험은 미국에서 명상을 마치 파도처럼 전국적인 관심의 대상으로 밀어올렸고, 그런 강렬한 형태의 정신적 훈련을 신경과학에서 하나의 정당한 연구 분야로 자리 잡게 만들었다. 경험 많은 수행자들이 '무조건적 자비nonreferential compassion', 즉 특정한 사람이나 집단을 향하지 않은 자비로운 마음 상태를 스스로 만들어내자, 그들의 뇌에서는 아주 독특한 형태의 고주파(감마) 활동이 생성되었다. 그리고 이 놀라운 뇌파는 명상 후의 휴식 상태에서도 계속 높게 유지되었다.[21] 감마 활동은 신경 공시성neural synchrony을 나타내는 지표로 간주되는데, 신경 공시성이란 특정 부위의 신경 과정들이 고등 인지 및 정서 기능을 하도록 통합되는 것을 가리킨다. 이 프로젝트에 데이비드슨과 함께 참여한 앙투안 러츠Antoine Lutz는 "우리가 보기에 그것은 명상 훈련을 통해 뇌에 무슨 일이 일어났다는 의미입니다. 무언가가 변해버려서 그들은 명상 시에 아주 통합적이고 일관된 상태를 만들어낼 수 있게 된 거죠."라고 말한다.[22] 더 나아가 명상 수행 시간이 많을수록 감마 활동이 더 많아졌다. 이는 위의 실험 결과가 얻어진 주된 이유가 명상 수행 그 자체 때문이지, 그 여덟 사람의 뇌가 처음부터 특별했기 때문에 생겨난 예외적인 일이라고 무시해버려서는 안 된다는 생각이 들게 만든다.

매디슨 연구 팀은 그 승려들의 정신적 엔진이 극도로 강력함을 증명하는 데 성공했다. 그 다음 단계는 뚜껑을 열고 그 작동 부품들을 들여다보는 것이었다. 연구 팀은 그 승려들을 위스콘신으로 다시 초청했고, 추가로 유럽의 승려들도 여러 명 초청하였다. 그리고 이번에는 이들이 fMRI 기계 안에서 자비심을 생성해내게 하였다. "연구의 주요 물음은 자애심이나 자비심 같은 긍정적 특성, 혹은 더 일반적으로 말하면 사회에 이로운 이타적 행동을 기술로 볼 수 있는지, 그리고 그것을 훈련으로 습득할 수 있는지였어요."[23]라고 러츠는 이야기했다.

욘게이 밍규르 린포체Yongey Mingyur Rinpoche는 위스콘신까지 가서 연구에 참여한 승려들 중 한 사람이었다. 저명한 불교 스승이며 *The Joy of Living*[24]이라는 유명한 책의 저자인 그는 어린 시절 거의 행복한 적이 없었다고 털어놓는다. 밍규르 린포체는 화목한 가정 그리고 영적인 보살핌이 충만한 공동체에서 자랐음에도 불구하고 7~8세 때부터 13세가 될 때까지 심한 공황발작을 겪었다. 그는 자신이 만약 서양에서 자랐더라면 아마도 유년기 공황장애 진단을 받았을 것이라고 믿고 있다.

린포체에게 정서적 변화가 일어난 것은 사춘기 초에 3년간의 명상 수행을 하면서였다. 처음에는 그의 공황장애가 악화되어 극도로 심한 불안 발작이 연이어 일어났다. 그는 그 명상 수행 첫 1년이 생애 최악의 일 중 하나였다고 말한다. 당시 너무나도 불행해져서 그는 "명상 훈련을 진정으로 해보겠다고 결심했지요."[25]라고 말한다. 한때 그는 자기 방에서 며칠 동안이나 혼자서 공포와 대면하면서 그 공포를 명상을 위한 버팀대로 이용하기도 했다. 그는 스승들에게서 배운 것, 즉 그런 강렬한 감정들을 '적'이나 '주인'으로 취급하지 말고 친구로 대하도록 한동안 열심히 노력했는데, 그러고 나자 공포가 사라지고 없었다. 그 이후로는 한 번도 공황발작이 일어나지 않았다.

연구 팀은 린포체 및 fMRI 연구에 참여한 15명의 다른 숙련된 수행자들에게 스캐너 안에 있으면서 자비 명상에 몰입하도록 하였다. 또한 이 16명의 승려들과 각각 동일한 연령의, 일주일 전에 기초적인 자비 명상을 배운 16명의 초보자들에게도 똑같은 실험을 하였다. 스캐너 안에 있는 승려와 초보자 모두에게 여성의 신음 소리 같은, 공감을 유발하기 위한 소리를 들려주었다. 이들은 자비 명상에 몰입한 상태와 휴식 상태에서 이런 소리를 들었다. 두 집단 모두 휴식 상태보다 자비 명상 상태에서 공감 관련 뇌 회로들의 활동이 더 높아졌는데, 초보자보다 승려에게서 그런 회로의 활동이 훨씬 더 높았다. 구체적으로 말하면, 오랫동안 명상을 해온 사람들은 뇌섬(신체 감각과 정서 사이의 핵심적인 인터페이스 역할을 하는, 변연계의 한 부위)과 관자마루 접합부temporal parietal juncture에서 활동의 증가를 나타내었다. 이 후자의 부위는 다른 사람의 정서 상태를 이해하고 처리하는 데 중요한 것으로 보인다. 이 부위는 심지어 능동적으로 명상을 하고 있지 않은 휴식 상태에서도 초보자보다 승려에게서 활동이 더 높았다.[26]

"이 두 영역은 모두 감정 통하기 및 공감과 관련된다고 여겨져온 영역들이죠."라고 데이비드슨은 말한다. "이 두 가지 효과의 결합은 매우 강력한 힘을 발휘했는데, 초보자에 비해 숙련된 명상가에게서 훨씬 더 뚜렷했어요."[27] 러츠와 데이비드슨은 이런 효과는 자비심이나 공감 같은 마음의 특성들이 훈련시킬 수 있는 것임을 보여준다고 생각한다. 그리고 이는 아이들에게 그들 앞에 놓여 있는 긴 정서적 여행길을 어떻게 걸어가도록 준비시킬지에 대해, 우리의 생각을 바꿀 필요가 있음을 의미한다.

러츠는 "자비심이란 감정은 상황의 필요에 따라 다른 사람에게 인정을 베풀 수 있는 마음자세를 만들어줍니다."[28]라고 말한다. 승려들의 뇌 속에서 벌어지고 있었던 일은 그들의 기질과 사회적 페르소나에 부합하는 것이었다. 그는 "그들과 같이 있으면 감탄사가 절로 나옵니다. 왜냐하면 그들은 항상 대단히 행복하기 때문이에요. 또 매우 재미있기도 하죠."[29]라고 말한다.

행복을 가르치기

숙련된 수행자들에게서 얻은 위와 같은 결과에 용기를 얻은 위스콘신대학교의 연구자들은 10대들에게 좀 더 자발적으로 자비심을 가지도록 훈련을 시킬 수 있는지를 알고 싶어졌다. 데이비드슨은 "대부분의 사람들이 이 세상에는 자비심이 좀 더 필요하다는 데 동의할 거라고 생각해요."[30]라고 말한다. 그의 연구 팀은 한 번에 한 명의 10대를 변화시켜서 이 세상이 더 좋아질 수 있을지를 검증할 실험을 고안했다.

연구에 자원한 10대들은 매일 30분씩 2주 동안 자비심 훈련에 참가했다. 이와는 다른 심리적 훈련(인지치료의 한 형태인 인지 재평가 cognitive reappraisal)을 받은 통제집단도 있었는데, 두 집단 모두 인터넷을 통해 훈련을 받았다. "인터넷상으로 훈련을 실시했기 때문에 그들이 실제로 훈련을 받으려면 로그인을 해야 했어요. 그래서 그들이 정확히 얼마나 많은 시간 동안 참여했는지를 알 수 있었다는 게 신나는 일이었죠. 우리는 그들을 아주 면밀히 관찰했어요."[31] 데이비드슨의 말이다.

자비심 훈련을 받는 집단에게는 자신과 타인의 고통을 상상하라고 하였고, 그리고 나서는 그 고통의 중단을 소원하라고 하였다. 전통적으로 자비심 훈련은 '저에게 고통과 고통의 원인들이 없어지게 해 주소서'나 '제 어머니에게 고통과 고통의 원인들이 없어지게 해 주소서' 같은 어구들을 명상하는 것으로 이루어진다. 이때 사랑하는 사람, 친구, 중립적 대상에 주의를 집중하다가 그 다음에는 어려운 사람들에게 집중하고 결국에는 모든 존재에게까지 확대하여 수행을 한다. 참여한 10대들에게 그런 어구들을 반복할 때 내장감각(특히 심장 부분의)을 인식하도록, 그리고 단순히 외워서 반복하기보다는 그 어구들이 불러일으키는 감정을 느껴보도록 지시하였다.

2주간의 훈련 뒤 10대들을 실험실로 불러와 인간의 고통에 대한 영상을 보여주면서 그들의 뇌를 스캔했다. 그 영상은 우리가 뉴스에서 흔히 보는 것과 다르지 않았다. 예를 들면, 신체 기형으로 고통받는 어린이들이나 전쟁 등에 대한 영상이었다. 이 연구의 결과는 아직도 분석 중이라고 데이비드슨은 말한다. 그들이 곧 출간할 내용은 사회에 이로운 정서가 신경계에 미치는 유익한 효과, 그리고 그것을 젊은이들에게 어떻게 가르치는 것이 가장 좋을지에 대한 새로운 연구를 촉발하게 될 것이다.

'똑똑하다'는 게 뭘까?

부정적 정서를 조절하고 긍정적 정서를 함양하며 건강한 대인 관계를 맺고 유지하는 것 같은 삶의 기술들을 포함하는 것이 사회적-정서적 학습social-emotional learning이다. 새로운 연구에 따르면 그 어떠한 표준적인 학업성적 측정치보다도 사회적-정서적 학습이 행복 및 인생의 성공과 더 밀접하게 관련된다.

데이비드슨은 "학교 성적이나 SAT 성적은 협동능력, 정서조절능력, 만족지연능력 및 주의집중력보다 인생의 성공에 덜 중요합니다. 이런 기술들이 IQ나 성적보다 인생의 성공에 훨씬 더 중요하다는 것을 모든 자료가 보여주고 있어요."[32]라고 말한다.

1995년에 출판된 다니엘 골먼Daniel Goleman의 책 EQ 감성지능*Emotional Intelligence*은 사회적-정서적 학습을 교과과정에 포함시킬 기반을 제공했고, 그 필요성을 확신하는 교육자들이 많아졌다. 미국의 여러 주들은 이제 법적으로 정규 교과과정에 사회적-정서적 학습을 의무적으로 포함시키고 있다. 마틴 셀리그만은 "교수인 나에게 이는 좋은 일이 아니죠."라고 장난스럽게 말한다. "하지만 호기심, 학습 욕구 같은 두뇌 덕목들은 친절, 고마워함, 사랑능력 같은 대인관계 덕목보다 행복과 관련이 더 적다는 게 사실입니다."[33] 사회적-정서적 기술이 뛰어난 아이들이 그렇지 않은 아이들보다 더 행복하고 성공한다(또한 성장해서도 더 행복한 어른이 된다.)는 것이 초기의 자료에서 드러났다. 하지만 그런 기술들이 훈련 가능하다는 점은 증명되지 않았다. 대인관계 능력이 좋고 성격이 따뜻한가는 아마도 유전자에 의해 결정될 것으로 생각되었으므로 다음과 같은 의문이 남아 있었다. 즉, 아이들에게 부정적 정서를 더 잘 조절하고 삶을 더 긍정적으로 바라보는 자세를 갖도록 가르칠 수 있을까?

"그 답은 '예'입니다. 아주 확실히 그렇죠."[34]라고 데이비드슨은 말한다. 그는 최근의 한 메타분석 연구를 거론한다. 이 연구는 미국 전역(시골, 교외, 도심 지역 모두)에 걸쳐 학교에 다니는 5~18세의 유아 및 청소년 280,000명을 대상으로 사회적-정서적 학습 교과과정을 연구한 207개의 연구를 다시 분석한 것이었다. 그 결과 학교에서 진행되는 사회적-정서적 프로그램이 태도와 행동을 개선시켰고, 게다가 학교 성적까지도 향상시켰음을 알 수 있었다. 이 프로그램에 참여한 아이들은 사회적-정서적 기술이 뚜렷하게 좋아졌을 뿐만 아니라 더 긍정적인 태도와 더 나은 사회적 및 수업 행동을 보였고, 정서적 고통과 공격성은 더 낮아졌다. 이러한 사회적-정서적 기술 및 행복 지수의 향상에는 시험 성적(학급 내 성적과 표준 학력고사 점수 모두)의 향상도 뒤따랐다. 평균적으로 학생들의 성적은 11% 정도 올라갔다.[35]

사회적-정서적 학습 프로그램에 참여한 학생들은 "긍정적 행동(학급 규율 준수, 학교를 좋아하는 정도, 출석 등)에 대한 모든 측정치가 좋아졌고, 반사회적 지표(남을 괴롭히거나 싸움질하기에서부터 정학이나 물질 남용에 걸친)의 비율은 모두 낮아졌어요. 더 나아가서 우울증, 불안, 소외감을 느끼는 학생들의 수도 줄어들었지요."

[36]라고 골먼은 말한다.

경험에 반응하여 아이들의 뇌는 엄청나게 변할 수 있다는 사실이 이제는 잘 알려져 있다. 이를 감안하면 앞의 결과들이 당연한 것이라고 데이비드슨은 생각한다. 사회적-정서적 능력이 발달할 수 있는 민감기는 인지능력 발달의 민감기보다 더 오랫동안 지속된다. 왜냐하면 사회적-정서적 능력의 기반이 되는 회로들은 적어도 청년기까지는 대단한 가소성을 보이기 때문이다. 게다가 사회적-정서적 학습은 뇌의 고통 중추의 활동을 감소시킨다. 이 부위의 활동은 기억, 학습 및 주의에 관여하는 이마앞겉질 영역들의 기능을 방해하는데, 따라서 이 부위의 활동이 감소되면 인지기능에 도움이 된다.

청소년들에게 다른 방식으로 악영향을 미칠 수 있는 것이 스트레스 호르몬이다. 그런데 이마앞겉질의 이 결정적인 영역들이 잘 발달된 청소년은 스트레스 호르몬의 농도가 낮다. 예를 들어서 앞쪽 띠 영역anterior cingulate area은 정서 조절에 관여하는데, 이 영역의 활동이 높은 아이들은 피 속의 코르티솔cortisol(신체의 주요 스트레스 호르몬 중 하나) 농도가, 특히 늦은 저녁에, 낮다. 취침 시간에 코르티솔 농도가 높으면 잠들기 힘들고 꿈꾸기에도 문제가 생겨서 몸에 큰 혼란이 일어날 수 있다. 높은 코르티솔 농도는 또한 우울증, 면역기능장애 및 기타 많은 신체 건강상의 문제를 일으키는 위험 요인이다.

훈련 중인 마음을 보여주는 영상 덕분에 행복 회로가 무언가의 영향을 쉽게 받을 수 있다는 것, 그리고 의도와 노력을 통해 변형이 가능하다는 것이 확실해졌다. "행복 회로들은 뇌에서도 가장 가소성이 높은 회로에 속해요."[37]라고 데이비드슨은 말한다. 그리고 우리는 긍정적이고 친사회적인 정서의 함양이 그런 훈련 과정에 필수적이라는 사실을 점점 더 깨달아가고 있다.

행복으로 가는 지도를 그리기 시작하면서 보니, 자비심(우리 자신 및 다른 사람에 대한)이 하나의 주요한 랜드마크로 우뚝 서고 있는 것 같다.

불꽃을 식히기
중독, 만성 통증, 그리고 회복

감미로운 레드와인 한 잔과 지겨운 허리 통증의 공통점은 무엇일까? 직관적으로는, 별로 없다. 둘 중 하나는 만약 독자가 좋은 레드와인을 즐긴다면 음미할만한 경험이고 힘든 하루 일로 녹초가 될 경우 하고 싶어질 일이다. 다른 하나는 어떻게 해서라도 피하고 싶은 일이다. 어쩌면 지나치게 많은 레드와인을 마셔서라도 말이다.

뇌 연구자들이 신체적 중독과 만성 통증의 배후에 있는 생생한 신경 기반을 들여다보게 되면서 발견한 것은 이것이다. 즉, 우리의 몸과 마음은 이 두 가지와의 싸움에서 질(또는 이길) 수 있는데, 그 이유가 놀라우리만큼 유사하다는 것이다. 레드와인 한 잔이 중독성을 갖게 되거나 통증이 만성이 되는 경우 다음과 같은 일이 일어나기 마련이다. 뇌에는 중독으로 인한 강렬한 갈망이나 무자비한 만성 통증을 생성해내는 역할을 맡고 있는 영역이 있다. 레드와인이나 통증이

87

주는 감각(유쾌한 것이든 불쾌한 것이든 간에)에 대한 우리의 화학적 반응이 뇌의 그러한 핵심 영역을 장악하게 되면, 이 영역은 다른 중요한 뇌 기능들을 희생시키면서까지 과도하게 일을 하고 변해간다.

정상적인 상태에서는 감각에 대한 신경화학적 반응이 우리의 건강과 안녕에 필수적이다. 진화에서는 가장 빨리 배우는 자가 살아남는다. 우리는 뇌의 보상 회로를 자극하는 경험을 추구하는 법과 해로운 자극은 멀리 하는 법을 알고 태어난다. 우리가 쾌락을 갈망하고 고통을 피하는 것은 진화론적으로 아주 당연한 일이다. 그래야 영양이 풍부한 음식 먹기나 달리는 차에 뛰어들지 않기를 배울 수 있기 때문이다. 하지만 중독은 보상 추구와 고통 회피라는 이 건강한 행동을 변화시켜서 우리에게 해로운 것이 되게 만든다. 약물 남용이 우리가 아주 잘 배울 수 있는 행동인 이유가 바로 이것이라고 중독 전문가들은 말한다.[1]

어떤 사람들은 유전과 초기 경험 덕분에 남들보다 학습을 더 빨리 한다. 중독 취약성의 40~60%가 유전적 요인(그 사람의 고유한 유전적 정체성의 발현에 환경이 영향을 주는 방식까지 포함하여)에 기인하는 것으로 추정된다.[2] 어떤 사람의 뇌는 중독과 만성 통증을 야기할 수 있는 신경 불균형이 남들보다 더 쉽게 생겨난다. 그리고 시간이 가면서 이런 불균형이 뇌의 신진대사를 저하시키고 뉴런을 손상시켜서 회색질gray matter이 무서운 속도로 졸아들게 만들 수 있다(역자 주 : 뇌의 단면을 보면 크게 회색인 부분과 백색인 부분을 구분할 수 있는데, 회색질은 뉴런 세포체로 이루어져 있고 백색질은 뉴런의 축삭으로 이루어져 있다.).

여기까지는 어두운 이야기이다. 그런 고통스러운 상태를 겪고 있는 사람들은 어둠의 끝이 보이지 않는 것처럼 느낄 수 있다. 하지만 좋은 소식은 세상이 달라지고 있다는 것이다. 미국 약물남용연구소의 노라 볼코우 박사는 신경 영상화 기법의 발달 덕분에 이제는 약물 중독이 "치료할 수 있는 뇌 질환"[3]이라는 점을 알게 되었다고 말한다. 치료는 약물요법과 행동치료를 결합하여 이루어진다. 많은 종류의 만성 통증에 대해서도 똑같이 말할 수 있다. 몬트리올에 있는 맥길대학교 통증연구센터의 연구자인 캐서린 부시넬Catherine Bushnell은 "우리가 깨닫지는 못하고 있지만 우리에게는 통증에 대한 어느 정도의 통제력이 있을 수 있어요."[4]라고 말한다. '신경영상화치료neuroimag-ing therapy'라는 새로운 분야에서 나온 증거를 보면, 많은 만성 통증 환자들에게 통증을 덜 느끼도록, 심지어는 완전히 못 느끼도록 가르치는 것이 가능하다. 뇌활동을 찍은 사진들이 그 증거이다.

유약한 성격 때문일까 아니면 치료할 수 있는 뇌 질환일까

미국 의학협회가 중독을 하나의 질환으로 공식적으로 인정한 것은 1956년이다. 오랜 기다림 끝에 의학계의 권위 있는 단체로부터 인정을 받기는 했지만 여전히 중독자들은 2류 환자로 취급되었다. '물질남용자'나 이보다 더 경멸적인 '히로뽕쟁이' 또는 '아편쟁이' 같은 말들이 너무나 노골적으로 보여주듯이 도덕적 낙오자라는 꼬리표는 쉽게 떨어지지 않았다. 일부 의료기관은 아직도 알코올중독자에게간 이식 기회를 공평하게 제공하지 않고 있는데, 그 주된 이유는 이식된 장기가 알코올중독의 재발로 헛되이 소모될까봐 두려워해서이다. 하지만 통계 자료는 그런 두려움이 근거 없는 것임을 보여주었다 (미국 보건복지부는 B형이나 C형 간염 때문에 간 이식을 받는 환자들이 병의 재발로 인해 이식받은 간을 잃을 가능성이 더 높다는 것을 밝혀냈다[5]). 약물 중독의 재발률은 기타 많은 만성 질환의 재발률과 놀라우리만큼 비슷하다. 또한 펜실베이니아대학교의 심리학자 토마스 맥렐런Thomas McLellan은 약물 중독, 제1유형 당뇨병, 고혈압 및 천식 환자를 대상으로 하여 재발 및 복약 순응도를 비교했는데, 이 연구에서는 복약 시간표를 지키는 비율이 네 집단 모두에서 유사하다는 사실이 밝혀졌다.[6]

그렇다면 왜 흔히 중독을 다른 질병보다 더 절망적으로 볼까? 중독을 극복하기란 어려운 일인데, 그 이유가 우리의 생물학적 하드웨어에 중독 회로가 내장되어 있어서일까? 중독으로 인해 뇌가 복구 불가능하게 파괴되는 것일까? 아니면 중독에 취약한 뇌 부위를 변화시키는 게 가능할까? 이런 의문은 그 어느 때보다 더 시급하게 답해야 할 것들이다. 미국에서 불법 약물과 알코올로 인해 병에 걸리거나 부상을 당하는 사람이 매년 10만 명으로 추정되며, 44만 명 이상이 흡연으로 사망하기 때문이다. 미국 약물남용연구소에 따르면 미국은 매년 물질 남용과 중독으로 1조 달러라는 어마어마한 비용을 치르고 있다.[7]

중독 전문가들은 화학물질 의존성을 특정 기관(이 경우에는 뇌)의

건강한 기능을 파괴하는 여느 질병과 다름없다고 생각한다. 십여 년
간의 PET 스캔과 fMRI 스캔 결과가 이에 대한 확고한 증거를 제공
하였다. 생활 방식이 그 경과에 영향을 줄 수 있는 또 다른 질병인 당
뇨병에서는 췌장이 제대로 작동하지 않는 것과 꼭 마찬가지로 중독
이 된 뇌도 제대로 작동하지 않는 것이다. "우리는 중독의 생물학적
토대를 그 어느 때보다도 더 많이 알아가고 있습니다."라고 보스턴
대학교 공중보건대학의 데이비드 로젠블럼David Rosenblum은 말한다.
"그리고 그로 인해 마침내 중독을 '도덕적 결함'으로 보던 시각이
'공식적인 질환'으로 전환되기 시작했지요."[8]

이런 뉴스는 만성 통증 환자에게도 희망을 주는 것이다. 미국만 하
더라도 5천만 명의 만성 통증 환자가 있을 것으로 추정되며, 그중 절
반은 통증을 완화할 방법을 찾지 못하고 있다.[9] 진단이나 치료를 못
받고 있는 통증 환자들도 많으며, 신체적 손상을 찾아볼 수가 없기
때문에 문제는 '마음속에' 있다는 소리를 듣는 사람도 있다. 그런데
통증 영상화 연구에서 새로이 밝혀진 사실들을 고려하면, 명백한 신
체적 손상이 없는데도 나타나는 통증을 더 이상 건강염려증으로 보
거나 괴팍한 성격 때문에 몸이 아프다고 상상하는 것이라고 볼 수 없
다. "통증이 '전부 마음속에' 있다는 말은 그것이 진짜로 존재하는
게 아니라는 얘기죠."라고 부시넬은 말한다. 만성 통증에 대한 새로
운 뇌영상 연구들은 "그게 진짜가 아니라고 하지 않아요. 그 연구들
은 뇌활동이 진짜 통증을 일으키는 어떤 상황을 만들어낼 수 있음을
보여줍니다."[10]

뇌 스캔 연구에서 나온 가장 좋은 소식은 의료적 관리(개인에 맞춘, 약물과 대화 요법 및 때로는 신경영상화치료의 조합)를 받으면서 시간이 지나면, 많은 환자들이 손상된 뇌 부위에 균형을 되찾게 될 것이라는 것이다. 그렇게 되면 신체적 고통이 완화되어 새로운 자유와 함께 삶을 다시 시작할 수 있게 될 것이다.

약물에 취한 뇌

프라이팬에 계란을 하나 깨어넣자 지글지글 소리를 내며 불길하게 익는다. 아마도 이것이 중독과의 전쟁에서 가장 오래 기억되는 이미지일 것이다. "이 계란이 바로 약물에 취한 당신의 뇌입니다." 1987년의 미국 공익광고 문구이다. 그 이후로 바삭바삭 프라이되고 있는 저 불쌍한 계란의 이미지는 사람들의 뇌리에 아로새겨졌다. 그것은 분명히 기억에 남는 공익광고였으며, 중독이 신경계에 미치는 효과를 상당히 거칠게 보여주었다. 또한 이미 약물이나 알코올에 중독된 사람들에게는 음울한 메시지를 던져주었다. 즉, 계란을 프라이한 다음에는 어떻게 프라이되기 전 상태로 되돌릴까?

최근의 뇌영상 연구는 중독된 뇌에서 무슨 일이 일어나는지를 더 정교하게 보여주었다. 또한 그에 못지않게 중요한, 중독에서 회복되고 있는 뇌에서 무슨 일이 일어나는지도 보여주었다. 1996년 일련의 선구적인 연구에서는 코카인 의존 때문에 치료를 받고 있는 사람들의 뇌를 PET로 스캔했다. 여기서 나온 두 가지 핵심적인 결과가 앞으로 뇌영상 연구가 갈 길을 가리켜주었다. 첫째, 코카인 갈망은 뇌의 특정한 신경 경로(중간뇌변연계 도파민계mesolimbic dopamine system)가 작동하게 만든다. 둘째, 코카인 의존성이 있었던 사람의, 유혹에 대한 신경 반응은 1년 내에 거의 정상으로 돌아온다. "코카인 중독자에게 재발 위험이 가장 높은 시기는 약물을 끊은 지 3~4주째입니다." 앞의 PET 연구 중 하나를 설계한 캘리포니아대학교 어바인캠퍼스의 정신과의사 조셉 우Joseph Wu 박사는 말한다. "약 1년 동안 약을 끊을 수 있으면 가장 취약한 시기는 이겨낸 것이죠."[11]

그런 결정적인 발견이 나온 지 5년 이내에 연구자들은 뇌 스캔 기술을 사용해서 중독을 전례 없이 정밀하게 연구하게 되었다. 현재 미국 약물남용연구소의 소장인 노라 볼코우는 당시 브룩헤이븐 국립연구소에서 메스암페타민methamphetamine(뒷골목에선 crystal meth라고 불림)(역자 주 : 상품명 필로폰, 또는 속어로 히로뽕)이 뇌에 미치는 효과를 연구하고 있었다. 메스암페타민은 맛있는 음식을 먹거나 성 행위를 할 때처럼 선천적으로 유쾌한 일을 할 때 나오는 도파민이 12배 이상 분비되게 하는 파괴적인 약물이다. 그런데 알고 보니 뇌는 그와 같이 지나치게 심한 쾌락을 견뎌낼 수가 없다. 시간이 지나면서 이 약물은 뇌의 쾌락 수용체를 파괴하고 판단력을 심하게 손상시켜서 중독이 재발할 가능성을 훨씬 더 높게 만든다. 이것이 메스암페타민 복용이 미국에서 전염병 수준에까지 도달하게 된 이유 중 하나이다. 2007년 즈음에는 12세 이상 인구 중 1,300만 명(이는 10대와 성인 인구의 5% 이상이다.)이 이 파괴적 약물을 사용해본 적이 있거나 거기에 중

독되어 있었다.[12]

2001년에 볼코우와 동료들은 메스암페타민이 신경계에 미치는 효과를 보여주는 증거를 모으기 시작했다. 그리하여 이 화학물질에 대한 우리의 쾌락 반응이 뇌를 휩쓸며 파괴적으로 일어나서는 도파민 수용체를 손상시키고, 도파민 운송체의 양을 떨어뜨리며, 눈확이마겉질orbitofrontal cortex(충동 통제와 연관된 뇌 부위)의 포도당 대사를 저해한다는 결론을 내렸다.[13] 이 뇌 부위에서의 대사 저하는 코카인이나 알코올에 중독된 사람들에게서 이미 관찰된 바가 있는데, 메스암페타민의 경우에도 똑같은 문제가 생기고 더 증폭된다는 것을 보여준 것은 위의 연구가 처음이었다. 한편 캘리포니아대학교 샌디에이고캠퍼스에서는 메스암페타민 중독자들을 대상으로 fMRI 연구를 실시하여, 눈확이마겉질과 이마앞겉질의 활동 저하가 인지 및 판단의 심각한 장애와 관련됨을 밝혀내었다.[14]

하지만 메스암페타민 중독으로 삶이 엉망진창이 된 사람들과 그들의 회복을 바라는 친지들에게 기쁜 소식도 있었다. 오랫동안 약물을 끊게 되면, 메스암페타민처럼 독성이 강한 약물의 경우에조차도 뇌의 비상한 유연성 덕분에 치유가 가능하다는 것을 볼코우와 동료들이 보여주었던 것이다. 14개월 동안 약물을 끊은 후에는 손상되었던 도파민 수용체의 대부분이 다시 살아났음을 PET 스캔으로 볼 수 있었다. 비록 판단, 기억, 운동협응에는 여전히 상당한 결손이 남아 있었지만 말이다.[15] UCLA의 물질 남용 통합 프로그램의 부소장인 리처드 로슨Richard Rawson 박사는 이 새로운 증거와 관련하여 "메스암페타민 사용자가 한 사람이라도 나아진다는 게 믿기 힘든 일이죠. 그런데 실제로 나아진다는 거예요."[16]라고 말한다.

연구자들은 어떤 결손은 영구적일 수 있다는 점을 강조한다. 장기간 많은 양의 메스암페타민을 복용한 경우에는 특히 그렇다. 10년간 메스암페타민에 중독된 사람들을 대상으로 한 최초의 고해상도 MRI 연구에서 "뇌손상이 산불처럼 번져나간 모습"을 볼 수 있었다고 UCLA 연구 팀의 책임자인 폴 톰슨Paul Thompson은 말한다.[17] 변연계 부위는 조직의 11%를 잃었고, 해마(새로운 기억의 형성에 필수적인)는 8%가 없어졌다. 이러한 손상은 초기 알츠하이머병에서 나타나는 뉴런의 상실과 유사한 것으로서, 다른 일반적인 화학물질 의존에 비해 메스암페타민 중독에서는 초기 개입이 회복에 훨씬 더 중요함을 알려준다.

메스암페타민이 파괴적인 약물이기는 하지만 미국에서 사람들의 목숨을 가장 많이 앗아가는 중독 물질은 따로 있다. 미국에서는 담배 때문에 사망하는 사람이 거의 다섯 명 중 한 명에 이르는데, 이는 알코올, 불법 약물, 자동차 사고, 자살, 에이즈, 살인을 모두 합친 것보다 더 많은 숫자이다. 미국 질병통제예방센터는 2007년도에 성인 4340만 명이 흡연자였다고 보고한다. 이는 모든 성인의 거의 20%에 해당하는 것이다.[18]

최근 뇌영상 연구에서 흡연 중독과 뇌섬 사이의 관련성이 드러났다. 뇌섬은 자비심과 공감에 관한 fMRI 연구에서도 중요한 자리를 차지하는 작은 부위로서, 현재 신체 감각과 정서 사이의 중요한 접점으로 여겨지고 있다. 2008년 1월에 나온 한 연구는 이 부위를 중독 연구의 새로운 보물 상자로 만들었다. 뇌졸중 환자를 MRI로 검사한 결과, 담배를 이상하리만치 쉽게 끊는 사람들은 뇌섬이 손상되었음을 알아냈기 때문이다. 이는 중독 회로에서 뇌섬이 하는 핵심적인 역할을 보여준 것이었다.

"중독을 유지시키는 데 결정적인 전체 신경회로가 있지만 이 한 부위를 제거해버리면 중독 행동이 싹 없어지는 것으로 보입니다."[19] 남가주대학교 뇌와 창의성 연구소의 신경과학자이며 그 논문의 주±저자인 앙투안 베샤라Antoine Bechara는 그렇게 말했다. 뇌손상을 입은 32명의 흡연자 중 16명은 쉽게 금연을 했고 더 이상 담배를 갈망하지도 않았다. MRI 스캔 결과에 따르면 이 16명의 환자들은 뇌의 다른 어느 부위보다도 뇌섬에 손상을 입었을 가능성이 훨씬 더 높았다.

"이런 걸 보여준 건 우리가 최초예요. 특정 뇌 영역이 손상되면 중독이라는 문제가 완전히 제거된다는 것 말이죠."라고 볼코우는 말했다. "정말 상상하기 힘든 일이죠."[20] 그녀가 속한 연구 기관인 국립 약물남용연구소가 국립 신경질환 및 뇌졸중 연구소와 함께 이 연구를 재정적으로 지원했다. 신경과학계에 신데렐라처럼 떠오른 뇌섬은 과거 수십 년간 소홀히 다루어져 왔는데, 그 이유 중 하나는 이 부위가 뇌의 너무 깊숙한 곳에 묻혀 있어서 표면 전극으로 연구하기가 거의 불가능하기 때문이다. 예전부터 뇌섬은 원시적인 뇌 부위로 간주되어서, 먹기나 성 행위 같은 기본적인 생물학적 기능에 관여하는 것으로 생각되었다. 그런데 이 별 볼일 없어 보이는 뉴런 묶음이 인간의 본성과 관련된 신경 활동의 많은 부분을 담당하는 작전의 중심지라니! 특히 이마쪽 뇌섬frontal insula은 다른 동물보다 인간과 유인원에게서 더욱 발달되어 있으며, 우리 자신의 감정과 타인의 감정을 느끼는 데 핵심적인 역할을 한다. 이제는 이 부위가 신체 감각이 감정이라는 배역으로 등장하여 뇌의 다른 부분에게 알려지게 되는 무대라고 생각된다. 인간 인지에서 뇌섬의 핵심적인 중요성을 처음 주장한 학자 중 한 사람이자 뇌와 창의성 연구소의 소장인 안토니오 다마지오Antonio Damasio 박사는 "우리가 뇌에서 고통이나 쾌락이 최초로 일어나리라고 예상하는 부위가 바로 여기입니다. 흡연뿐 아니라 초콜릿을 먹는 것, 와인 한 잔을 마시는 것, 그런 것들 모두가 여기를 거치는 거죠."[21]라고 말했다.

뇌영상화 기법이 중독의 본질을 보여주는 엑스레이 같은 것일 수 있겠지만, 그렇게 눈에 보이는 것을 가지고 무엇을 할 수 있을까? 그런 새로 얻게 된 지식이 물질남용장애를 치료하는 방식에 어떤 영향을 줄까? 여기에는 혁신적인 의미가 내포되어 있다. 왜냐하면 중독을 보여주는 영상이 문제를 절망적인 것에서 희망적인 것으로, 치료 불가능한 것에서 치료 가능한 것으로 변모시키기 때문이다. 또한 중독 및 기타 뇌질환에 찍혀 있는 낙인(흔히 환자들로 하여금 꼭 필요한 치료를 받지 못하고 오히려 병을 숨기게 만드는)을 지워버리기 때문이다.

"앞으로 일어날 일은 뻔해요. 10년쯤 후에는 중독을 하나의 질환으로 보고 치료하게 될 것인데, 그건 곧 약물치료를 의미하죠."[22] 볼코우의 말이다. 이미 몇몇 약물은 재발 방지에 좋은 효과를 나타내고 있다. 예컨대 아캄프로세이트는 알코올 중독에, 날트렉손은 알코올과 헤로인 중독에 쓰인다. 그리고 연구 중인 화합물이 200가지가 넘는다. 거대 제약회사 몇 군데는 중독을 치료하는 약물 개발을 주저해 왔다. 그 대신에 이들은 고콜레스테롤이나 관절염 같이 사회적 거부감이 더 적은 질병에 대한 약물을 만드는 회사가 되고 싶어 했다. "저는 큰 회사들에게 중독 치료약물 개발에 힘써 달라고 간청하고 있어요. 회사의 과학자들은 알아듣지만 사업가라는 사람들은 설득하기가 어려워요."[23]라고 볼코우는 말한다.

그런 분위기는 바뀌는 중이라고 일라이 릴리Eli Lilly 제약회사의 연구부장인 스티븐 폴Steven Paul은 말한다. 그는 우울증을 치료하는 약물에 대해서도 좋지 않은 시선이 있었으나 그때 프로작이 등장했던 사실을 지적한다. "커다란 수요가 있는데도 그게 충족되지 않고 있다면 결국에는 상업적 성공이 다가오게 되죠."[24]라고 폴은 말한다(역자 주 : 프로작은 세계에서 가장 널리 처방되는 항우울제로서, 1990년대 초반에는 450만 명의 미국인들이 이를 복용하였다. 이 약을 개발한 제약회사가 엄청난 수익을 올렸음은 말할 필요도 없다.).

전망이 밝아 보이는 또 다른 치료법은 약물과는 전혀 관련이 없는 것으로, 마음의 상태라 할 수 있는 것이다. 과학자들은 사람들이 뇌의 보상 회로에 속하는 뇌섬이나 기타 부위들의 활동을 의식적으로 조절함으로써 중독을 극복할 수 있는지를 살펴보고 있다. 이런 연구의 동력은 전혀 예상치 못한 데서 나왔다. 바로 만성 통증 환자들에 대한 뇌영상화 연구이다.

통증에 시달리는 뇌

우리 자신이 만성 통증 환자는 아니라 하더라도 아마도 우리가 애정을 갖고 있는 사람 중에는 그런 환자가 있을 것이다. 발에 있는 신경 병증 때문에 다리를 절고 잠을 못 이루는 아버지가 있을 수 있고, 출산 후 허리 통증이 낫지 않아서 아장아장 걷는 자기 아이도 안아주지 못하는 친구가 있을 수도 있다. 미국 내에만 수백만 명의 만성 통증 환자가 있는데, 이들에게는 약이 없는 경우가 많다. 미국 통증협회는 통증 환자 네 명 중 한 명만이 제대로 된 치료를 받고 있음을 밝혔고, 미국 수면협회는 성인 세 명 중 한 명이 통증 때문에 매달 20시간 이상 잠을 설친다고 추정하고 있다.[25]

   2004년도에 장기적인 통증에 시달리는 사람들의 뇌가 실제로 위축되어 있음을 뇌 연구자들이 밝혀냈다는 얘기가 뉴스의 머리기사로 올랐다. MRI 스캔 결과, 허리 통증으로 1년 이상 고생한 사람들은 건강한 자원자들보다 회색질의 부피가 5~11% 적었다. 그리고 가장 인상적인 사실은, 환자가 통증으로 고생한 시간이 뇌조직의 상실량과 직접적으로 상관된다는 것이었다.[26] "그만한 정도의 감소량은 10~20년간의 정상적인 노화로 인한 것과 맞먹는다."[27]라고 연구자들은 지적했다. 그리고 이런 연구 결과는 통증이, 극도로 한정된 부위의 통증조차도, 신체 체계의 손상을 알려주는 표지이며, 그 체계의 결정적이면서도 취약한 한 부분이 뇌라는 것을 알 필요가 있음을 강조한다.

이런 깜짝 놀랄만한 결과는 만성 통증 환자들에게는 대단히 심각한 것이었지만, 그런 뇌손상이 일어나는 기전에 대해서는 전혀 알려주는 바가 없었다. 수그러들지 않는 신체 통증이 실제로 어떻게 뇌조직을 손상시킬 수 있을까? 2008년 2월, 또 하나의 획기적인 연구가 만성 통증 환자들이 왜 종종 우울증, 불안, 주의집중장애나 의사결정장애 같은 힘든 문제들로 고생을 하는지를 보여주었다. 노스웨스턴대학교 페인버그의과대학의 연구자들은 통증 환자의 뇌가 통증이 없는 사람의 뇌와 어떻게 다르게 기능하는지 알고 싶었다. 그리고 이를 위해 단순한 시각과제를 수행하고 있는 만성 허리통증 환자들과 건강한 사람들의 뇌를 스캔했다. 그 과제는 컴퓨터 스크린에서 이동하는 막대자극을 쫓아가는 것이었다. 두 집단 모두 과제는 잘 해냈다. 그런데 통증 환자들은 뇌를 건강한 사람들과는 다른 방식으로 사용하여 주의집중 상태에 도달했음이 fMRI를 통해 드러났다.

연구자들의 말에 따르면 건강한 뇌의 활동은 과제 관련 영역과 소위 기본 신경망(즉, 휴식 상태 신경망) 사이에서 부드럽게 왔다 갔다 하는 경향이 있다. 이 기본 신경망은 이마엽, 마루엽 및 안쪽 관자엽의 여러 영역을 두루 포함하며, 학습과 기억에 그리고 뇌의 에너지 평형상태를 유지하는 데 중요한 역할을 하는 것으로 생각되고 있다. '어둠의 신경망dark network' 이라고 불리기도 하는 이 영역들은 우리가 전혀 아무것도 안 하고 있는 것 같을 때 활발한 활동을 보이다가, 어떤 과제에 몰두하거나 문제를 풀고 있을 때면 깊은 우주공간만큼 이나 차갑고 어둡게 변한다. 후자의 상태는 우리가 과거로 시간여행을 한다거나 상상 속의 미래에 가 있을 때가 아니라 정신적으로 현재와 연결되어 있을 때를 말한다.

통증이 없는 참가자들의 경우 이 영역들은 눈앞의 과제를 해결하기 위해 뇌의 다른 영역들이 가동될 때마다 캄캄해진다. 그런데 만성 통증 환자들의 경우에는 대부분 정서와 관련된 뇌의 이마쪽 영역이 "결코 꺼지지를 않아요."라고 단테 치알보Dante Chialvo 박사는 말했다. 페인버그의과대학의 생리학 부교수이며 이 연구의 주도자인 그는 또 "만성 통증 환자에게는 하루 종일, 일주일 내내, 평생의 매 시각마다 통증이 있어요. 뇌에서 통증을 그렇게 끊임없이 지각하게 되면 그 뇌 영역이 지속적으로 활성화되는 거죠."[28]라고 말했다. 그런 끈질긴 활동은 결국 뉴런을, 그리고 뉴런들 사이의 연결을 닳아버리게 할 수 있고, 어쩌면 영구적인 손상까지도 초래할 수 있다. "뉴런들이 지나치게 발화를 하면 뉴런 간의 연결이 달라질 수 있어요. 심지어는 뉴런이 죽기도 하는데 그렇게 오랫동안 높은 활동을 유지할 수 없기 때문이죠."라고 치알보는 설명했다.[29]

고통을 잘 참아내는 사람들이 여기서 배울 점은 분명하다. 이를 악물고 참는 일을 그만두라. 그렇다고 호들갑스럽게 감정을 표출하는 사람들이 하는 것처럼 재앙이라도 당한 듯 아파하는 것 역시 문제해결에 도움이 되지는 않는다. 고장난 체계를 고쳐야 하는 것이다. 그런데 어떻게 그럴까? 물리치료와 약물요법을 함께 받아서 효과를 보는 만성 통증 환자가 많다. 어떤 환자들에게는 마사지, 침술이나 마음챙김 명상 같은 대안 요법들이 증상을 크게 완화시키기도 한다. 하지만 할 수 있는 모든 걸 다 해보았는데도 통증이 꿈쩍도 안 한다고 느끼는 수백만 명의 사람들은 어떻게 해야 할까?

'신경영상화치료'라는 이름의 완전히 새로운 접근법이 고대하던 답을 줄지도 모른다.

마인드 컨트롤

어찌 보면 정신 활동이 감각 경험에 영향을 준다는 생각이 당연한 것으로 보인다. 야한 생각을 하면 몸이 흥분되고, 괴로운 시험이나 사람들 앞에서 발표할 일을 걱정하면 뱃속이 울렁거리게 된다. 그러나 통증이라는 경험에는 무언가 지나치게 **진짜**인 것 같은 느낌이 있어서 마음속에서 일어나는 어떠한 일도 통증에 영향을 줄 것 같지가 않다. 통증을 느낄 때는, 발 아래에 땅바닥이 있다거나 접시에 사과가 놓여 있다는 생각과 꼭 마찬가지로 통증이 진짜로 존재한다는 생각이 든다. 진정한 물리 현상은 진정한 감각 속성(딱딱함과 부드러움, 바삭함과 달콤함, 쿡쿡 쑤심과 타는 듯함 같은)을 지닌다. 통증이 땅바닥이나 사과처럼 실질적이고 관찰 가능한 사실이라고 믿지 않는 것은 명백한 사실을 부인하는 것처럼 느껴진다. 그런데 단지 정신 활동을 조절하는 것만으로도 통증 경험을 변화시키는 것이, 심지어 통증을 덜 느끼는 것이 전적으로 가능하다면 어떻게 될까?

이것이 캘리포니아 주 멘로파크에서 진행되고 있는 혁명적인 임상 시험의 배후에 있는 생각이다. 스탠퍼드대학교 신경영상화 및 통증연구소장인 숀 매키Sean Mackey와 캘리포니아의 옴뉴런Omneuron이라는 회사의 대표이사인 신경생리학자 크리스토퍼 드참스Christopher deCharms는, 만성 통증 환자들에게 시각적인 fMRI 피드백을 사용하여 통증 경험을 조절하도록 훈련시킬 수 있는지를 알아보기 위한 연구를 실시했다. 심전도 같은 훨씬 더 단순한 바이오피드백 기법을 사용하여 심박률 같은 생리적 지표를 통제하는 데 성공한 사람은 많다. 하지만 지금까지 통증은 그렇게 통제하기가 간단치 않은 것이었다. 통증은 다양한 뇌 체계와 신체 체계들이 관여하는 것으로서 결코 하나의 단순한 생리적 지표로 표현된 적이 없었다.

이제 fMRI 기술은 "아야!"라는 소리 지르기를 담당하는 뇌 부위를 직접 볼 수 있는 창문을 우리에게 열어준다. 이 연구의 목적상 연구자들은 앞쪽 띠이랑(또는 전측 대상회)의 앞부분(rACCrostral anterior cingulate cortex)이라는 뇌 영역에 초점을 맞추었다. 이 부분이 통증의 지각과 조절에, 그리고 주의, 정서 및 관리 기능 같은 중요한 인지 과정에 핵심적인 것으로 생각되기 때문이다. "통증에는 흥미롭게도 아이러니한 면이 있어요."라고 드참스는 말한다. "모든 사람에게는 태어날 때부터 통증을 멈추게 하는 체계가 있습니다. 반면에 파킨슨 병 같은 다른 질병들을 멈추게 하는 명백한 체계는 없죠. 통증의 경우에는 그 체계가 존재하지만, 그것을 조정하는 다이얼을 우리가 돌릴 줄을 모르는 겁니다."[30] 이 연구는 사실상 만성 통증 환자들에게 그 체계를 조정하는 리모컨을 건네주는 것이 목표였다.

스탠퍼드대학교 통증 관리과 명부에서 난치성 통증으로 고생하고 있는 12명의 환자(남성 8명, 여성 4명)를 선발했다(8명이 실험집단에, 4명이 환자 통제집단에 배정되었다). 이들의 통증은 이미 평균 3년 반 동안 지속되어온 것으로 다른 치료법들이 효과가 없음이 입증된 상태였다. 실험집단의 참가자들은 일단 스캐너에 들어간 다음에는 여러 방법을 동원해서 통증을 통제하라는 지시를 받았다. 이를테면 통증을 회피하기보다는 그것에 주의를 집중하기, 고통스러운 자극을 "조직 손상을 일으키거나 무섭거나 저항할 수 없는 것"으로 지각하기보다는 중성적인 것으로 지각하기, 그리고 통증 자극을 고강도가 아니라 미약한 것으로 지각하기 등이다.

실험집단에 속한 8명의 환자들에게는 컴퓨터로 그린 불꽃을 보여주었는데, 이 불꽃의 강도는 rACC의 활동 정도를 나타내는 것이었다. 그리고 그들에게 자신이 배운 방법을 써서 불꽃의 강도를 증가시키거나 감소시키라고 지시하였다. 그러자 놀랄만한 결과가 나왔다. 실시간 fMRI 영상 피드백 훈련을 거친 실험집단의 환자들은 통증이 평균 64% 감소한 것으로 느꼈다. 그중 5명의 환자가 통증이 최소한 절반 이상 줄었다고 말했다. 게다가 환자들이 보고한 통증 감소의 정도는 rACC 활동의 감소와 의미 있는 상관관계를 나타냈다.[31]

"이건 마음과 신체 사이의 관계를 보여주고 있어요. 바로 스크린 상에서 말이죠." 드참스의 말이다. "사람들이 수천 년 동안 하고 싶었던 일을 우리가 하고 있는 거예요. 데카르트는 '나는 생각한다. 고로 존재한다.' 라고 했죠. 이제 우리는 그 과정을, 그것이 펼쳐지는 대로 보고 있는 겁니다."[32]

fMRI 영상 피드백에 기인한 학습을 다른 학습이나 속임약 효과와 구분하기 위해, 환자 통제집단에 추가로 별도의 건강인 통제집단을 여럿 포함시켰다. 이 통제집단에게는 실험집단과 유사한 절차로 훈련을 시키고 검사를 했지만 훈련 시에 유효한 fMRI 영상 피드백을 주지 않았다. 한 통제집단은 통증(뜨거운 쇠막대를 피부에 댐으로 인한)을 어떻게 조절할지에 대해 실험집단과 똑같은 지시를 받았지만 fMRI 영상 피드백은 없었다. 다른 통제집단에게는 똑같은 지시를 했지만 통증 처리와는 무관한 뇌 영역에서 나온 실시간 fMRI 정보를 보여주었다. 또 다른 집단에게는 자기의 바로 앞 순서의 사람에게서 스캔한 fMRI 정보를 보여주었다. 한편, 환자 통제집단은 fMRI 정보가 아니라 심박률과 혈압 같은 자율신경계의 바이오피드백 정보를 받았다. 그 결과, 실험집단에게서 나타난 통증 감소를 보인 통제집단은 하나도 없었다. 그리고 실험집단에서의 통증 감소는 자율신경계 피드백을 받은 환자 통제집단에게서보다 세 배 더 컸다.

"특히 흥미로운 점은, 통증 환자들이 뇌의 통증 체계를 그런 식으로 통제하는 것을 배우려면 그 체계들이 기능하는 모습을 볼 수 있어야만 한다는 것입니다. 그들은 이미 자신의 통증 수준에 대한 감각 피드백을 계속해서 받고 있고, 통증을 통제하는 것을 배우려는 강한 동기가 벌써 있으며, 또 대개 수십 년 동안 통증을 완화하기 위해 많은 방법을 시도해보고 실시하고 있는데도 불구하고 말이죠."[33] 연구자들의 말이다.

어떤 만성 통증 환자들의 뇌는 무언가 특별해서 신경영상화치료처럼 특정 뇌 체계를 표적으로 삼는 치료법이 아니면 통증이 잘 가라앉지 않는 것일까? 비슷한 손상을 당하더라도 환자에 따라 대단히 다른 결과가 생겨나는데, 매키, 드참스 및 동료들은 그것이 어떤 환자들의 통증 통제 체계는 다른 환자들보다 더 활동적이거나 더 효율적이기 때문이라고 추측하고 있다. 그런 축복을 받지 못하고 태어난 다른 사람들에게는 신경영상화치료가 대안적인 요법이 될 수 있을 것이라고 그들은 생각한다. 이 치료법은 "훈련을 통해 목표로 잡은 신경 체계의 변화를 일으킴으로써 통증 통제 체계의 기능을 향상시키기"[34]를 가르친다. 말하자면 통증 제어를 가르치는 속성 코스인 셈이다. 드참스는 "이 기법이 영구적인 변화를 가져올 거라고 생각해요. 뇌는 학습하도록 만들어진 기계이니까 말이죠."[35]라고 말한다.

관여하는 뇌 체계가 잘 밝혀져 있는 다른 만성적인 문제들, 예컨대 중독에 대해서는 이러한 방법이 어떤 효력이 있을까? 옴뉴런사는 현재 흡연자들이 자신의 뇌에 있는 갈망 회로를 억제하는 것을 학습할 수 있는지를 알아보고 있다. 통증 환자들이 통증의 지각을 억제하는 것과 꼭 마찬가지로 말이다. "우리의 희망은 중독에 대한 완전히 새로운 치료법을 개발해서 그런 환자들을 치료하는 새로운 길을 찾아내는 겁니다."라고 드참스는 말한다. "우리의 연구는 겨우 초기 단계일 뿐이에요. 하지만 중독이라는 주요 장애를 치료하는 데 순수하게 약물적인 혹은 인지적인 치료법만 사용할 게 아니라, 이 방법이 또 다른 길을 열어줄 수 있기를 희망합니다."[36]

드참스와 동료들이 만성 통증에 대한 연구를 발표했을 때부터 노라 볼코우는 실시간 fMRI의 이러한 응용 가능성에 대단히 관심이 갔다고 말한다(이 연구는 그녀가 일하는 미국 약물남용연구소로부터 재정 지원을 일부 받았다). 그녀는 "뇌를 훈련시켜서 갈망에 대한 반응을 조절할 수 있다면 얼마나 좋겠어요?"[37]라고 말한다. 이 접근법에는 뜻밖의 문제가 생겨날 가능성이 충분히 있다. 이를테면 갈망을 잠재우기 위해 뇌섬의 활동을 낮추면 다른 원치 않는 행동 변화가 생겨나지는 않을까? 뇌섬은 중독의 채워지지 않는 갈망이 자리를 잡아버린 곳일 수 있지만 사랑, 공감, 자비심 같은 긍정적인 사회적 정서들(인류의 가장 훌륭한 히트곡 모음집이라 할 수 있는)이 자리하고 있는 곳이기도 하다.

설령 신경영상화 요법이 원치 않는 부작용 없이 잘 작용한다 하더라도, 그것을 임상적으로 적용하는 데에는 다른 심각한 난점이 있을 것이다. 우선, 이 요법의 효과를 어떻게 스캐너 밖으로까지 끌고 나올 것인가? "한 가지 주의할 점은 실시간 fMRI로 한 훈련이 과연 실생활의 상황에까지 연장될 수 있는가입니다." 브룩헤이븐국립연구소의 뇌 연구자인 리타 골드스타인Rita Goldstein의 말이다. "하지만 그건 마치 운동 연습 같은 것이라서 특정 뇌 부위들이 담당하는 기능들을 강하게 만들 것이라고 예상해요."[38]

fMRI 기술을 이런 식으로 새롭게 응용하여 중독이나 만성 통증으로 고생하는 사람들에게 영구적인 효과를 낼 수 있다면, 그것은 뇌가 자기 조절하는 것을 눈으로 보는 것이 신경 기능의 변화를 일으키는 지름길이 될 수 있음을 의미한다. 이 지름길은 생명을 구하는 길이며 회복으로 가는 급행 열차표이다.

뇌 영상

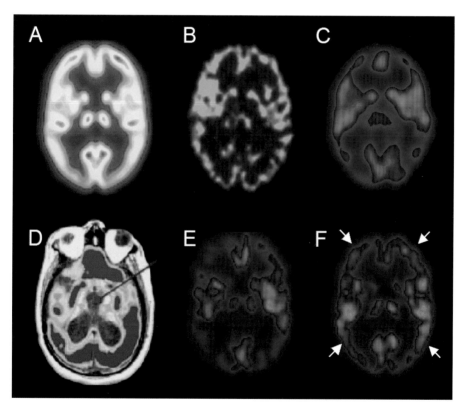

건강한 뇌 및 식물인간 뇌의 신진대사를 보여주는 PET 영상

이 영상들은 깨어서 의식이 있는 상태(A)의 포도당 대사가 전신마취(B)나 깊은 수면(C)으로 인한 변경된 의식상태 때의 두 배 정도 됨을 보여준다. 외상성 부상으로 인해 식물인간이 된 환자(D)는 정상에 가까운 전체적 뇌 대사를 보인다. 반면에 일산화탄소 중독으로 뇌가 손상된 식물인간인 환자(E)는 전체적인 대사 기능이 별로 증가하지 않아도 완전한 자각 상태(F)를 회복한다. (Steven Laureys 제공. 출처 : S. Laureys, "The Neural Correlates of (Un)awareness: Lessons from the Vegetative State," *Trends in Cognitive Sciences 9*, no. 12 (2005년 12월): 556-559, http://www.sciencedirect.com/science/journal/13646613. 판권 2005. Elsevier사의 허가하에 실음.)

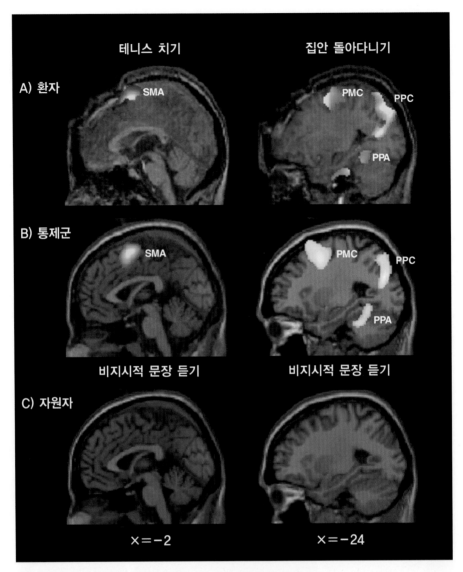

식물인간 진단이 내려진 환자가 fMRI 스캔에서 뚜렷한 뇌 활동을 보여주고 있다.

이 여성이 정신적 이미지 과제를 수행하는 동안 나타내는 신경활동은 건강한 자원자의 것과 다를 바 없다. 이 영상들은 (A) 그녀가 테니스를 치거나 집안을 돌아다니는 것을 상상하는 동안 운동 협응과 공간 돌아다니기에 관여하는 뇌 영역들에서 일어나는 활동, (B) 그와 똑같은 과제를 건강한 자원자들이 하는 동안 똑같은 뇌 영역들에서 일어나는 활동(통계적으로 차이가 없음), 그리고 (C) 건강한 자원자 한 사람이 앞서의 두 경우와 달리 "그 남자는 테니스를 쳤다." 또는 "그 남자는 집안을 돌아다녔다." 같은 비지시적인 문장을 듣는 동안 찍은 fMRI 스캔 결과를 보여준다. (Adrian Owen 제공. 출처 : A. M. Owen et al., "Response to Comments on 'Detecting Awareness in the Vegetative State,'" *Science 315* (2007년 3월 2일): 1221, http://www.sciencemag.org/cgi/content/full/315/5816/1221c. 미국 과학진흥협회(AAAS)의 허가하에 실음.)

테니스 치는 장면을 상상할 때

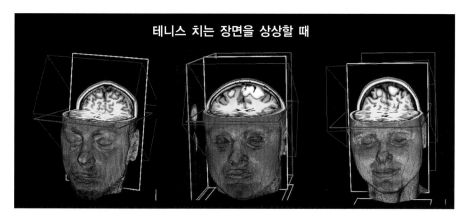

건강한 자원자 세 사람이 테니스 치는 장면을 상상하고 있다.

모든 사람이 보조운동영역에서 비슷한 활동을 나타낸다. 이 합성 영상은 3차원 해부학 구조성 MRI 자료에 fMRI 자료를 중첩시켜서 만든 것이다. (Adrian Owen 제공. 출처 : A. M. Owen et al., "Using Functional Magnetic Resonance Imaging to Detect Covert Awareness in the Vegetative State," *Archives of Neurology 64*, no. 8 (2007년 8월): 1098-1102. 판권 2007년 미국의학협회. 복제불허. 허가하에 실음.)

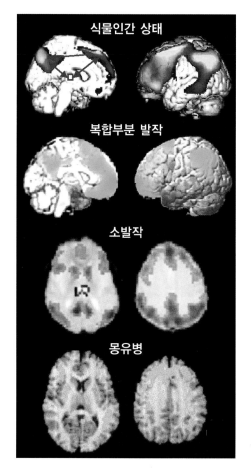

식물인간 상태 및 자각이 결여된 다른 상태들의 영상

식물인간 상태의 일반적인 특징은 이마앞 및 마루 영역을 비롯한 광범위한 신경네트워크로 가는 혈류가 감소된다는 것이다. 이와 유사하지만 일시적인 것으로는 자각은 없이 깨어 있기만 한 상태가 있는데, 이에 대한 연구도 또한 이마마루 네트워크의 혈류 감소를 보여준다. 복합 부분 발작을 보여주는 영상에서는 혈류 감소가 초록색으로 표시되어 있다. 혈류 감소가 소발작 영상에서는 파란색으로, 그리고 몽유병 영상에서는 노란색으로 표시되어 있다. (Steven Laureys 제공. 출처 : S. Laureys, "The Neural Correlates of (Un)awareness: Lessons from the Vegetative State," *Trends in Cognitive Sciences 9*, no. 12 (2005년 12월): 556-559, http://www.sciencedirect.com/science/journal/13646613. 판권 2005. Elsevier사의 허가하에 실음.)

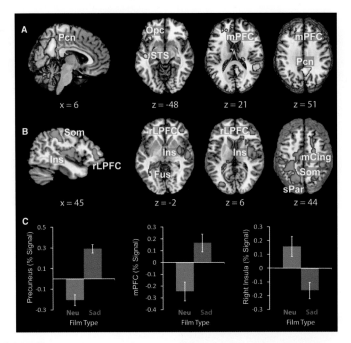

슬픔의 신경적 표현

마음챙김 기반 스트레스 감소 코스에 등록한(하지만 아직 참여하지는 않은) 사람들이 슬픈 영화 장면을 볼 때 fMRI 스캔에 나타난 뇌 활동이 증가한 영역(A)과 감소한 영역(B)을 보여준다. (C)의 그래프는 사람들이 중성적이거나 슬픈 영화 장면을 볼 때 세 군데 뇌 영역들의 활동을 비교하여 보여준다. (Norman Farb와 Adam Anderson 제공. 출처 : N. A. S. Farb et al., "Minding One's Emotions: Mindfulness Training Alters the Neural Expression of Sadness," *Emotion 10*, no. 1; 25-33. 판권 2010. 미국심리학회. 허가하에 실음.)

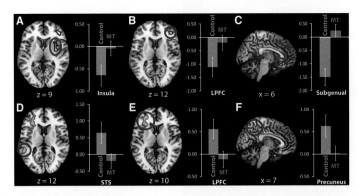

슬픔에 대처하는 서로 다른 정신적 방식

마음챙김 기반 스트레스 감소 코스에 참여할 예정인 사람들('통제' 집단)과 그 코스를 이미 끝낸 사람들('마음챙김 훈련', 즉 'MT' 집단)이 슬픈 영화 장면에 대해 나타내는 뇌 영역별 활성화 및 비활성화의 차이를 보여준다. 위쪽 그림들은 fMRI 스캔상으로 통제 집단에서는 슬픔 관련 활성감소가 일어나는 데 비해 MT 집단에서는 유의미한 변화가 없음을 보여준다. 반면에 아래쪽 그림들은 통제 집단에서는 슬픔 관련 활성화가 일어나는 데 비해 MT 집단에서는 역시 유의미한 변화가 없음을 보여준다. (Norman Farb와 Adam Anderson 제공. 출처 : N. A. S. Farb et al., "Minding One's Emotions: Mindfulness Training Alters the Neural Expression of Sadness," *Emotion 10*, no. 1; 25-33. 판권 2010. 미국심리학회. 허가하에 실음.)

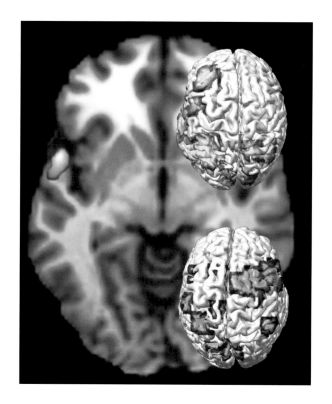

감정 뇌

이 그림은 많은 수의 자원자에게서 긍정적 감정이나 부정적 감정과 상관관계가 발견된 뇌 영역을 보여준다. 위쪽 그림의 주황색 계열 부위는 포도당 대사와 긍정적 감정 사이의 상관관계를 나타내는 반면, 아래쪽 그림의 파란색 계열 부위는 부정적 감정과 상관되는 영역을 보여준다. (Richard Davidson과 Terry Oakes 제공)

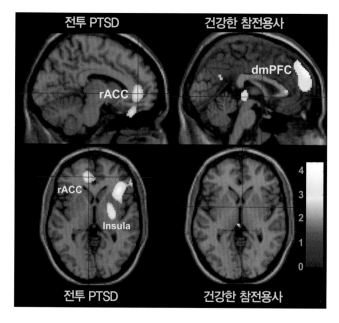

전투 PTSD의 영상

이 PET 영상은 건강한 참전용사와 전투 PTSD가 있는 참전용사가 외상적 경험을 상기시키는 자극에 대해 나타내는 신경활동의 차이를 보여준다. PTSD가 있는 참전용사의 경우, 스트레스 호르몬 반응이 통증과 부정적 감정의 경험에 관여하는 신경회로의 활동 증가와 상관을 보인다. 반면에 PTSD가 없는 참전용사의 경우에는 정서 조절에 핵심적인 신경회로에서 반응이 일어난다. (Anthony King 제공)

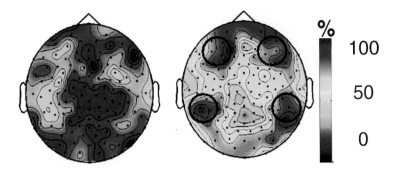

정신적 훈련 후 감마 활동의 상승

이 EEG 그림은 명상 중에 일어나는 감마 활동의 두피 분포를 보여준다. 색깔 척도는 정신적 훈련 동안 각 집단에서 감마 활동의 증가를 보인 사람의 비율을 나타낸다(통제 집단이 왼쪽에, 장기 명상수련자 집단이 오른쪽에 있다.) 감마 활동은 신경 공시성(국소적 신경 과정들이 고차 인지적 및 정서적 기능으로 통합되는 것)의 한 지표로 생각된다. 장기 명상수련자의 경우, 감마 활동의 상대적 비율은 수련에 들인 총 시간(몇 만 시간에 달하는)과 상관이 있었다. (Richard Davidson 제공. 출처 : A. Lutz et al., "Long-Term Meditators Self Induce High-Amplitude Gamma Synchrony During Mental Practice," *PNAS 101*, no. 46 (2004년 11월 16일): 16369-16373. 판권 2004. 미국국립과학원. 허가하에 실음.)

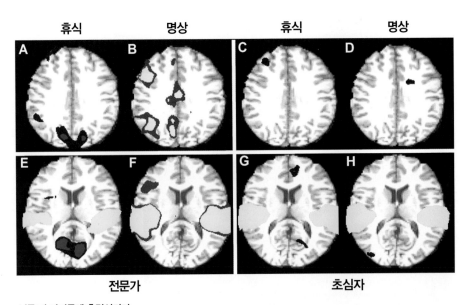

뇌를 더 자비롭게 훈련시키기

이 fMRI 영상은 정서를 유발하는 소리에 대한 명상 전문가와 초심자의 신경 반응 차이를 보여준다. 두 집단은 스캐너 속에서 감정이입을 일으키도록 만들어진 소리(신음하는 여성의 목소리 같은)를 들었는데, 한 번은 자비 명상을 하는 중이었고 다른 때는 쉬고 있는 중이었다. 두 집단 모두 휴식 중보다 명상 중에 공감 관련 뇌 회로에서 더 많은 활성화를 나타냈다. 승려인 명상 전문가들은 초심자들보다 이 회로의 활성화가 훨씬 더 컸다. 채색된 영역은 모든 정서적 소리에 대한 10초 동안의 즉각적 활성감소(파랑) 또는 활성증가(주황/노랑) 반응을 나타낸다. (Richard Davidson 제공. 출처 : A. Lutz et al., "Regulation of the Neural Circuitry of Emotion by Compassion Meditation," *PLoS ONE 3*, no. 3 (2008년 3월 26일): e1897. 저작물사용 허가표시 하에 실음.)

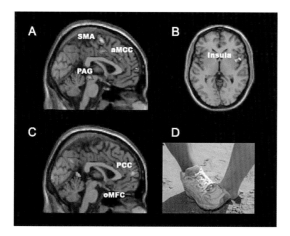

자연적 공감

어린이가 타인이 고통스러워하는 것(사고로 인해서든 의도적으로 유발되었든 간에)을 보면 통증을 직접 경험하는 데 관여하는 뇌 영역에서 혈류가 증가한다(A와 B). 어린이가 누군가가 다른 사람을 의도적으로 해하는 것(D에서처럼)을 보면 사회적 상호작용과 타인의 의도를 나타내는 데 관련된 영역도 또한 활성화된다(C). (Jean Decety 제공. 출처 : J. Decety et al., "Who Caused the Pain? An fMRI Investigation of Empathy and Intentionality in Children," *Neuropsychologia 46* (2008): 2607-2614. http://www.sciencedirect.com/science/journal/00283932. 판권 2008, Elsevier사의 허가하에 실음.)

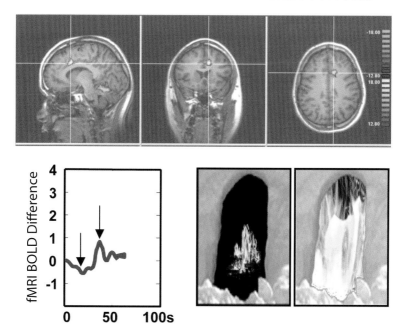

통증 지각 및 조절에 대한 통제의 학습

이 fMRI 영상은 통증 지각 및 조절에 핵심적인 것으로 생각되는 뇌의 한 목표 영역(rACC)의 활동을 통제하기를 학습한 일군의 만성 통증 환자를 보여준다. 이 환자들은 그 뇌 영역에서 나오는 fMRI 피드백 신호가 실시간으로 그래프상에 그려지는 모습(아래 왼쪽)과 그 fMRI 신호의 강도에 따라 크거나 작은 가상 불꽃이 타고 있는 동영상(아래 중간과 오른쪽)을 봄으로써 그 뇌 영역의 활동을 통제하는 것을 학습했다. (여기 제시된 불꽃 영상 표본 두 개는 fMRI 신호 그래프상의 두 화살표에 대응된다.) 뇌 스캔 사진의 채색된 부분은 rACC 영역의 활성화 변화(첫 번째 훈련 회기에 대비한 마지막 훈련 회기의)를 나타낸다. (Christopher deCharms 제공. 출처 : R. C. deCharms et al., "Control over Brain Activation and Pain Learned by Using Real-Time Functional MRI," *PNAS 102*, no. 51 (2005년 12월 20일): 18626-18631. 판권 2005 미국국립과학원. 허가하에 실음.)

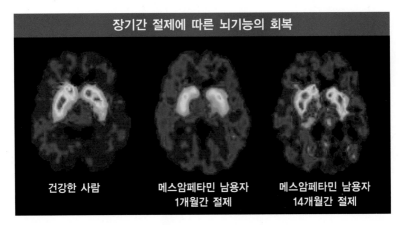

약물남용을 오랫동안 자제한 후의 뇌 기능 회복

이 PET 영상은 뇌가 약물(이 경우, 심신을 좀먹는 대단히 중독성 높은 약물인 메스암페타민, 즉 히로뽕)로부터 적어도 부분적으로는 치유되는 놀라운 능력을 보여준다. 빨간색 부위는 14개월간 약물을 끊은 후 도파민 수용체의 회복을 보여준다. (Nora Volkow 제공. 출처 : N. D. Volkow et al., "Loss of Dopamine Transporters in methamphetamine Abusers Recovers with Protracted Abstinence," *Journal of Neuroscience 21*, no. 23 (2001년 12월 1일): 9414-9418. 판권 2001 미국신경과학회. 허가하에 실음)

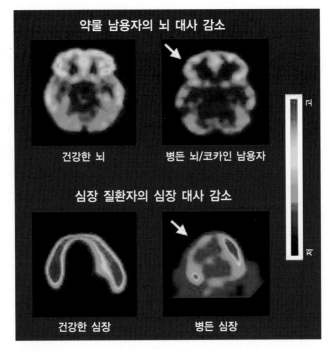

약물중독은 뇌 질환이다.

약물중독과 심장 질환에서 뇌와 심장의 신진대사를 나타내는 이 영상은 약물중독이 신체 기관의 정상적이고 건강한 기능을 방해하는 다른 질환과 마찬가지임을 보여준다. (Nora Volkow 제공. 출처 : the National Institute on Drug Abuse, *Drugs, Brains, and Behavior: The Science of Addiction*, NIH Pub. No. 07-5605 (2007). 허가하에 실음.)

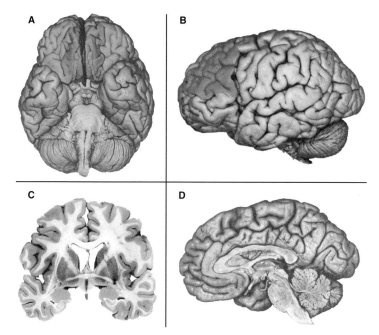

가장 강력한 감정을 조절하기

이 그림은 정서 조절에 핵심적인 여러 뇌 영역을 보여주는데 A는 눈확이마앞겉질(초록색)과 배안쪽 이마앞겉질(빨간색), B는 등가쪽 이마앞겉질, C는 편도체, D는 앞쪽 띠겉질이다. 이 구조들(또는 그들 사이의 연결)의 이상은 정서 조절 기능의 장애, 그리고 비정상적으로 높은 공격성 및 폭력 경향성과 연관된다. (Richard Davidson 제공. 출처 : R. J. Davidson et al., "Dysfunction in the Neural Circuitry of Emotion Regulation–A Possible Prelude to Violence," *Science 289* (2000년 7월 28일): 591-594, http://www.sciencemag.org/cgi/content/abstract/sci:289/5479/591. 미국과학진흥협회(AAAS)의 허가하에 실음.)

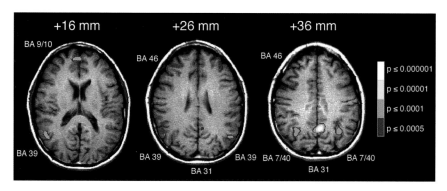

도덕 판단은 사적인 경우에 달라진다.

뇌의 신경축에 수직인 이 세 단면의 영상은 '아주 가깝고 사적인' 것으로 느껴지는 도덕적 딜레마로 고민하는 사람들과 비도덕적 딜레마나 사적인 것으로 느껴지지 않는 도덕적 딜레마에 대해 숙고하는 사람들 사이에 신경활동의 차이가 있음을 보여준다. 사적으로 느껴지는 딜레마에서는 감정 관련 영역이 더 활동하는 반면, 도덕적–비개인적 딜레마와 비도덕적 딜레마에서는 작업기억 관련 영역이 활동한다. (Joshua Greene 제공. 출처 : J. D. Greene et al., "An fMRI Investigation of Emotional Engagement in Moral Judgment," *Science 293* (2001년 9월 14일): 2105-2108, http://www.sciencemag.org/cgi/content/abstract/293/5537/2105. 미국과학진흥협회(AAAS)의 허가하에 실음.)

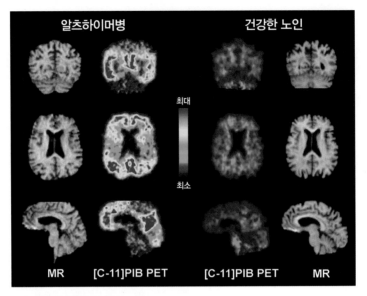

알츠하이머병의 새로운 진단 도구

맨 왼쪽 그림들은 알츠하이머병 환자 한 사람의 뇌를 정면에서 보거나(위) 머리 위에서 내려다보거나(중간) 옆에서 볼 때(아래)의 MRI 스캔 영상이다. 맨 오른쪽 그림들은 기억장애가 없는 건강한 노인 한 사람의 뇌를 비슷한 각도에서 본 MRI 영상이다. MRI 영상 옆에 있는 그림들은 아밀로이드 반점을 보여주는 피츠버그 물질 B(PiB)라는 표식물을 사용하여 얻은, 동일한 단면의 PET 스캔 영상이다. 빨강, 주황 및 노랑 부위는 이 환자에게서 반점이 심하게 형성된 곳을 보여준다(빨강이 가장 높은 수준을 나타낸다). 살아 있는 환자의 반점 형성과 그 환자의 사망 후 부검 결과를 연관시켜 볼 때 발견될 새로운 사실은 궁극적으로 알츠하이머병의 조기 진단, 모니터링 및 치료에 도움이 될 것이다. 지금까지는 알츠하이머병은 부검을 통해서만 확실하게 진단할 수 있었다. (William Klunk와 피츠버그대학교 PET 아밀로이드 영상화그룹 제공.)

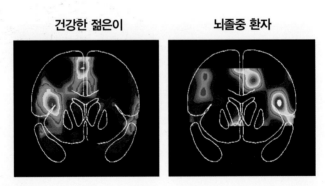

뇌졸중 후의 회복

72세 남성이 뇌졸중을 당하여 왼쪽 이마엽 일부가 손상되었다. 놀랍게도 그는 많은 언어 및 발화 과제를 수행할 수 있었는데, 건강한 젊은이(왼쪽 그림)의 경우 이 남성에게서 손상된 왼쪽 이마엽 부위가 그런 과제에 관여한다. 그의 훼손되지 않은 능력을 보고 연구자들은 그가 손상을 보상하기 위해 다른 뇌 영역을 사용하고 있을지도 모른다고 추측했다. 이를 검증하기 위해 양전자방출 단층촬영법(PET)을 사용하여 그의 뇌를 촬영했다. 언어 생성 과제가 이제는 왼쪽이 아니라 오른쪽 이마겉질(오른쪽 그림)을 활성화시킨다는 것이 밝혀졌다. (Randy Buckner 제공. 출처 : R. L. Buckner et al., "Preserved Speech Abilities and Compensation Following Prefrontal Damage," *PNAS 93* (1996년 2월): 1249-1253. 판권 1996 미국국립과학원. 허가하에 실음.)

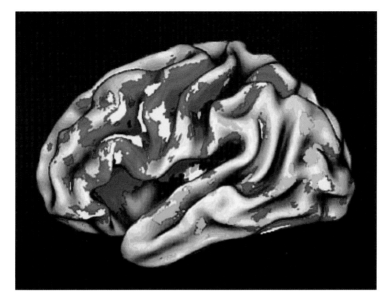

알츠하이머병에 걸려도 어떤 종류의 기억은 손상되지 않는다.

알츠하이머병을 안고 살아가는 사람들에 대한 이 fMRI 연구는 단어분류과제에 사용되는 이마겉질 부위(빨간색)의 활동이 연습을 함에 따라 줄어든다(노란색)는 것을 보여준다. 이마엽 부위는 고차 인지 및 계획 세우기에 관여하는데, 이 부위의 활동이 학습에 따라 달라진다는 발견은 복잡한 인지능력에 영향을 주는 어떤 기억 기능은 알츠하이머병에서 손상되지 않는다는 것을 시사한다. (Randy Buckner 제공.)

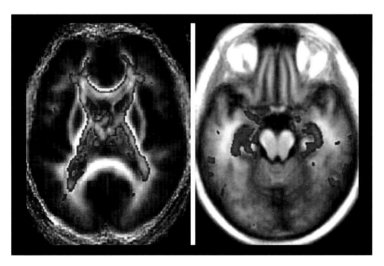

알츠하이머병은 정상적인 노화 관련 뇌 변화와 다르다.

여러 가지 MRI 기법이 이마엽 부위에서 일어나는 정상적 노화를 보여주며, 알츠하이머병에서 두드러진 해마의 변화도 보여준다. 채색된 영역은 정상 노화(왼쪽 영상)와 알츠하이머병(오른쪽 영상)에서 변화가 일어나는 부위를 보여준다. (Randy Buckner 제공. 출처 : R. L. Buckner, "Memory and Executive Function in Aging and AD: Multiple Factors that Cause Decline and Reserve Factors that Compensate," *Neuron 44* (2004년 9월 30일): 195-208, http://www.sciencedirect.com/science/journal/08966273. 판권 2004 Cell Press. Elsevier 사의 허가하에 실음.)

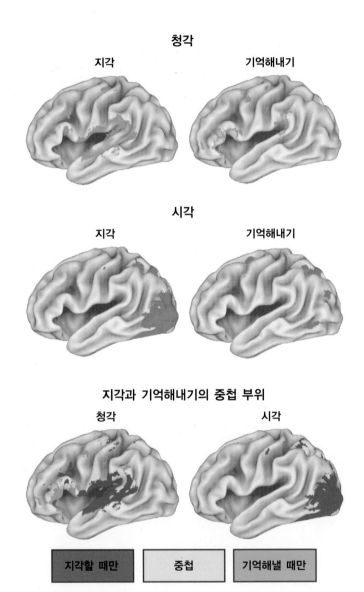

기억해내기가 다시 경험하기처럼 느껴지는 이유

지각과 기억에 대한 이 fMRI 연구는 감각겉질 영역이 생성한 소리(맨 위)와 장면(중간)의 회상 시에 재활성화된다는 것을 보여준다. 맨 아래 그림에서 노란색 부위는 생생한 감각입력의 지각과 기억 시에 뇌 활동이 겹치는 곳을 보여준다. (Mark E. Wheeler 제공)

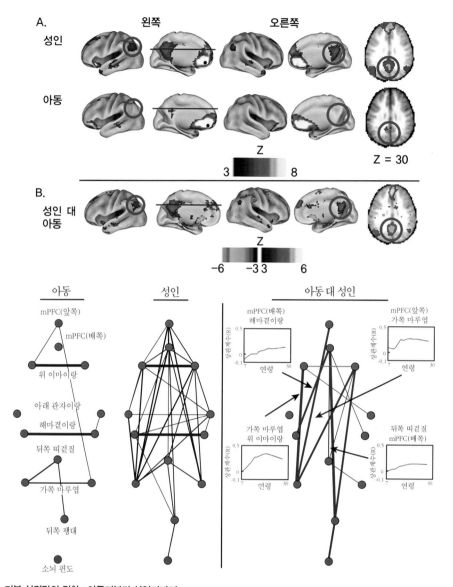

기본 신경망의 진화 : 아동기부터 성인기까지

이 그림들은 뇌 속의 기능적 연결 지도 세 가지를 비교하여 보여준다. 즉, 아동의 지도, 성인의 지도, 그리고 기본(또는 '암흑') 신경망의 중심 요소인 배안쪽 이마앞겉질(그림 A에서 검은 점으로 표시된 부분)과 이 신경망의 다른 영역들 사이의 연결을 아동과 성인에게서 직접 비교하는 지도가 그것이다. 기본 신경망은 자서전적 자기 감각에, 그리고 자극 독립적이고 목표 지향적이지 않은 사고에 핵심적인 것으로 생각된다. 기본 신경망의 다른 영역들(파란 원으로 표시된 부분)과의 기능적 연결이 성인에게서는 존재하지만 아동에게서는 사실상 없는 것과 마찬가지이다. 기능적 연결성 자료를 나타내는 맨 아래 그림은 기본 신경망 영역들이 아동에게서는 드문드문 연결되어 있을 뿐이지만 성인에게서는 고도로 통합되어 있음을 보여준다(선의 굵기가 연결 강도에 비례한다). '아동 대 성인' 비교에서 파란 선은 아동에 비해 성인에게서 유의미하게 강한 연결을 나타낸다. (Damien Fair 제공. 출처 : D. A. Fair et al., "The Maturing Architecture of the Brain's Default Network," *PNAS 105*, no. 10 (2008년 3월 11일): 4028-4032. 판권 2008 미국국립과학원. 허가하에 실음.)

초심자 집단

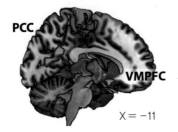

PCC

VMPFC

X = −11

서사적 > 경험적

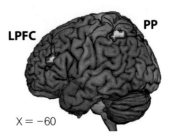

LPFC

PP

X = −60

경험적 > 서사적

MT 집단

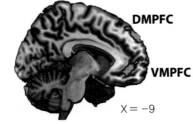

DMPFC

VMPFC

X = −9

서사적 > 경험적

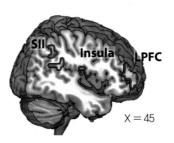

SII

Insula

LPFC

X = 45

경험적 > 서사적

마음챙김 훈련은 긴 시간에 걸쳐 존재하는 자기라는 감각으로부터 특정 순간의 자기에 대한 자각을 풀어놓아 준다.
연구 참가자들은 마음챙김 훈련을 8주간 받은 후 경험적 자기초점 동안 오른쪽 뇌섬(신체 감각에 대한 자각과 깊이 연관된 영역)에서 훨씬 더 큰 활성화를 나타낸 반면, 비훈련집단에서 나타나는 안쪽 이마앞겉질(mPFC)과 오른쪽 뇌섬 사이의 강한 연관성은 사라졌다. 이런 발견이 시사하는 바는 현재 중심적 자각 훈련이 서사적 자기(mPFC의 활동에 기반을 둔)라는 렌즈를 통한 감각정보처리로부터 빠져나오기를 도와주며, 습관적으로 통합되어 있는 두 가지 다른 형태의 자기참조가 정신적 훈련을 통해 분리될 수 있다는 것이다. 서사적 자기참조와 연관된 뇌 영역은 파란색으로, 경험적 자기초점과 연관된 영역은 노란색/빨간색으로 표시되어 있다. (Norman Farb 제공)

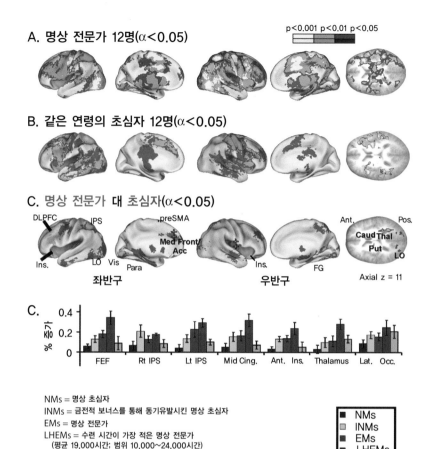

A. 명상 전문가 12명(α<0.05)

p<0.001 p<0.01 p<0.05

B. 같은 연령의 초심자 12명(α<0.05)

C. 명상 전문가 대 초심자(α<0.05)

DLPFC · IPS · preSMA · Med Front · Acc · Ins. · LO · Vis · Para · Ins. · FG · Ant. · Pos. · Caud Thal · Put · LO

좌반구   우반구   Axial z = 11

C.

% 증가

0.4
0.2
0

FEF · Rt IPS · Lt IPS · Mid Cing. · Ant. Ins. · Thalamus · Lat. Occ.

NMs = 명상 초심자
INMs = 금전적 보너스를 통해 동기유발시킨 명상 초심자
EMs = 명상 전문가
LHEMs = 수련 시간이 가장 적은 명상 전문가
　(평균 19,000시간; 범위 10,000~24,000시간)
MHEMs = 수련 시간이 가장 많은 명상 전문가
　(평균 44,000시간; 범위 37,000~52,000시간)

■ NMs
□ INMs
■ EMs
■ LHEMs
□ MHEMs

주의집중과 정서 조절의 전문가

이 fMRI 영상들은 평균 19,000시간을 수련한 명상 전문가들은 주의 지속과 연관된 뇌 부위의 활동이 높아지는 반면, 평균 44,000시간을 수련한 명상 전문가들은 그 부위의 활동이 낮아진다는 것을 보여준다. 이는 오랜 수행을 하면 결국 더 적은 노력으로도 일정한 수준에 도달할 수 있음을 시사한다. 소리 때문에 방해받을 경우 명상 전문가들은 산만한 생각, 백일몽 및 감정과 연관된 부위에서 활성화를 덜 나타냈다. 이 영상들은 (A) 12명의 명상 전문가들에게서 휴식 상태에 비교한 집중 명상 시의 뇌 활성화, (B) 명상 전문가들과 동일한 나이의 명상 초심자 12명에게서 휴식 상태에 비교한 집중 명상 시의 뇌 활성화, (C) 명상 전문가와 초심자의 비교(빨간색 계통의 색은 초심자에 비해 전문가에서 활성화가 더 큰 부위를, 파란색은 전문가에 비해 초심자에게서 활성화가 더 큰 부위를 나타냄), 그리고 (D) 주의집중에 관련된 영역의 활성화를 보여준다. (Richard Davidson 제공. 출처 : J. A. brefczynski-Lewis et al., "Neural correlates of Attentional Expertise in Long-Term Meditation Practitioners," *PNAS 104*, no. 27 (2007년 7월 3일): 11483-11488. 판권 2007 미국국립과학원. 허가하에 실음.)

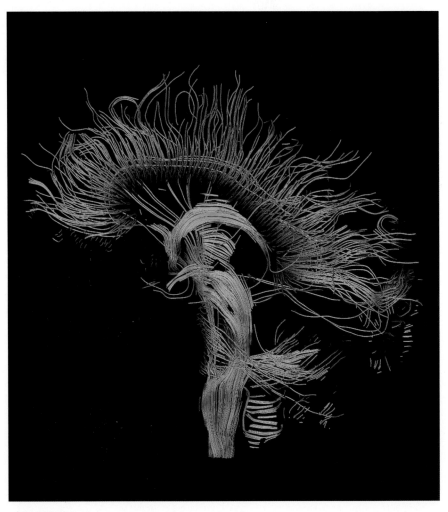

뇌 속의 연결선

확산 MRI 기법은 백색질의 주된 구성요소인 길고 가느다란 신경섬유(축삭)를 따라 물이 확산되는 방향을 토대로 영상을 만들어냄으로써 뇌 속의 '회로 배선', 즉 연결을 시각적으로 보여준다. (이 영상은 2006년 9월 22일 Thomas Schultz가 제작함. 자료는 유타대학교의 과학 전산 및 영상화 연구소의 Gordon Kindlmann과 위스콘신대학교 매디슨 캠퍼스의 기능적 뇌 영상화와 행동을 위한 W. M. Keck 연구소의 Andrew Alexander가 제공함. 출처 : http://en.wikipedia.org/wiki/File:DTI-saggital-fibers.jpg. 저작물사용 허가표시하에 실음.)

제 2 부

마음의 풍경

05 뇌의 도덕성 회로 **06** 기억의 형성과 파괴
07 '나' 는 어디에 있을까? 자신, 타인, 그리고 자신도 타인도 아님에 대한 경험

05 뇌의 도덕성 회로

적군 병사들이 당신의 마을을 점령하여 공포에 떨게 하고 있다. 지금 그들은 살아 있는 사람은 모두 보는 즉시 사살하라는 명령에 따라 사람들을 죽이고 있다. 당신과 가족들은 여러 이웃과 함께 어느 버려진 집의 지하실에 숨어 있다. 바깥에서 적군 병사들이 그 집을 습격해서 귀중품을 약탈할지에 대해 이야기하는 소리가 들린다.

그런데 당신의 아기가 울기 시작한다. 당신이 그 소리를 막으려고 아기의 입을 막는다. 아기가 숨을 쉴 수 있도록 손을 떼면 적군이 아기의 우는 소리를 듣고 집 안으로 들어와서 모든 사람을 죽일 것이다. 아기도 함께 말이다. 당신 자신과 다른 사람들을 살리는 유일한 길은 아기를 질식시키는 것이다.

당신은 다른 모든 사람을 살리기 위해 자신의 아기를 죽이겠는가?

이제 다른 가상적인 딜레마를 생각해보자. 운 나쁘게도 당신이 운전하는 전차가 폭주를 하고 있는데, 앞에 철로 분기점이 빠르게 다가오고 있다. 주변을 살펴보니 분기점에서 왼쪽으로 갈라지는 철로에는 다섯 명의 인부들이 전차가 자기들을 향해 돌진해오고 있는 줄은 까맣게 모른 채 작업을 하고 있다. 오른쪽으로 갈라지는 철로에는 한 명의 인부가 역시 곧 닥칠지도 모를 자신의 운명을 전혀 모른 채 일하고 있다.

당신이 아무 것도 하지 않으면 전차는 왼쪽 철로로 가서 다섯 명이 죽게 된다. 그들의 죽음을 막을 수 있는 유일한 방법은 계기반에 있는 스위치를 눌러서 전차의 진행 방향을 바꾸어 인부 한 사람을 죽게 만드는 것이다.

당신은 네 사람이 더 죽는 것을 막기 위해 스위치를 누르겠는가?

뇌가 '정상'인 사람들은 대부분 첫째 딜레마에는 '아니요'라고, 둘째 딜레마에는 '예'라고 답한다. 사실상 두 시나리오 모두 똑같이 한 사람을 죽게 만드는 것과 여러 명이 죽게 내버려 두는 것 사이의 선택임에도 불구하고 말이다. 반면에 뇌의 한 특정 부위(배안쪽 이마앞겉질(VMPFC ventromedial prefrontal cortex)이 손상된 사람은 두 가지 모두에 '예'라고 답할 가능성이 훨씬 더 높다.[1] 왜 그럴까? 이런 종류의 손상을 입은 사람들의 뇌에서는 무슨 일이 일어나기에 아기를 죽이겠다는 그런 비전형적인 결정을 내리게 되는 걸까? 그리고 이와 똑같이 도발적인 질문으로, '정상적인' 뇌가 왜 어떤 경우에는 여러 명을 살리기 위해 한 사람을 죽이는 것이 옳은 일이라고 생각하고 다른 경우에는 그렇게 생각하지 않을까?

스캐너 안에서 예상치 못한 일이 조용하게 일어나고 있다. 우리가 어떤 식으로 도덕 판단을 하는가에 대한 상식적인 이해가 빗나가고 있기 때문이다. 우리는 대부분 우리가 옳고 그름의 차이를 알고 있다고, 즉 우리의 합리적인 정신이 그 차이를 분명히 보고 그에 비추어 적절한 행동을 할 능력이 있다고 가정하고 살아간다. 어떤 여자가 남편을 죽인 행위가 사전에 계획된 것이거나 '냉혈 같은' 짓이었다고 생각되면 우리는 그녀를 더 혹독하게 심판한다. 하지만 그녀가 순간적으로 '꼭지가 돌아서' 남편을 죽인 것이라면 우리는 관대해지기 마련이다. 왜냐하면 그녀가 원초적인 감정에 의해 살인을 했음을, 즉 그녀가 '제정신'이 아니었음을 알기 때문이다. 정신질환이 있거나 잠시 미치광이가 되지 않는 한, 사람은 강력한 감정에 '흔들리지 않고' 이성적으로 도덕 판단을 내릴 수 있다고 우리는 가정한다. 그러나 도덕적 딜레마를 갖고 고민하는 동안 찍은 뇌영상을 보면, 뇌에서 도덕 판단이 어떻게 이루어지는가를 과학적으로 잘못 알고 있음을 쉽사리 깨닫게 된다. 도덕 판단이 전혀 '합리적'이지 않음이 드러났기 때문이다. 적어도 합리적이라는 단어의 상식적인 의미가, 감정과는 별개의 능력인 지성이 일군의 균일하고 논리적인 규칙들을 도덕 판단에 적용하는 능력이라고 볼 때는 말이다.

도덕성, 죄, 처벌에 관한 얽히고설킨 질문들이 뇌과학자들에게는 풍부한 연구거리가 된다. 그중 한두 가지로는, 폭력범의 뇌 스캔 사진이 '정상인'의 것과 어떻게 다른지, 또 행동 연속선의 반대쪽으로 눈을 돌려보면, '정상적인' 뇌에 이타주의와 협동을 위한 회로가 있는지를 알아내는 실험을 할 수 있다. 10대 청소년의 뇌는 성인의 뇌와는 다른 방식으로 도덕 판단을 내릴까? 노인의 뇌와 더 젊은 성인의 뇌도 그런 면에서 다를까? 홍수처럼 쏟아지는 이런 새로운 신경학적 정보가 현재의 형사처분체계에 대해 어떤 의미를 갖는 것일까? 우리가 '자아'란 것을 우리의 행동과 그에 대한 동기를 가지고 정의하고 판단한다고 할 때, 겉으론 단단해 보이는 자아의 구조가 우리 눈앞에서 허물어지고 있다.

가까이에서 사적으로 들여다본 선과 악

1992년 광고회사 이사였던 65세의 남성 허버트 와인스타인Herbert Weinstein은 아내를 목 졸라 죽인 뒤 창밖으로 내던져버렸다는 혐의로 재판을 받고 있었다. 판사는 그의 뇌의 거미막(또는 지주막, 뇌와 척수를 둘러싸고 있는 거미줄 같은 얇은 막)에 비정상적인 물혹이 있음을 보여주는 뇌영상을 증거로 인정했는데, 그러자 검찰은 와인스타인과 타협을 했다. 판사는 변호인들에게 거미막 물혹이 어떤 형태의 공격성과도 관련된다는 이야기를 배심원들에게 할 수 없음을 분명히 했다. 그럼에도 불구하고 배심원 선정일 아침에 검찰은 와인스타인이 유죄를 인정하는 대신 그를 살인이 아닌 과실치사로 낮추어 기

소하기로 했다. 배심원이 그의 뇌영상을 보고 어떤 반응을 보일지 염려해서 그랬던 것으로 보인다.[2]

와인스타인 사건에 대한 재판 이래로 신경과학적 증거가 형사 사건에서, 특히 선고 단계에서 점점 더 중요한 역할을 하게 되었다. 그리고 신경심리학 전문가들 중에는, 우리의 도덕 판단 행동에 관한 새로운 신경영상화 연구가 미국의 법률체계를 철저히 점검할 필요성을 제기한다고 주장하는 이들도 생겨났다. "새로운 신경과학이 법을 바꿀 겁니다." 각각 하버드대학교와 프린스턴대학교의 심리학자인 조수아 그린Joshua Greene과 조나단 코헨Jonathan Cohen의 말이다. "현재의 가정들을 뒤엎음으로써가 아니라 자유의지와 책임에 대한 사람들의 도덕적 직관을 변화시킴으로써 말이죠. 우리는 법이 응징을 목적으로 하는 처벌에서 벗어나 형법에 대한 더욱 진보적이고 결과론적인 접근을 하는 쪽으로 변하리라고 예견하며 또 그게 좋다고 생각해요."[3] 스캐너에서부터 어떤 영상이 나오기에 그린과 코헨이 이런 이야기를 하는 걸까? 인간이라는 꼭두각시를 매달아서 움직이고 있는 '끈(그리고 그 끈을 당겼다가 놓았다가 하는 손)'을 보여주는 '생생하고 새로운 그림들'이 어떤 것이기에 응징적인 법률 체계에 반대하는 이들의 주장을 지지해준다는 걸까?

2001년 9월 그린, 코헨 및 동료들은 이 분야의 돌파구를 마련한 연구를 발표했다. 이 연구에서는 대학생들에게 60개의 현실적인 딜레마를 제시하면서 fMRI로 그들의 뇌를 스캔했다. 이 딜레마들은 세 가지 상이한 범주에서 나온 문제들이었다. 첫째는 '도덕과 무관한'

딜레마로서, 예컨대 정해진 시간 안에 버스와 기차 중 어느 것을 타고 여행을 할 것인지 같은 것이었다. 그 다음은 '도덕적-비개인적' 딜레마로서, 앞서 나온 전차 문제 또는 주운 지갑에서 돈을 꺼내어 가질지 말지 같은 것이었다. 마지막으로 좀 더 가깝고 개인적이라고 할 수 있는 '도덕적-개인적' 딜레마가 있었다. 연구자들은 이 범주의 딜레마가 다른 두 가지보다 뇌의 감정 회로를 더 많이 작동시킬 것으로 예상했다.

도덕적-개인적 딜레마의 하나로 고전적인 육교 딜레마가 있다. 이것은 우리의 도덕적 직관이 어떻게 갈등 상황에 종종 놓이게 되는지를 파헤치기 위해, 1990년대부터 도덕 철학 강의에서 전차 문제와 비교되어 온 시나리오이다.[4] 폭주하고 있는 전차를 다시 한 번 상상하되, 이번에는 당신이 승객이 아니라 철로 위를 가로지르는 육교 위에 서 있는 관찰자라고 하자. 다섯 명의 인부가 있는 쪽으로 전차가 달려가고 있는 게 보이는데, 이번에도 그들은 그런 사실을 전혀 모르고 있는 듯하다. 당신 옆에는 낯선 사람이 서있는데, 그는 엄청나게 덩치가 커서 그의 체중이라면 달려오고 있는 전차를 멈출 수 있을 것임이 분명하다. 당신이 그를 밀어서 철로로 떨어뜨려야 할까? 그러면 그는 죽을 게 확실하지만 대신에 다섯 명의 인부를 구할 수 있다. 전차 딜레마와 육교 딜레마는 둘 다 똑같이 여러 명의 목숨을 위해 한 사람을 희생시킬 것인가에 관한 것이지만, 대부분의 사람들은 육교 딜레마에 대해서는 그렇게 못한다고 답한다.

그린과 동료들은 묻는다. "이 두 경우를 구분해주는 만족스러운 논리적 근거를 찾기는 대단히 힘들죠. 그럼에도 불구하고, 거의 모든 사람들이 전차 딜레마에서는 결국 다섯 명을 살리기 위해 한 명을 희생해도 된다는 결론에 도달하면서도 육교 딜레마에서는 그러지 않는 이유가 무엇일까요?" 연구자들은 '심리학적 관점에서, 전차 딜레마와 육교 딜레마 사이의 결정적인 차이는 후자에는 전자와는 다른 방식으로 사람들의 감정이 관여하게 된다는 것'이라는 가설을 세웠다.[5]

이 이론을 검증하기 위해 대학생들이 그 세 가지 다른 유형의 문제들과 씨름하는 동안 일어나는 감정 관련 뇌 영역과 작업기억 관련 뇌 영역의 활동을 비교하였다. 과거의 뇌영상화 연구에 따르면, 비교적 '비감정적'이라고 느껴지는 인지적 '작업'을 할 때에 비해 우리가 감정을 처리할 때는 작업기억을 담당하는 영역들이 조용해진다.

fMRI 스캐너는 그들의 가설을 지지해주는 극적인 증거를 내놓았다. 도덕적-개인적 딜레마에서는 감정 관련 뇌 영역들이 주로 활동한 반면, 작업기억 관련 영역들은 도덕적-비개인적 딜레마와 도덕과 무관한 딜레마에서 강한 활동을 보였던 것이다. 각 경우에 활성화된 뇌 체계를 보면, 학생들은 도덕적-비개인적 딜레마를 도덕적-개인적 딜레마보다는 도덕과 무관한 딜레마와 더 비슷하게 처리하고 있었다. 다시 말하면, 그들의 뇌는 전차 문제(한 사람을 죽게 하여 여러 사람을 살릴 것인가)를 마치 육교 위의 낯선 사람 문제(역시, 한 사람을 죽게 하여 여러 사람을 살릴 것인가)보다는 슈퍼마켓에서 두 쿠폰 중 하나를 고르는 문제와 더 비슷하게 취급하였다.

그린과 코헨은 이 연구가 서술적인 것이지 규범적인 것은 아님을 강조한다. 어떤 특정 행위나 특정 유형의 판단이 옳거나 그름을 입증하려는 게 아니었다는 말이다. 하지만 그들의 연구 결과가 도덕에 대한 우리의 생각에 갖는 의미는 개인의 정체감이라는 것에까지 영향을 미칠 정도로 심오한 것이다. 그린의 말에 따르면, 정상적인 뇌에서 도덕 판단은 "한 가지로 이루어진 게 아닙니다. 처음엔 직관적인 정서 반응들이 일어나고 이어서 인지 반응들이 일어나서 두 가지가 끝까지 겨루는 거죠."[6]

반면에 VMPFC 손상을 입은 사람들의 경우에는 이성적인 공리주의적 계산(최대 다수의 최대 행복)이 감정의 '방해'를 받지 않고 주도권을 잡고 있음이 분명하다.[7] VMPFC는 감정(특히 사회적 감정)을 정상적으로 생성해내는 데 필수적인 뇌 영역이다. 이 연구자들이 내린 결론은, "특정 유형의 도덕적 딜레마에서는 옳고 그름을 정상적으로 판단하기 위해 VMPFC가 필수적"이며, 이런 결과들은 "그런 판단을 내리는 데 감정이 필수적인 역할을 함을 보여준다."[8]는 것이다.

언뜻 단순해 보이는 도덕 판단의 배후에 있는 복잡한 신경과정을 알게 되면 우리의 도덕적 직관에 대한 생각이 어떻게 달라질까? 우선, 우리는 더 이상 건강한 뇌가 감정에 오염되지 않은 합리적인 계산기라서 도덕적으로 일관성 있는 답을 내어놓을 것인 양 믿고 살 수는 없다. 객관적인 도덕적 진리가 존재할 수도 존재하지 않을 수도 있지만, 우리를 움직이는 유일한 힘이 오직 그 진리뿐이라는 가정은 더 이상 할 수 없다.

우리 자신과 우리의 행동을 바라보는 관점이 이로 인해 지나치게 달라지는 것으로 느껴질 수 있겠지만, 그린은 그게 세상이 끝나는 것처럼 생각할 필요는 없는 것이라고 주장한다. 오히려 반대로, 인간의 도덕성을 자유로운 방향으로 재정의할 수 있는 가능성을 찾아낸다. "자신의 도덕적 신념이 '객관적인 도덕적 진리'를 반영하는 게 아니라 개인의 가치관을 반영하는 것으로 보는 사람이 세상에 가득하다면, 그 세상은 우리가 현재 살고 있는 이 세상보다 더 행복하고 더 평화로운 곳일지도 모르지요."⁹라고 그는 말한다.

젊은 뇌, 미성숙한 선택

사형선고가 내려졌던 사건인 로퍼 대 시몬즈Roper vs. Simmons 재판은 현재까지 신경영상화 증거가 가장 큰 영향력을 발휘한 사례 중 하나이다. 미국 대법원이 심리한, 미성년 범죄자의 사형을 허용하는 미주리 주법에 이의를 제기한 소송에서 그런 일이 있어났다. 17세의 고등학교 2학년생인 크리스토퍼 시몬즈는 자기보다 더 어린 두 친구의 도움을 받아 한 여성을 무참히 살해했다. 그는 이 범죄로 미주리 주법원의 재판에서 사형선고를 받았다. 주대법원은 미성년자에게 사형선고를 하는 것이 헌법에 어긋난다고 판결했고 2년 후 연방 대법원도 같은 결론을 내렸다. 그 주된 근거는 청소년들의 뇌가 완전히 발달하지 않았다는 증거가 있다는 것이었다.

미성년자에 대한 사형선고법이 정말로 헌법에 위배된다는 다수 의견을 낸 케네디 대법관은 다음과 같이 썼다. "시몬즈가 그 범죄의 선동자임에는 의심의 여지가 거의 없다. 살인을 범하기 전에 시몬즈는 누군가를 죽이고 싶다고 말했다. 그는 오싹한 말투로 태연하게 자기 계획을 얘기했다. 시몬즈는 무단침입을 해서 사람을 묶어 가지고 다리에서 던져버리는, 강도질과 살인을 하자고 했다."[10]

소년들 중 하나가 손을 떼고 빠졌다는 점만 제외하면 그 범죄는 기본적으로 원래 계획대로 진행되었다(이 소년은 공모죄로 기소되었는데, 나중에 시몬즈에게 불리한 증언을 하는 대가로 기소 취하되었다). 다른 두 소년은 원래 계획에 따라 한밤중에 희생자의 집에 침입하여 그녀의 눈과 입을 막고 배관용 테이프로 손을 묶은 후 그녀를 차에 태워 주립공원으로 갔다. 강이 내려다보이는 철로에서 그들은 전깃줄로 그녀의 손과 발을 함께 묶고 배관용 테이프로 얼굴을 칭칭 감은 후 다리에서 밀어버렸다. 다음날 어부들이 그녀의 시체를 건져 냈다.

이 범죄가 악질적임에도 불구하고, 미국 심리학회와 미국 의사협회는 이 재판에서 청소년에 대한 사형선고가 잔인하고 비정상적인 처벌이며, 따라서 미국 헌법 수정조항 제8조에 위배된다고 이의를 제기하는 법정조언자 의견서를 각각 제출했다. 이 의견서들은 대부분 신경영상화 증거를 토대로, 청소년의 행동이 미성숙한 이유가 주로 결정적인 어떤 뇌 구조들이 덜 발달된 상태에서 다른 구조들에 지나치게 의존하기 때문이라고 주장했다.

미국 의사협회는 의견서에서 "첫째, 어른에 비해 청소년은 특정 과제를 할 때 공격성, 분노 및 공포라는 원시적인 충동에 관련된 뇌 영역인 편도체에 더 많이 의존한다."라고 주장했다. "반면에 어른은 유사한 정보를 충동 통제 및 현명한 판단과 관련된 겉질 영역인 이마 겉질을 통해 처리하는 경향이 있다. 둘째, 충동 통제, 위험성 평가 및 도덕 추리에 관여하는 뇌 부위들은 가장 나중에, 후기 청년기 이후에 발달한다."[11] 이 의견서는 "뇌의 이마엽은 후기 청년기까지도 아직 구조적으로 미성숙한 상태"라는 뇌영상화 증거를 인용했다. 신경섬유를 외부와 절연시키는 수초화(이를 통해 뉴런 사이의 교신 속도가 빨라짐)와 뇌의 회색질을 자연적으로 얇게 만드는 가지 잘라내기(이를 통해 남아 있는 뉴런들의 기능이 향상됨) 과정이 아직도 진행 중이라는 것이다.

법정은 이런 주장을 받아들여서 청소년의 도덕 판단능력은 심각하게 미성숙한 상태이며, 따라서 10대들은 어른들보다 범죄에 대한 도덕적 책임이 더 적고 극단적인 처벌을 해서는 안 된다는 데 동의했다. 케네디 대법관은 다수 의견에서 "소년범과 성인범 사이의 차이는 너무나 크고 잘 밝혀져 있다. 따라서 죄과가 불충분함에도 불구하고 청소년에게 사형을 허용하기에는 위험성이 너무 크다."라고 밝혔다. "청소년 범죄자가 흉악한 범죄를 저지른 경우 주州는 그의 가장 기본적인 자유권 일부를 박탈할 수 있지만, 그 자신의 인간성에 대한 성숙한 이해를 획득할 잠재성과 그의 생명을 없애버릴 수는 없다."[12]

이 연방 대법원 판결은 청소년의 "유감스럽기는 하나 일시적일 뿐인 미성숙함"을, 유사한 범죄를 어른이 저지를 경우 필수적으로 개입되는 "돌이킬 수 없는 타락"과 구분한 것이었다. 타락이 어느 시점에서인가 "돌이킬 수 없는" 것이 된다는 이 생각은, 성인기 초기 즈음에는 뇌가 변할 수 있는 능력을 상실하게 되고 따라서 흉악범들은 재활이 불가능하다는 통념과 잘 들어맞는다. 우리가 다양한 영역에서 이미 보아왔듯이, 성인의 뇌는 '고정'되어버려서 변치 않는다는 생각이 틀렸음은 몇 번이고 계속 입증되었다. 신경영상화 연구가 사법적 판단에 중요한 영향을 미칠 수 있는 다음 단계의 문제는 당연히 이런 것이다.

예방 대 처벌

우리의 사법체계의 근본적인 가정, 즉 사람들은 감정의 방해를 받지 않고 도덕 판단을 일상적으로 할 수 있다는 생각은 신경과학의 면밀한 연구 결과, 무너져내리고 있다. 하지만 그린과 코헨이 궁극적으로 바꾸고자 하는 것은 사법체계가 징벌에 초점을 맞추고 있다는 점이다. 이들의 주장은 다음과 같다. 범죄자들은 정신적 결함이 있다고 증명되지 않는 한, 그들의 뻔뻔한 비도덕적 선택에 대한 죄과를 치러야 하는 나쁜 사람들이라는 것이 사람들이 일반적으로 갖고 있는 도덕적 직관이다. 그런데 이 직관은 자유의지라는 착각에, 그리고 궁극적으로는 마음이 뇌와는 별개라는 생각에 기대고 있다. 즉 신체를 움직이는 것은 뇌인데, 그 뇌라는 기계를 작동시키는 진정한 의사결정자는 형이상학적으로 별개의 실체인 마음이라는 것이다. 이 관점에서는 뇌의 오작동이 끼어들지 않는 한 어떤 행위의 책임은 마음이 지는 것이다. 뇌가 오작동하는 경우, 전차의 폭주로 인한 피해의 책임을 전차 운전자에게 돌려서는 안 되는 것처럼 뇌가 고장난 이유를 마음에다가 돌릴 수는 없다. "현재 법은 궁극적으로 자신의 통제를 벗어난 힘에 의해 범죄를 저지른 것이 명백한 사람들을 단호하게, 그렇지만 자비롭게 대접한다. 언젠가는 유죄 선고를 받은 모든 범죄자를 이런 식으로 취급할 것이다. 말하자면, 인도적으로 말이다."라고 그린과 코헨은 쓰고 있다.[13]

도덕적 선택의 고민을 하고 있는 뇌의 영상이 마음-뇌 관계에 대한 논쟁을 쉽사리 해결해줄 것 같지는 않다. 하지만 그런 영상들은 누가 폭력적 행동을 할 위험성이 있는지, 그리고 어떤 유형의 조치(예컨대 약물치료 그리고/또는 심리치료)가 그런 위험성을 지닌 사람들에게 가장 효과적일지를 알아내는 데 점점 더 중요한 역할을 하고 있다. 폭력에 대한 신경과학적 연구를 개관한 2000년도 논문에서 리처드 데이비드슨과 동료들은 이렇게 썼다. "충동적 공격성과 폭력은, 그 외부적 원인이 무엇인가와는 상관없이, 뇌의 정서 조절 회로의 이상을 반영한다는 사실을 인식하는 것이 중요한 출발점이다."[14]

법정신의학 전문가 중에는 그래서 어쨌다는 거냐고 말하는 이들도 있다. 신경학적 이유는 사회학적 또는 문화적 이유와 전혀 다를 바 없다는 것이다. 펜실베이니아대학교의 법학 및 정신의학 교수 스티븐 J. 모스Stephen J. Morse는 다음과 같이 표현한다. "어떤 사람들은 엄마 아빠가 나빴기 때문에 분노하고, 어떤 사람들은 편도체가 고장 나서 분노한다. 문제는 이것이다. 어떤 경우에 분노가 과실을 용서할 만한 조건이 되어야 하는가?"[15]

정신능력이 감손된 사람들(즉 뇌손상, 정신장애 또는 중독이 있는 사람들)에게 형사책임을 지울 수 있는가라는 문제에서 신경과학적 증거의 비중이 높아지기 시작했다. 뇌에 영향을 미치는 병이나 장애를 지닌 사람들이 범죄행위를 하면 그것에 대해 책임을 물어야 할까? 만약 그렇다면 어떤 경우에? "정상 성인이 아닌 사람들의 뇌, 즉 청소년, 뇌손상을 당한 사람, 정신능력의 장애를 타고난 사람들의 뇌가 어떻게 작동하는지에 관해 더 깊이 이해하는 게 중요해요."라고 스탠퍼드대학교의 법과 생물과학센터 소장 헨리 T. 그릴리Henry T. Greely는 말한다. "이들은 우리 인구의 큰 부분, 특히 곤경에 처한 집단의 큰 부분을 차지해요. 자신의 뇌 때문에 문제를 일으키게 되는 사람들 말이죠."[16] 그릴리는 문제 청소년 및 성인의 뇌가 어떻게 다른지 알게 되면 "그런 비정상적인 뇌 때문에" 생겨나는 전반적인 사회악의 일부를, 그리고 그 배후에 있는 정신적 문제 자체를 치료하는 데 큰 도움이 될 것이라고 주장한다.

정신능력이 명백하게 감손된 경우의 형사책임 문제를 해결한다 하더라도 아직 숙고해야 할 문제가 더 남아 있다. 표면상 정상인 성인들은 물리적 손상이 없는 건강한 뇌를 가지고 도덕 판단을 내리면서 서로를 돕기도 하고 서로에게 상처를 주기도 하면서 인생을 헤쳐나간다. 무엇을 법적으로 '정상'이라고 간주할 것인가라는 정의의 문제를 어떻게 해결해야 할까? 여러 다른 맥락에서 도덕 판단을 내리는 건강한 뇌의 영상들은, 분명히 보통의 뇌를 갖고 있는 범죄자에게 어떤 판결을 내릴 것인가에 대해 무슨 도움을 줄 수 있을까?

모스는 다음과 같이 말했다. "법은 인간 행동에 관한 것이기 때문에, 그리고 우리는 인간 행동의 밑바닥에는 뇌가 있다(우리가 뇌를, 그리고 뇌와 인간 행동 간의 관계를 안다고 가정할 때)고 생각하기 때문에, 이는 법적 측면에서 광범위한 의미를 가질 수도 있어요. 예를 들면, 우리는 행동의 원인이라는 것을 이해하기 때문에, 뇌영상은 사람들이 자신의 행동에 책임을 질 수 있는지를 들여다볼 수 있게 하는 창문이 될 것이라고 생각하는 이들이 많죠."[17] 그는 우리가 법적 혁명의 언저리에 있을 수도 있음을 인정한다. 뇌를 더 깊이 이해하게 되면 우리가 우리 자신에 대해, 그리고 '책임에 대한 견해, 우리가 서로 어떤 식으로 상호작용해야 하는가에 대한 견해, 우리가 서로에 대해 그리고 국가에 대해 갖는 권리들에 대한 견해'에 대해 더 기계주의적으로 생각하게 될지도 모른다는 의미에서 말이다.

모스 자신은 뇌 스캐너에서부터 나오는 영상들을 본다고 해서, 인간의 책임에 대한 우리의 개념이 극적으로 변하지는 않을 것이라고 예측한다. "신경과학적 원인도 포함하여, 행동에는 원인이 있다는 것에 놀랄 사람은 아무도 없다고 생각해요."라고 그는 말한다. "우리는 이 세계가 인과적인 것이고, 그 인과적 세계의 일부인 우리 인간은 우주의 다른 모든 현상과 마찬가지로 똑같은 인과 법칙 아래에 있다고 믿을 만큼 이 세계의 작동 방식에 대해 충분히 알게 되었다고 생각해요." 모스의 주장에 따르면, 우리가 아는 한 인간은 의식적 이유로 행위를 하는 유일한 존재이다. "일상생활에서 이유에 반응할 수 있고 이유를 이용할 수 있는 유일한 존재"라는 것이다. "우리 자신에 대한 이런 생각이 대단히 틀린 것이라고 말해줄 어떠한 것도 신경과학이 발견해낼 것이라고는 생각하지 않아요."라고 그는 말한다.

징벌보다는 예방에 중점을 두는 사법체계를 주장하는 사람들에게 문제의 핵심은, 신경활동이 죄과를 면해주는 구실이 되는가가 아니라 그게 행동을 설명하는 것인가 아닌가이다. 공격행동을 가능하게 하는 정신활동을 알게 된다면 우리가 미래의 폭력을 방지하기에 더 좋은 위치에 있게 되는 것 아닌가?

도덕의 핵심, 즉 인간이 정확히 어떻게 선과 악을 구분하(지 못하)게 되는지에 대해서는, 우리가 자신에 관하여 묻는 다른 어떠한 질문에 대해서만큼이나 문화적으로 지대한 관심이 쏠린다. 그리고 그런 주제는 인기 높은 드라마의 소재로 끊임없이 사용된다. 찬사를 받은 영화 〈더 리더-책 읽어주는 남자The Reader〉에서, 여배우 케이트 윈슬렛은 과거에 나치의 친위대원이었던 한나 슈미츠를 능숙하게 연기하여 우리의 가슴을 찢어놓는다. 한나 슈미츠는 포로들이 불에 타 죽는 동안 방관하며 가만히 있었다는 이유로 기소되어 무기징역형을 선고받았다. 재판 내내 그녀는 규칙을 따르는 것 외에는 선택의 여지가 없었다고 주장했지만 말이다. 그녀의 과거 연인을 연기한 레이프 파인즈Ralph Fiennes는 오랜 세월이 흐른 후 그녀에게 과거에 대해 생각해본 적이 있는지, 만약 있다면 어떤 느낌이 드는지를 묻는다. "무엇이 느껴지는지는 상관없는 일이야."라고 그녀는 대답한다. "내가 무슨 생각을 하든 상관없어. 죽은 이들이 살아나는 건 아니니까."

우리의 공감능력 덕분에, 그리고 윈슬렛의 연기력 덕분에 우리는 그녀의 말에 담긴 단순한 진리와 세상이 달랐더라면 하는 한나 슈미츠의 가슴 아픈 원망顧望을 느낄 수 있다. 과거의 잘못에 대한 후회만으로 그 잘못이 되돌려졌으면 하고 소망해보지 않은 사람이 있을까?

도덕적 선택이 어떻게 이루어지는가에 대한 그림이 과학적으로 더 명확히 그려지고 있다. 이에 따르면 덜 해로우면서 더 자비로운 행동(한나 슈미츠의 연극적 선언에도 불구하고)을 취하는 데 '무슨 느낌이 오는지' 보다 더 중요한 것은 거의 없어 보인다. 즉, 도덕 판단에 미치는 감정의 영향이 가장 중요해 보인다는 말이다. 폭력 예방 관점에서 가장 필수적인 특성은 아마도 강렬한 정서를 가지고 작업하는 데 요구되는 정신적 능란함일 것이다. 그리고 우리가 도덕적으로 옳다고 느끼는 것이 단지 우리의 가치관에 의해서 결정될 뿐만 아니라 그 특정 순간에 우리가 경험하는 감정에 의해서도 영향을 받는다는 사실을 명확히 이해하는 것 또한 필요하다.

우리의 판단을 바라보기

우리의 도덕적 선택이 어떻게 이루어지든지 간에(그 선택에 감정 회로가 얼마나 깊이 관여하든지 간에) 상관없이, 인간이 때때로 잘못된 짓을 한다는 건 모두들 알고 있다. 공감과 자비심이 모자라서, 또는 분노와 탐욕이 넘쳐서 우리는 자신과 타인에게 상처를 입힌다. 그리고 다음과 같이 시인하는 사람들로는 우리가 최초인데, 우리는 그런 일을 다시 하기를 선택할 수도, 선택하지 않을 수도 있다. 사법체계가 징벌과 제지 중 어느 것에 더 토대를 두어야 하는가에 상관없이, 우리가 고심해야 할 문제는 범죄에 대한 책임을 어떻게 물을 것인가, 범죄자의 재활 가능성을 어떻게 평가할 것인가, 그리고 미래의 위해를 어떻게 방지할 것인가라는 실용적인 것들이다. 선악의 문제에 관여하는 신경회로가 더 자세히 밝혀짐에 따라 법정에서 생사가 걸린 결정을 내리는 법관, 배심원 및 변호인들의 중요한 작업에 그런 새로운 정보가 알려주는 게 무엇일까? 정확히 무엇이 왜 잘못되었는지를 알기 위해, 피고의 뇌 스캔을 비롯하여 사회가 갖고 있는 모든 도구를 사용하고 싶은 마음은 뿌리치기 힘들다. 뇌 스캔은 현재 얻을 수 있는 가장 흥미롭고도 외면할 수 없는 물리적 증거에 속한다. 따라서 법정 심리에 뇌 스캔이 유래 없이 빠른 속도로 도입되고 있음은 당연한 일이다. 이 새로운(때로는 불확실한) 과학이 내놓는 정보를 이용해서 피고의 운명을 결정하는 데 따르는 이득과 잠재적 위험성은 무엇일까? 뇌영상에 대한 해석이 신뢰할 수 있고 유용한 정보를 주는 것은 어느 때이며, 재판의 목적에 부합하기에는 그저 너무 불확실하거나 편견에 치우친 것은 어느 때일까?

캘리포니아대학교 산타바바라 캠퍼스에 있는 마음 연구를 위한 SAGE센터 소장인 신경과학자 마이클 가자니가Michael Gazzaniga는, 신경과학적 증거를 법률 관련 맥락에서 합당하게 사용하는 것에 관한 문제를 체계적으로 살펴보기에 지금만큼 좋은 때가 없다고 생각한다. 국가적인 차원에서 이 문제들을 정리하기 위해 그는 맥아더재단으로부터 천만 달러의 연구기금을 지원받는 '법과 신경과학 프로젝트'를 앞장서서 이끌어오고 있다. 이 프로젝트는 조슈아 그린, 헨리 그릴리, 그리고 스티븐 모스를 비롯하여 전국에 걸쳐 신경과학, 심리학, 법학 및 철학 분야의 전문가들을 끌어 모았다. 뇌 스캔을 증거로 수용할 때의 장점과 단점, 그리고 뇌에 관한 새로운 정보가 사법체계를 어떻게 재편해야 하는지, 또는 하지 말아야 하는지에 대해 논의하는 것이 이 프로젝트의 목적이다.

"우리가 이 프로젝트를 지금 수행하고 있는 이유는, 최근 들어 인간의 신경생물학(동물의 신경생물학이 아닌)에 대한 정보가 폭발적으로 쏟아지고 있고 이에 따라 새 문제들이, 심오한 문제들이 제기되었기 때문입니다. 인간의 마음에 대한, 그리고 그런 정보가 어떻게 사용 또는 오용될 수 있는지에 대한 문제 말이죠."라고 가자니가는 말한다.[18] 사법체계의 맥락에서 신경과학적 증거는 피고와 목격자의 정신 상태를 평가하는 데 아주 합당하게 사용될 수 있을 것이다. 하지만 또한 현재 수준의 뇌 스캔의 가치를 과장하고 싶어 하는 사람들은 그런 증거를 오용하여 거짓말을 탐지하거나 악의를 밝혀내려고까지 할 수도 있을 것이다.

가자니가는 신경영상화 증거가 피고, 원고 및 목격자의 마음을 보여줄 잠재력을 갖고 있는지는 '아직까지 미해결 상태인 문제'라고 말한다. "현재 진행 중인 연구들은 어떤 사람이 과거에 특정 경험을 했는지를, 그 사람이 부정한다 하더라도, 밝혀줄 수 있게 될 것입니다."[19] 기술이 아직 그 수준까지는 가지 못했지만 "앞으로 10~20년 후면 그렇게 될 가능성이 대단히 높아요."라고 그는 말한다. 그 사이에 이 프로젝트의 기능 중 하나는 '양쪽 면을, 즉 [신경과학적 증거가] 어디서 합당하게 사용되는지 그리고 어디서 오용되는지'[20]를 점검하는 게 될 것이다.

이 프로젝트의 공동책임자인 다트머스대학교의 철학교수 월터 시놋-암스트롱Walter Sinnott-Armstrong은 증거에 대한 이런 문제를 평가하는 것이 대단히 급박하다고 강조한다. 왜냐하면 뇌 스캐너에서 나온 정보가 새 형사사건에 점점 많은 영향력을 행사하고 있기 때문이다. "바로 지금 신경과학이 법정 문을 들어서고 있어요."[21]라고 그는 말한다. "변호사는 신경과학을 자기 의뢰인에게 유리하도록 다양한 방식으로 이용하고 있죠. 회사들은 거짓말 탐지법을 개발 중이지요. 그래서 우리는 어느 정도는 브레이크를 걸어주어서 그런 정보가 남용되지 않게 확실히 막아야 해요. 만약 우리가 끼어들어서 신경과학이 법정에서 공정하게 사용되는지 감시하지 않는다면, 그래서 그런 정보가 그 맥락에서 정말로 충분히 신뢰할만한지 판단해주지 않는다면 우리는 장래에 많은 문제를 안게 될 겁니다."

처음에 이 프로젝트 참가자들은 형사책임의 문제와 신경과학 연구가 재판절차에 어떻게 영향을 미쳐야(또는 미치지 말아야) 할지의 문제를 연구하고 있다. "여기서 신경과학이 마법 같은 건 분명히 아니죠."[22]라고 밴더빌트대학교의 법과 생물과학 교수 오웬 D. 존스 Owen D. Jones는 말한다. "신경과학으로 마음을 읽어낼 수는 없어요. 그렇지만 그 한계 내에서는, 신경과학이 효과적으로 사용되면서도 남용되지는 않을 수 있는 맥락을 알아내기를 바라죠. 그래서 법조인들, 즉 판사, 배심원, 국회의원들이 그 기술의 장래성이 어디 있는지 그리고 한계는 어디 있는지를 더 잘 이해하도록 돕고 싶지요." 존스 자신의 연구는 어떤 사람이 유죄인지 아닌지, 그리고 만약 유죄라면 얼마나 심한 처벌을 가해야 할지에 대한 결정을 할 때 일어나는 뇌 활동에 초점을 맞추고 있다. 그는 이 프로젝트의 '의사결정과 법' 실무진의 공동책임자로 임명되었다. 그의 연구 결과는 도덕적 의사결정에 관한 조슈아 그린의 것과 잘 들어맞는다. 즉, 사람들에게 여러 가지 가상의 범죄 시나리오를 주고 형량을 배분하게 하면, 뇌의 감정 회로의 활동 정도가 이들이 배분한 형량의 경중을 예측한다는 것이다.

신경영상화 증거의 옹호자들은, 그런 증거의 사실로서의 가치를 DNA 같은 더 잘 확립된 형태의 물리적 증거에 필적하는 것으로 보는 경향이 있다. 하지만 비판자들은 그런 비교는 오해의 소지가 있다고 말한다. "DNA가 그렇게나 강력한 이유는 그게 사실상 있는 그대로의 진실이기 때문이죠."라고 가자니가는 지적한다.[23] 반면에 신경과학적 증거는 "그런 종류의 확실성을 확보하려면 한참 멀었다." 왜냐하면 본질적으로 더 상관관계적인 증거이기 쉽기 때문이다. 뇌 스캔에 나타난 특정 패턴이 어떤 특정한 생각이나 감정(예컨대 감당하기 힘든 분노)과 연관된 것일 수 있다. 하지만 그 특정한 마음 상태가 특정한 순간에 찍은 그 사람의 뇌를 설명하는 유일한 것일까? "새로운 뇌영상화 기술로 어떤 특정한 생물학적 상태를 알아냈다고 할 때, 그게 반드시 그 사람이 어떤 특정한 생각을 하고 있거나 의도를 갖고 있음을 의미하는 것일까요, 아닐까요?"라고 가자니가는 묻는다. 그는 뇌과학이 미래에는 이런 문제들을 해결할 수 있을지도 모른다고 추측하지만 현재로는 "아직 그런 수준에 전혀 도달하지 못했어요."라고 말한다. 우리가 설사 그런 수준이 된다고 하더라도 숙고해야 할 문제는 뇌 스캔 영상이 자기부죄(역자 주 : 스스로 증언을 해서 자신을 유죄에 이르게 함)로 간주될 수 있는지이다. 그리고 아마도 이 문제에 관해서 세간의 이목을 끄는 대법원 소송사건이 적어도 하나는 생겨날 것이다.

헨리 그릴리는 이 프로젝트의 '감손된 뇌와 법' 실무진의 공동책임자이다. 그는 뇌영상화 연구도 모든 새로운 과학이 그런 것처럼 오류를 범할 수 있으며, 법률적 맥락에서 그것을 정확하고도 책임감 있게 사용할 수 있게 될 때까지 신중하게 진행해야 할 필요가 있다고 강조한다. "신경과학은 우리 사회에 양날의 검입니다."라고 그릴리는 말한다. "한편으로는 신경과학이 많은 중요한 것들을 알려줄 거예요. 그래서 우리는 거기에 적응하고 대비해야 합니다. 반면에 신경과학은 새로 생겨난 학문이라서 나중에 알고 보면 잘못된 결과인 것들이 많을 거예요. 신경과학자들이 못나서가 아니라 과학이 그런 식으로 발전하기 때문이죠. 학문 초기엔 꽃들이 엄청나게 만개했다가 어느 게 진짜고 어느 게 가짜인지를 더 잘 알게 되면서 쓸데없는 가지들을 잘라내게 됩니다."[24] 그의 말에 따르면 사회를 진정으로 위협하는 것 중 하나는, 우리가 이런 연구 결과들 중 일부를 너무 성급하게 옳은 것으로 받아들여서는 "나중에 알고 보면 아주 나쁜 길이 될 곳으로 가게 될지도 모른다는 것이죠. 이 프로젝트가 할 수 있는 가장 중요한 일 중 하나는 어떤 길이 유망하고 어떤 길이 그렇지 않은지, 즉 어떤 해결책이 통하고 어떤 해결책이 통하지 않는지를 가려내는 데 도움을 주는 것이라고 생각해요. 왜냐하면 잘못된 길로 가지 못하게 막는 것은 올바른 길로 가도록 돕는 것만큼이나 중요하기 때문이죠."

가자니가는 신경과학적 증거가 현재 갖고 있는 한계에 대하여 노골적으로 선을 긋는다. "신경과학은 아직 유아기입니다. 1950년대의 유전학처럼 첫 발자국을 내딛고 있어요. 그래서 법정에서는 아주 신중하게 사용되어야 합니다. 사용이 되어야 한다면 말이죠."[25]라고 그는 말한다. 모스 또한 신생 과학에 지나치게 의존해서 정의의 추를 유죄나 무죄 쪽으로 기울이는 데 대해 염려하고 있다. "과학과 관련해서 일어나기 쉬운 일은, 사람들이 법에서 과학이 해줄 수 있는 것에 대해 눈을 반짝이며 기대한다는 거예요."[26]라고 그는 말한다. "그러고는 기차가 역을 떠나 잘못된 방향으로 가게 되죠."

뇌 스캔 사진이 법정에서 증거로 **제시되어야** 하는가라는 문제보다 더 흥미진진한 것은 법정에서 증거가 어떻게 **평가되는가**를 더 깊이 이해하기 위해 뇌 스캔을 어떻게 이용할 것인가라는 문제이다. 시 놋-암스트롱의 말이다. "법정은 도덕 판단으로 가득 차 있어요. 배심원이나 판사가 어떤 사람이 어떤 형벌(특정한 징역형이나 모종의 치료)을 받아 마땅하다고 결정할 때, 이들은 도덕 판단을 내리고 있는 거죠. 그런데 그들이 의식하지 못하는 암묵적인 도덕 판단조차도 사법체계에서 내려지는 그런 종류의 결정에 영향을 주는 일이 아주 흔히 일어납니다."[27] 재판 과정이 우리가 바라는 대로, 즉 불편부당하게 작동하도록 만들기 위해 이 프로젝트에서는 사람들이 타인의 도덕 판단에 대한 판단을 어떻게 내리는가를 살펴보고 있다. "그런 판단은 재판 과정에 필수적입니다. 그래서 우리는 사람들이 그런 판단을 내리는 근거를 이해할 필요가 있어요. 재판 과정이 더 잘 작동하도록 만들기 위해서 말이죠."라고 시놋-암스트롱은 말한다.

오웬 존스의 연구는 판사와 배심원이 내리는, 아마도 이성적이고 공정할 것으로 추측되는 판단이 비정서적인 것이 전혀 아님을 보여준다. "우리는 의사결정을 숨쉬기 같이 당연한 것으로 받아들이죠."라고 그는 말한다. "사법 판단과 배심원들의 판단이 공평하고 선입견이 없으며 지각 있고 사리에 맞기를 원한다면, 우리는 그런 판단이 실제로 어떻게 일어나는지에 대해 좀 알아야 해요."[28]

밴더빌트대학교의 연구자들인 그와 동료들은 16명의 자원자에게 경미한 도둑질에서부터 강간과 살인에까지 이르는 다양한 범위의 가상적인 범죄에 대해 죄과와 처벌에 관한 판단을 하게 하면서 그들의 뇌를 스캔하여 분석하였다. 참가자들은 존이라는 인물이 나오는 이야기를 읽었는데, 이는 세 가지 범주, 즉 '책임 있음', '감약 책임diminished responsibility', 그리고 '범죄 아님'으로 나뉘었다.[29] '책임 있음' 시나리오에서는 존이 의도적으로 범죄를 저지르고 그런 해로운 행위에 대해 완전히 책임이 있는 것으로 간주된다. 반면에 '감약 책임' 시나리오에서는 그가 비슷한 범죄를 저지르지만 경감 사유가 있음으로 인해 책임이 덜 한 것으로 간주된다. 한 가지 예를 들면, 폭력을 쓰는 마약상이 그에게 말을 듣지 않으면 그의 딸을 해칠 것이라고 위협하면서 명령을 내려서, 존이 그에 따라 어떤 집에 침입하여 강도질을 한다. 다른 시나리오에서는 존이 뇌종양이 생겨서 점점 더 난폭해지다가 결국엔 한 아이를 유괴하여 고문하고는 죽인다. '범죄 아님' 시나리오에서는 존의 행위가 예측할 수 없는 해로운 결과를 야기하기도 하지만 범죄로 간주되지는 않는다.

이런 시나리오들을 읽은 후 참가자들은 존이 그런 행위에 대해 얼마나 벌을 받아야 마땅하다고 생각하는지에 따라 0에서 9까지의 척도상에서 평가를 했다. fMRI 스캔 결과, 사람들이 책임에 근거하여 시나리오를 구분할 때 앞뇌의 한 영역인 오른쪽 뇌의 등가쪽 이마앞겉질dorsolateral prefrontal cortex이 활발해졌다. 하지만 형벌의 경중을 예측하는 것은 사회적 및 정서적 처리와 관련된 회로가 얼마나 개입되는가였다. 즉, 뇌의 여러 감정 중추들(편도체를 비롯하여)의 활동 수준이 높을수록, 참가자들은 존이 자신의 행위에 대한 대가를 더 심하게 치러야 한다고 생각했다.

이 연구를 존스와 함께 진행한 학자 중 한 사람인 밴더빌트대학교의 신경과학자 르네 마르와Rene Marois는, 감정 회로가 소위 공정한 사법적 판단에 그렇게나 깊이 개입한다는 사실에 충격을 받았다고 말한다. "그런 판단이 감정이 별로 안 섞인 게 아닐 수 있어요."라고 그는 말한다. "이런 결과는 사법체계에 대한 나의 기존 관념을 산산조각 냈죠. 하지만 변호사들에겐 그렇지 않을지도 몰라요."[30]

앞으로 약 5년쯤 지나면 우리가, 말하자면 '공장에서' 무얼 장착하고 나오는지, 그리고 그중 얼마만큼이 우리가 속한 지역적 문화에서 학습된 것인지에 대한 아주 다채로운 그림[31]을 그려내게 될 것이라고 가자니가는 말한다. 그는 우리가 어떤 신경 패턴을 갖고 태어나고 무엇이 문화적으로 결정되는지에 관한 발견은 인간으로서의 자신을 어떻게 생각하며 다른 사람들을 어떻게 판단하는지에 대해 심오한 영향을 미칠 것이라고 생각하고 있다.

"이 세기가 뇌의 세기라고 저는 굳게 믿어요."라고 그릴리는 말한다. "우리는 뇌가 어떻게 작동하는지에 대해 너무나 많은 것을 알아가고 있는데, 뇌가 곧 인간됨의 본질이죠. 다른 사람들과 교류할 때 그들의 신체와 교류하고 있다고 생각할 수 있어요. 하지만 우리가 실제로 관심을 두는 것은 그들의 뇌와 교류하는 것이에요. 우리 사회는 인간의 신체로 이루어진 게 아니라 인간의 뇌로 이루어졌다고 생각해요."[32] 우리는 뇌가 사회적 및 도덕적 맥락에서 어떻게 작동하는지에 대해 과거 어느 때보다도 훨씬 더 많이 알아가는 중이라고 그릴리는 생각한다. "그게 우리 사회를 변화시킬 겁니다."라고 그는 말한다. "우리는 그에 대비할 필요가 있어요."

이타적인 뇌

동네 전체가 전쟁과 폭력적인 범죄로 황폐화된 채 내버려져 있는 세상에서는 앞서 나온 '지하실의 아기' 딜레마가 그저 마음속 실험에 불과한 게 아니다. 인간은 경쟁을 하려는 자연적인 성향이 있으며, 상황이 나쁘면 극단적인 폭력성까지도 나타낸다는 것은 논란의 여지가 없어 보인다. 그렇지만 어디를 살펴보건 우리가 서로에게 매우 잘해주고 있는 모습이 보인다. 이타적인 행동의 예들은 사소한 것에서부터 극단적인 것에까지 풍부하게 널려 있다. 장보러 온 사람이 서 있던 줄에서 남에게 양보를 하기도 하고, 자기네 살림이 과거 어느 때보다도 더 빠듯한데도 푸드뱅크에 음식을 기부하는 가족도 있다. 전우를 보호하기 위해 적군의 공격을 뚫고 나가는 병사가 있는가 하면, 생판 모르는 남의 목숨을 구하기 위해 혹한의 강물에 뛰어들거나 불타는 빌딩 속으로 들어가는 시민이 있다. 대단히 극적인 이타 행동은 깊이 생각해볼 시간이 없을 때, 그냥 그렇게 해야 되기 때문에 일어나는 것으로 보인다. 이때 이타 행동은 완전히 본능적인 것, 이기적인 동기가 전혀 없는 것으로 보인다. 여기서 제기되는 문제는 누가 또는 무엇이 우리를 조종하여 타인의 안전과 행복을 위해 자기 자신의 필요와 욕망, 안전, 심지어는 생명까지도 희생하게 만드는가이다.

진화심리학자들은 오래전에 이런 이론을 세웠다. 초기의 인간 부족들은 집단으로서 번영하기 위해, 그리고 개인으로서 생존하기 위해 협동할 줄 아는 기술이 필요했다는 것이다. 이 설명은 슈퍼마켓에서의 친절한 행동에는 잘 통할지 몰라도 얼음 같은 강물에 뛰어드는 행동에는 통하지 않는다. 우리의 가장 눈부신 일부 이타 행동의 진화적 근원은 과학의 현미경으로 잡아내기 불가능할지도 모른다. 그렇지만 인지과학자들은 현대인이 너그럽게 무언가를 내주는 동기에 대한 똑같이 흥미로운 의문을 제기한다. 실시간 fMRI 영상화 기법을 사용하면 자기희생적이고 협동적인 행동과 함께 일어나는 뇌활동을 눈으로 볼 수 있다. 여기서 우리가 알게 된 것은 이타적 성향이 공포, 성욕 및 분노 같은 폭력 유발성 감정들과 똑같이 뇌의 선천적인 회로의 일부이며, 그만큼 자동적이기도 하고 또 그만큼 뇌활동의 자연적인 부분이기도 하다는 사실이다.

오리건대학교의 심리학자 울리히 메이어Ulrich Mayr, 경제학자 윌리엄 하보우William Harbaugh와 대니얼 버그하트Daniel Burghart는 '사람들로 하여금 자신을 초월하여 멀리까지 보도록' 만드는 게 정확히 무엇인지[33] 궁금했다. 그들은 '순수 이타주의(자신의 개입 여부와 상관없이 공공의 이익이 증가하는 데서 느끼는 만족)', 그리고 '따뜻한 기쁨' 효과라 불리는 것(후원자 역할을 하는 데서 느끼는 즐거움)의 동기를 찾아내기 위한 fMRI 연구를 설계했다. 어떤 경제학자들은 이타 행동을 유발하는 것은 항상 따뜻한 기쁨 효과라고, 즉 자선에 관한 한 순수 이타주의 같은 것은 없다고 주장해왔다. 하지만 오리건대학교의 연구는 그렇지 않음을 보여주었다. fMRI 영상을 보면 동네의 푸드뱅크에 돈을 기부하는 것이 뇌의 보상 중추들을 활성화시킴을 알 수 있었다. 그보다는 덜하지만 푸드뱅크에 도움이 되는 비자발적 '세금'을 지불하는 것도 역시 같은 효과를 내었다. 이 보상 중추란 우리가 맛있는 디저트를 먹거나 월급을 받거나 마약을 할 때 활동하는 바로 그 영역이다. "가장 놀라운 결과는 뇌의 이 기본적인 쾌락 중추가 우리 자신에게 좋은 것에만 반응하는 게 아니라는 겁니다."라고 메이어는 말한다. "이 영역들은 또한 다른 사람에게 좋은 것이 무엇인가도 파악하고 있는 것 같아요. 그리고 이런 일은 그 뇌의 주인이 그 상황에서 아무런 발언권이 없는 경우에조차 일어납니다."[34]

순수 이타주의 및 따뜻한 기쁨의 동기를 찾아내기 위해, 19명의 여학생에게 처음에 100달러씩 주고는 그중 얼마를 동네의 푸드뱅크에 주고 얼마를 자신이 가질지에 대한 일련의 선택을 하게 될 것이라고 말해주었다. 자신이 탐욕스럽게 보일 것에 대한 두려움이나 후하게 보이고 싶은 욕망이 행사할 영향력을 제거하기 위해, 학생들에게 연구자들이 학생들의 선택을 알지 못한다고 알려주었다. 즉 그들의 선택은 스캐너 내에서 휴대용 기억장치에 기록될 것이고, 잔고를 지불해주는 실험보조원조차도 누가 얼마나 많은 돈을 기부했는지를 모른다(왜냐하면 일부 거래는 자발적인 것이 아닐 것이기 때문에)는 이야기를 해주었다. 그리고는 그들에게 거래 현황(일부는 자발적인 것이고 일부는 세금처럼 강제적인 것)을 보여주면서, 그리고 그런 거래가 자신의 계좌 잔고를 변화시키는 장면을 보여주면서 그들의 뇌를 스캔했다.

학습과 기억뿐 아니라 쾌락과 보상에도 관련된 영역인 기댐핵과 꼬리핵caudate nucleus, 그리고 공감이나 자비심 같은 인간의 감정에 중요하기도 하고 쾌락에 중요하기도 한 부위인 뇌섬이, 참가자들이 자유롭게 자선을 할 때와 자기 몫으로 돈을 받을 때 비슷한 수준으로 활성화되었다. 이와 똑같이 특기할만한 사실은 이 영역들이 강제적으로 자선을 해야 했을 때에도 역시, 좀 덜하기는 하지만 활성화되었다는 것이다. 연구자들은 "이것은 우리가 아는 한 자선단체를 위한 의무적인 납세가 구체적이고 개인주의적인 보상과 관련된 특정 뇌 영역들을 활성화시킬 수 있음을 보여준 최초의 증거이다."[35]라고 썼다.

자선에 대한 순수 이타주의 모델의 예측에 따르면, 자선단체가 기부의 혜택을 입는 것을 보는 것을 중요시하는 사람들(그 자신이 자발적인 후원자인가와는 상관없이), 그리고 그런 것을 자신이 혜택을 입는 것보다 더 중요시하는 사람들이 자선을 더 많이 하기 마련이다. 연구자들은 이 모델을 검증하기 위해 참가자들을 자기 자신의 수익보다 푸드뱅크의 수익에 대해 더 큰 신경반응을 보였는지에 따라 이타주의자와 이기주의자(각각 10명과 9명)로 나누었다. 당연히 이타주의자들, 즉 푸드뱅크의 잔고에 더 큰 신경반응을 보인 학생들은 궁극적으로 대략 두 배의 금액을 기부했다. 이기주의자들이 기부한 11달러에 비해 평균 20달러를 냈던 것이다. "공공의 이익 증가에 대한 신경반응이 큰 사람들일수록, 돈이 어디서 나오건 상관없이 자발적으로 자선을 할 가능성이 높다."[36]라고 연구자들은 지적했다.

이 결과는 도발적인데, 그 한 가지 이유는 그것이 사회적 책임의 '훈련 가능성'을 암시하기 때문이다. 메이어와 하보우의 설명에 따르면 "우리의 실험에서 살펴본 '쾌락 중추'가 진화해 나온 주된 목적은 강화 학습reinforcement learning을 위해서라고 생각하는 심리학자들이 많아요. 쾌락 중추를 작동시키는 행위들은 미래에도 반복될 가능성이 더 높죠."[37] 이 똑같은 영역들이 이타행동 중에 활동한다는 것을 이제는 알았으므로 다음 단계에서는 다른 보상적 행동처럼 이타주의도 가르칠 수 있는 것인지를 연구해볼 수 있을 것이다. 감정, 주의 집중, 기억, 만성 통증과 중독으로부터의 회복에 관여하는 신경회로들의 유연성에 대한 최근의 연구 결과를 보면 우리의 '자선' 회로도 역시 강화시킬 수 있는 가능성이 분명히 있는 것으로 보인다.

이런 훈련 가능성이 실현된다면 그린, 코헨 및 동료들이 제기한 다음과 같은 핵심적인 문제를 다룰 수 있게 될지도 모른다. "도덕 판단을 담당하는 뇌 기전을 더 잘 이해하게 되면, 우리가 하는 도덕 판단에 대한 태도가 어떤 식으로 변할까?"[38] From Neural 'Is' to Moral 'Ought'라는 논문에서 그린은 현대 생활에 명백히 적용되는 두 가지 딜레마(철학자 피터 엉거Peter Unger의 저작[39]에서 가져와서 수정한)를 특별히 조명한다. 당신이 도로에서 운전 중인데 길가 덤불숲에서 절박한 비명이 들린다고 하자. 다리가 피투성이인 채로 땅에 누워 있는 한 남자가 보인다. 그는 하이킹을 하다가 심하게 넘어졌다고 말하는데, 당신은 처음에는 그를 곧바로 병원으로 데려가야겠다는 생각이든다. 그런데 또한 그의 상처 부위에서 쏟아져 나오는 피 때문에 당신의 새 차의 가죽 시트가 더럽혀질 것임을 깨닫는다. 비싼 가죽 시트를 구하기 위해 그 사람을 돕지 않고 떠나버려도 될까? 대부분의 사람들은 절대로 아니라고 대답한다. 그런 짓은 괴물이나 할 것이다.

이제 당신이 집에서 우편물을 읽으며 앉아 있다고 하자. 잘 알려진 국제 구호단체가 보낸 편지를 받았는데, 의료 혜택을 받을 여유가 없는 가난한 나라의 사람들에게 생명을 구하는 의료서비스를 제공할 수 있도록 200달러를 기부해주기를 요청하는 내용이다. 기부를 하지 않고 200달러를 아끼는 것이 도덕적으로 용납될 수 있을까? 대부분의 사람들은 그렇다고 답한다. 두 경우 모두 비교적 크지 않은 금전적 비용으로 다른 사람에게 생명을 구하는 의료서비스를 제공할 기회가 있는 것인데, 후자의 경우에는 그 비용을 치르지 않는 것이 도덕적으로 용납될 수 있다는 말이다. 우리의 직관이 두 경우에 왜 그다지도 다른 것일까?

그린은 "구조될 수도 있을 몇 백만 명의 사람들이 기아와 치료될 수 있는 질병으로 죽어가는 와중에, 초밥과 자동차의 자동 유리 창문에 돈을 소비하는 것이 왜 용납되는가에 대해서는 어쩌면 '모종의 좋은 이유'가 있을지도 모른다."라고 적고 있다. "그러나 어쩌면 이 두 가지 딜레마는 '모종의 좋은 이유'와는 아무런 상관이 없고 우리의 뇌가 만들어져 있는 방식과 깊이 관련되어 있을 수 있다."[40] 그린이 세운 가설에 따르면, 우리는 개인 자신에게 영향을 미치는 도덕 판단을 물리적으로 멀리 있는 도덕 판단과는 달리 취급하도록 진화해왔을 수 있다. 도덕적 의사결정이 도덕적 의무에 대한 합리적인 이해를 반영하기 때문이 아니라, 우리의 조상들이 친밀하게 얽혀 있는 공동체 속에서 살아와서 우리가 구할 수 있는 생명이란 유일하게도 우리가 얼굴을 맞대고 교류하는 이들뿐이었기 때문이다. 극빈자 구제기관에 돈을 보낼지에 대한 결정에는 원시적인 감정 회로가 그만큼 강하게 작용하지 않을 수 있다. 왜냐하면 "우리의 조상들은 지구 반대편에 있는 생판 낯선 사람들이 비교적 크지 않은 금전적 희생을 치르면서 서로의 생명을 구할 수 있는 그런 환경에서 진화해오지 않았기" 때문이다.[41]

이타적 자선을 뒷받침하는 신경회로가 정말로 유연해서 연습을 통해 훈련시킬 수 있다면, 아마도 느리게 진행되는 진화가 현대의 도덕적 딜레마 때문에 우리의 뇌를 변화시키기를 기다려야 할 필요가 없을 것이다. 인도주의적 및 환경적 위기가 그에 대처할 우리의 능력을 뛰어넘기 일쑤인 이 세상에서 신경회로의 유연성은 우리를 구원해주는 장점일 수 있다.

06 기억의 형성과 파괴

"**안**경을 어디 두었는지 찾을 수가 없다고요? 잠시 동안 아이들을 어디 두었는지 못 찾겠다고요? 절망하지 마세요. '당신의 뇌를 되찾으면 됩니다'."[1] 이것이 Lumosity.com이 하는 대담한 약속이다. 이 웹사이트는 요즘 기어가 좀 느리게 돌아가는 사람들, 심지어는 삐걱거리다가 창피하게도 완전히 멈춰서버리고 만 사람들에게 월정액을 받고 뇌 훈련용 연습문제를 제공하는 곳이다. 또한 신경 손실에 대한 해독제(아껴서 조금씩만, 그렇지만 규칙적으로 복용해야 되는)로 작용할지도 모르는 것이면 무엇이든 가리지 않고 시도해보려는 베이비 붐 세대를 목표로 삼는 비디오게임도 있다. 닌텐도의 두뇌 트레이닝Brain Age이라는 게임은 "당신의 뇌에 필요한 운동을 시켜줍니다."라고 주장한다. 이 회사의 웹사이트에는 행복해 보이는 중년의 엄마 아빠가 10대의 딸과 소파에 앉아서 게임기를 손에 들고 전자펜을 휘두르면서 정신적 미용체조를 하고 있는 사진이 있다. "하루에 단 몇 분만 하면 당신의 마음을 단련하기에 충분합니다."[2]

이런 자신만만한 상업적 주장을 뒷받침하는 견고한 과학적 증거가 있다고 믿을 수 있을까? 최신 뇌영상화 연구는 이런 것들을 지지하고 있을까? 만약 그렇다면 닌텐도나 온라인 처방 같은 사치를 누릴 만큼 수입이 넉넉치 못한 사람들은 어떻게 될까? 경제적 약자의 처지에 놓여 있는 뉴런(을 가진 사람)에게는 아무런 희망도 없는 것일까?

세상을 30년 넘게 살아왔으면서, 아주 솔직히 말해서, 이젠 '힘'이 빠지고 있다고 느끼는 사람들(경제적으로 안정이 되었든 아니든)에게는 이런 광고가 기막히게 좋은 소식으로 보인다(빠지고 있는 그 '힘'이 무엇이든 간에, 솔직히 기억은 안 나지만 분명히 예전에는 그걸 갖고 있었다). 그 '힘'이 빠지는 것이 예사로 자동차 열쇠를 어디 두었는지 찾는 것이나 도대체 왜 부엌에 들어왔는지를 잊어버리는 것처럼 무해한 일일 수도 있다. 혹은 '아, 저 사람의 이름이 뭐였더라' 하고 생각할 때처럼 항상 사람의 이름을 잊어버리는 것이나 통화 후 전화기를 또 냉장고에 집어넣었음을 발견할 때처럼 짜증나는 일일 수도 있다. 심지어 집으로 가는 길을 모르거나 집에 사는 사람들이 우리가 사랑하는 이들인지 아닌지를 모르는 것 같이 위험한, 또는 무서운 일일 수도 있다.

인지적으로 최악의 지경에 이를 수 있다는 공포 때문에 뇌를 단련시키는 사람들이 점점 더 많아지고 있다. 아주 늙어서까지 강건함을 유지할 수 있도록 몸을 단련하는 법을 배운 그 방식대로 말이다. 어떠한 지표를 봐도 이는 우리를 더 똑똑하게 만들어줄 똑똑한 생각임을 알 수 있다. 신경영상화 연구는 평판이 좋은 뇌 훈련 프로그램의 근거를 제공하는데, 그중 하나가 스탠퍼드대학교와 캘리포니아대학교 샌프란시스코 캠퍼스의 뇌과학자들이 만들어낸 루모시티Lumosity이다. 이 프로그램은 임상 연구에서 기억과 인지적 민첩성을 향상시키는 효과가 있는 것으로 나타났다. 이와 같은 인지 훈련 프로그램들이 일상적인 예방 의학에서 더 큰 역할을 차지하게 될 것이다. 그 와중에 뇌영상화 연구는 다른 좀 덜 명백한 방향을 가리키고 있다. 바로 헬스클럽이다. 연구자들은 가벼운 육체적 운동만 해도 정신적 기능이 좋아지고 나이와 연관된 인지적 쇠퇴의 효과가 늦추어진다고 말한다. 그리고 세월의 풍파에 신경이 마모되었다고 느끼는 사람들에게는 이것이 희망을 주는 소식이다. 올바른 도구를 손에 쥐게 되면, 필요한 수리를 할 수 있는 것이다.

이런 희망적인 연구 결과는 간직하고 싶은 기억의 경우에는 좋은 것이다. 그런데 차라리 망각했으면 하는 충격적이거나 파괴적인 기억의 경우에는 어떨까? 시도 때도 없이 생각나는 기억에 인질이 된 듯한 느낌으로 평생을 살아가는 이들이 있다. 그 기억들이 환기시키는 공포와 두려움이 삶을 이끌어가는 것처럼 느끼면서 말이다. 강한 감정이 들어 있는 기억은 우리가 어떤 위험을 감수하기로 할지, 그리고 어떤 사람을 알고자 선택할지를 결정할 수 있다. 되돌아보면, 그런 기억이 우리가 지나온 인생길 전체를 인도해왔다고 느낄지도 모른다. 극단적인 경우에는 충격적인 기억을 지니고 살게 되면 신체적 및 정서적 건강이 대단히 약화될 수도 있다.

뇌영상화 연구는 인지과학자들이 오랫동안 추측해온 바를 확인해 주고 있다. 즉, 기억과 정서는 뇌에서 긴밀하게 연결되어 있으며, 둘 중 하나에 대한 경험을 변화시키면 다른 하나에 대한 경험도 극적으로 영향을 받을 수 있다. 신경과학에서 강한 감정이 실린 기억들이 어떻게 형성되는지가 밝혀짐에 따라, 고통스러운 기억들의 효과를 어떻게 누그러뜨릴 수 있는지도 밝혀지고 있다. 심지어는 그런 기억을 싹 지울 수 있을지도 모른다는 새로운 자료도 있다. 마치 더 이상 보지 않을 비디오테이프의 녹화 내용을 지우듯이 말이다. 원치 않는 기억의 효과를 제거하는 능력을 발달시키게 되면, 우리가 '나'라고 생각하는 것의 핵심을 조금씩 깎아내어 버리게 되는 것일까? 고통스러운 기억이란 어떤 대가를 치르더라도 보유해야 할 개인의 정체성에 필수적인 부분일까, 아니면 우리의 정서적 및 육체적 건강을 보존하기 위해 수정하거나 심지어 삭제할 수도 있는, 그리고 그렇게 해야 할 생화학적 구성물일 뿐일까? 이 문제에 대해서는 사람들의 의견이 대단히 분분하다. 하지만 우리의 호기심은 숨가쁜 속도로 기억의 해부학적 세부사항들을 계속 파헤치고 있다.

내 기억에 매달리기

알츠하이머병은 450만 명이나 되는 미국인, 그리고 전 세계적으로 2600만 명 이상이나 되는 사람들에게서 발병하는 가장 흔한 형태의 치매이다. 그 발병률은 폭발적인 인구 증가 및 예상 수명의 증가와 보조를 맞추므로 이 수치들은 2050년경에는 네 배가 될 수도 있을 것이다.[3] 알츠하이머병은 정상적인 노화의 일부가 아니지만 발병 위험은 나이와 함께 커진다. 65~74세의 노인들 중 5%가 알츠하이머병이 있는 반면, 85세를 넘은 노인의 거의 절반이 이 병에 걸린 채 살아간다. 이 파괴적인 질환은 뇌 안에서 비정상적인 단백질 덩어리(아밀로이드 '반점plaques')의 형성과 섬유 다발의 꼬임('엉킴tangles'), 그리고 그로 인한 건강한 뉴런의 상실을 특징적으로 나타낸다. 이런 해부학적 변화는 증상이 나타나기 전에 10~20년 동안 진행될 수 있고, 결국에는 기억 상실, 정신적 및 사회적 장애, 성격 변화, 그리고 마침내는 죽음에까지 이르게 한다.

이에 반하여 연령과 연관된 인지적 쇠퇴는 모두가 싸워야 할 것으로 예상하는 것이고, 대개는 우리가 바라는 것보다 더 빨리 싸워야 한다. 최근 연구에 따르면, 어떤 사람들에게서는 어떤 정신 기능(예 : 퍼즐 풀기와 추상적 추론)의 쇠퇴가 이르면 20대 중반에도 나타날 수 있다.[4] 기억 문제('정상적인' 노화로 인한 것이든 알츠하이머병으로 인한 것이든)의 예방, 진단 및 조기 치료는 오늘날 신경과학 연구에서 가장 우선순위가 높은 것 중 하나이며, 새로운 영상화기기들 덕분에 최근 5년 동안 기억이 지닌 가장 깊은 비밀 중 많은 것이 드러났다.

신경과학자 랜디 버크너Randy Buckner는 2004년 9월에 학술지 *Neuron*에 뇌영상화 연구에 관한 광범위한 개관 논문을 발표했다. 여기서 그는 알츠하이머병이 뇌에서 정상적인 노화가 영향을 미치는 부위와는 다른 부위들을 공격한다는 것을 명확히 보여주었다. "우리는 [뇌에서] 노화와 함께 변화하는 요인들의 복잡한 집합을 점점 더 밝혀내고 있어요. 여러 문헌들을 통합적으로 보면 많은 자료가 한 가지 결론으로 모아집니다. 즉, 정상적인 노화에서는 알츠하이머병을 일으키지 않는 어떤 변화들이 일어난다는 거죠."[5]라고 버크너는 말한다. 버크너는 정상적인 노화 시에 앞뇌 영역에서 일어나는 변화를 강조했는데, 여기에는 두 대뇌 반구를 연결하는 전화선 역할을 하는 백색질로 된 신경로인 뇌들보corpus callosum가 포함된다. 뇌에서의 이런 변화는 관리 기능(복잡한 문제해결 과제나 목표 지향적 과제를 수행하는 능력)의 감퇴와 연관이 있었다(그 가능한 원인 몇 가지로는 혈관 손상을 일으킬 수 있는 고혈압, 나이가 들면서 생겨나는 신경전달물질의 고갈을 들 수 있다). 반면에 알츠하이머병에서 나타나는 장기기억의 쇠퇴는 안쪽 관자엽 체계medial temporal lobe system의 변화와 관련된다. 이 체계의 중요한 요소인 해마hippocampus는 앞뇌 깊숙이 있는 해마 모양의 구조로서, 기억과 정서의 처리에 주된 역할을 담당한다.

이 모든 변화들이 노화와 깊이 관련된 것이긴 하지만, 기억에 미치는 영향은 사람에 따라서 상당히 달라 보인다. "인지적 노화에서 중요한 또 다른 요인은 그 사람이 변화에 어떻게 반응하는가이다."라고 버크너는 개관 논문에 쓰고 있다. "점점 많아지는 증거들에 따르면, 노화에 따른 뇌의 쇠퇴를 어떻게 보상하는가가 왜 어떤 사람들은 품위 있게 늙어 가는데, 어떤 사람들은 급격히 노쇠하는지를 부분적으로 설명할 수 있다."[6]

버크너의 이전 연구는 일반적인 생각과는 반대로, 어떤 형태의 기억은 알츠하이머병에 걸려도 온전하게 남아 있음을 보여주었다. 2004년의 한 연구에서 버크너와 동료 신디 러스틱Cindy Lustig은 34명의 젊은 성인들, 33명의 건강한 노인들, 24명의 알츠하이머병 초기의 노인들에게 단어분류과제를 하게 하면서 fMRI 스캔을 시행했다. 이런 종류의 단어분류과제에는 외현기억(사람, 장소, 사건을 회상하는 데 사용되는)이 아닌 암묵(절차)기억이 관여한다. 세 집단 모두가 연습을 통해 향상되어서 단어 하나를 분류하는 데 걸리는 시간이 점점 더 짧아졌다. 버크너에 따르면 이는 '암묵적 학습의 전형적인 특징'이다. 고등 인지 및 계획하기와 연관된 이마 겉질 영역들이 이 단어분류과제에 가장 활발하게 반응하였는데, 이는 알츠하이머병으로 이 영역이 손상되어도 거기에 의존하는 기억 과정의 일부는 비교적 영향을 받지 않고 남아 있음을 시사한다. "알츠하이머병에 걸려도 우리가 예상했던 것보다 온전하게 남아 있는 뇌 체계들이 많은 것으로 보입니다."라고 버크너는 말한다. "이런 연구 결과에 따르면, 사람들에게 올바른 종류의 단서를 주거나 지시를 함으로써 이 뇌 체계들을 최적으로 사용하도록 도울 수 있다면 그것들의 기능을 개선할 수 있을지도 모르죠."[7]

버크너와 동료들은 또한 정신적 훈련이 정상적 노화과정에서 일어나는 기억 감퇴를 어떻게 호전시킬 수 있는지를 보여주는 흥미진

진한 실시간 fMRI 영상을 얻어냈다. 이들은 연령이 20대, 70대, 또는 80대인 62명의 건강한 사람들에게 fMRI 기계 안에 있는 동안 단어들을 제시하고서는 기억하라고 지시했다. "오래전부터 우리는 사람들이 나이가 들면 고차 수준의 통제적 인지 과정에 문제가 생기기 시작한다는 것을 알고 있었죠."라고 버크너는 말한다. "예를 들어, 무언가를 암기하려면 융통성 있게 반응해야 하는 새로운 상황에서 노인들은 때때로 어려움을 겪어요."[8]

그런 다음 연구자들은 이 실험을 다시 실시했는데, 이번에는 노인들에게 암기 전략을 제공했다. 즉, 그들에게 단순히 단어를 기억하라고 지시하는 대신 한 번에 단어 하나를 제시하면서 그것을 분류하라(예 : 추상적이냐 구체적이냐)고 하였다. 이런 식으로 단어를 공부한 뒤에는 이들의 뇌에서 고차 수준의 이마겉질 영역의 활동이 증가했으며, 그뿐 아니라 이들의 암기과제 수행 역시 좋아졌다. "노화에 따른 기억 감퇴를 극복하는 데 있어서 상황은 생각했던 것보다 훨씬 더 좋아 보입니다. 노인의 이마 영역들이 위축되었거나 세포의 퇴화가 심하게 일어나서 사용이 불가능할 정도가 되었을 수도 있어요. 하지만 사실은 그렇지가 않았죠."[9]라고 버크너는 말한다.

이는 모두에게 반가운 소식이지만 실용적으로는 무슨 의미가 있을까? 이 새로운 정보를 노년기에 접어든 사람들의 삶의 질을 개선하는 데 어떻게 이용할 수 있을까? "우리가 바라는 바는 이 [기억] 체계들이 사용 가능하다는 것을 보여줌으로써 이 지식이 건강한 노인 및 여러 종류의 치매를 앓고 있는 노인들을 위한 인지 훈련 프로그램에 활용되는 것이죠. 이는 이 연구를 시작했을 때는 기대하지도 못했던 일이에요."라고 버크너는 말한다.[10] 과학에 근거한 인지 훈련 프로그램들은 마음의 노화에 대한 정규적인 예방 치료의 한 부분이 될지도 모른다. 마치 심장병이나 당뇨병 같은 질병에 식이요법과 약물 치료가 그래온 것과 꼭 마찬가지로 말이다.

어둠의 신경망이 빛을 비추다

최근의 기억 연구에서 나온 가장 도발적인 생각은 아마도 건강한 젊은 사람들의 특정한 뇌활동 패턴이 사실상 알츠하이머병의 전조가 될 수도 있다는 새로운 이론이다. 이 특정한 뇌활동 패턴이란 백일몽, 사색 혹은 과거 사건에 대한 회상과 관련된 사고의 패턴을 가리킨다. 이 가설의 요지는 이런 유형의 사고(어떤 인지과학자들이 '정신적 시간 여행'이라 부르는)가 알츠하이머병에서 가장 많이 손상되는 뇌 영역들과 똑같은 곳에서 나타나고, 따라서 그것이 알츠하이머병에 이르게 하는 일련의 대사적 변화의 한 원인이 될지도 모른다는 것이다. 이런 뇌활동 패턴은 휴식하고 있을 때, 즉 뇌가 외부 지향적 혹은 목표 지향적 '작업'을 하고 있지 않을 때 나타나기 때문에 기본 신경망default network이라는 이름이 붙여졌다. 여기에는 이마엽, 마루엽 및 안쪽 관자엽의 영역이 포함된다. 뇌의 이 부위들은 또한 '어둠의 신경망dark network'이라고도 불리는데, 그 이유는 우리가 현재 및 외부 세계와 정신적으로 연결되어 있을 때는, 즉 우리가 어떤 과제에 몰두하고 있거나 문제를 풀거나 다른 사람들과 상호작용하고 있을 때는 활성화되지 않고 어두운 상태로 남아 있기 때문이다.

"젊은 사람들이 휴식 상태에 있을 때 잘 사용되는 영역이 알츠하이머병에 걸린 노인들에게서 반점이 형성되는 영역과 아주 유사해요."라고 버크너는 말한다. 그는 2005년에 764명(건강한 사람들과 다양한 정도의 알츠하이머병 관련 치매를 앓는 사람들을 합친 수)에게서 수집한 뇌영상화 자료 분석 연구를 주도했다. "이것은 우리가 예상하지 못했던 놀라운 결과죠."[11]

젊은 사람들에게 수학 문제를 풀거나 책을 읽거나 다른 사람의 말을 능동적으로 듣는 것 같은 하나의 과제에 집중하라고 하면, 그들의 뇌는 기본 신경망 상태에서 목표 지향적 신경활동으로 부드럽게 전환된다. 반면에 알츠하이머병 진단을 받은 환자에게 한 과제에 집중하라고 하면, 기본 신경망이 전혀 조용해지지 않고 도리어 더 시끄러워진다. 이는 기본 신경망과 목표 지향적 활동에 전념하는 뇌 영역들 간의 정상적인 세력 균형이 심하게 붕괴되었음을 나타낸다(앞서 보았듯이, 기본 신경망 내의 영역들에 지나치게 의존하는 것은 또 다른 파괴적인 신경질환, 즉 만성 통증의 전형적 특징이다).

"우리는 누가 알츠하이머병의 위험에 처해 있고 누가 그렇지 않은지를 이해하기 위해 이 새로운 관찰 결과들을 탐구하는 데 지대한 관심을 갖고 있어요."라고 버크너는 말한다. 효과적인 치료법을 개발하기 위해서는 과학자들이 이 파괴적인 질병을 가능한 한 초기 단계일 때 발견해내야 할 것이다. 왜냐하면 그때가 약물 및 기타 형태의 치료가 질병의 진행을 늦추는 데 가장 효과적일지도 모르기 때문이다. "이 병이 최대한도의 효과를 내기 전에, 뇌에 손상을 일으키기 전에, 그 병리를 잡아내야 합니다."[12]라고 정신과의사 윌리엄 클렁크 William Klunk는 말한다. 이 논문의 공동 저자인 그는 피츠버그 물질 B(PIBPittsburgh Compound B)라는 알츠하이머병을 영상화하는 강력한 도구를 개발한 피츠버그대학교 연구 팀의 책임자이다. 이 방사성 염료는 뇌 속의 반점 침전물에 흡착될 수 있기 때문에 환자에게서 증상이 나타나기 훨씬 전에 PET 스캔을 사용하여 이 병을 발견할 수 있게 해준다. "PiB는 현재 뇌에서 아밀로이드(반점)가 생기지 않게 하거나 그것을 제거하도록 만들어진 약물이 제대로 작용하고 있는지를 알아내는 데 사용되고 있어요. 그래서 이 질병의 원인 병리를 예방하는 약물을 찾을 수 있도록 말이죠."[13]라고 클렁크는 말한다. 치료의 효과를 알려주는 것 외에도 PiB는 더욱 조기에 진단이 내려질 수 있게, 그리고 알츠하이머병을 다른 형태의 치매와 구분되게 해줄지도 모른다. 그렇게 되면 의사가 환자에게 맞추어 가장 효과적인 치료와 관리를 하는 데 도움이 될 것이다.

운동이 뇌에 활력을 주다

정신을 또렷하게 유지하는 데 관심이 있는 사람들이 빠른 걸음으로 걷거나 수영을 하거나 아이들을 쫓아다닐 생각은 하지 않을 수도 있다. 하지만 규칙적인 신체 활동이, 심지어 가벼운 운동조차 치매를 막고 '정상적인' 노화 관련 인지능력의 감퇴를 예방하는 가장 좋은 도구 중 하나로 떠오르고 있다. 2009년 컬럼비아대학교 의료원에서 행해진 fMRI 연구는 이 현상의 주요한 기초 기전을 하나 밝혀냈다. 이 연구에서는 혈당 수준을 새로운 기억의 형성에 핵심적인 것으로 생각되는, 해마 속에 파묻혀 있는 작은 영역인 치아이랑dentate gyrus의 활동과 관련지었다. 240명의 노인들의 뇌 스캔 사진을 비교한 결과, 높은 혈당 수준과 이 중요한 기억 영역으로 가는 혈류의 감소 사이에 강한 상관관계가 나타났다. 이 연구에서는 일반적으로 나이와 함께 변화하는 다른 지표들, 예컨대 체질량 지수, 콜레스테롤, 인슐린 수준 등도 살펴보았지만 오로지 혈당 수준만이 치아이랑에서의 활동 감소와 관련이 있었다.

"만약 이것이 정상적인 노화 관련 인지적 쇠퇴의 원인이라는 결론이 난다면, 그건 우리 모두에게 관련되는 일이 되죠."라고 이 연구의 책임자이며 신경학 부교수인 스콧 스몰Scott Small 박사는 말한다. 그는 포도당 조절능력은 30대나 40대에 들어서 쇠퇴하기 시작한다고 지적한다. "육체적 활동을 하면 포도당 조절이 개선되기 때문에 우리가 권장하는 바는 행동 차원의 것이에요. 즉, 운동을 하라는 거죠."[14]

이 상관관계는 혈당 수준이 약간만 상승된 경우, 즉 당뇨나 대사증후군 같은 질환을 나타내는 게 아닐 경우에만 유효하다. 스몰은 "우리는 미묘한 변화에 대해 이야기하고 있는데, 그게 미묘한 만큼 진정한 효과인지 당연히 걱정이 되죠."[15]라고 말한다. 그러나 인지적 기술을 보호하기 위해 우리 모두가 취할 수 있는 단순하고 땀내 나는 방지책이 있다. "운동은 포도당 대사를 개선함으로써 혈당도 낮추죠. 따라서 운동의 인지 향상 효과가 적어도 부분적으로는 치아이랑에서의 포도당 감소의 유익한 효과에 의해 매개될 가능성이 있어요. 우리의 연구에 따르면, 운동을 통해서든 식이 요법에 의해서든 아니면 앞으로 개발될지도 모를 약리학적 개입에 의해서든, 포도당 대사를 개선하는 것이 우리가 늙어가면서 일어나기 쉬운 인지적 감퇴를 개선하는 데 임상적으로 실행 가능한 방법일 수 있어요."라고 스몰은 결론 내린다.[16]

다른 연구들은 당뇨 및 고혈당과 기억 결손 및 치매 사이의 관계를, 그리고 운동과 이런 반갑지 않은 변화에 대한 보호 효과 사이의 관계를 발견했다. 스몰의 연구는 이 포도당 수수께끼의 주요한 열쇠이다. 당뇨와 운동에 관한 논문을 널리 발표해온 운동생리학자 셰리 콜버그-옥스Sheri Colberg-Ochs는 가벼운 운동만 해도 제2유형 당뇨 환자를 인지능력의 침식으로부터 보호할 수 있음을 보여주었다. 그녀는 스몰의 연구가 중요한 이유는 "그것이 잘 통제되지 않은 당뇨병에 의해 가장 영향을 많이 받는 영역이 해마의 어느 부위인지를 알수 있게 해주기 때문"[17]이라고 말한다.

그렇다면 왜 혈당 수준의 상승이 뇌의 아주 작지만 핵심적인 이 영역에 그렇게 심각한 효과를 내는 것일까? 스몰은 "간단히 말하면, 우리는 아직 모릅니다."[18]라고 말한다. 현재까지의 연구에 따르면, 해마 내 치아이랑은 포도당 수준의 어떠한 변동이든("올라가든 내려가든"이라고 그는 말한다.) 변동에 특별히 민감한 것으로 보인다(그는 이전의 연구가 이 영역이 비정상적으로 낮은 혈당에도 특별히 민감하다고 시사했음을 지적한다). 그의 말에 따르면 이 연구 결과들이 결정적이다. 왜냐하면 인지적 쇠퇴를 가속화하는 다양한 요인을 이해하기 위해서는 "우리가 '차별적으로 취약하다.'고 부를 만한 영역들, 즉 특정 과정에 특별히 민감한 영역들을 콕 집어낼 필요가 있기 때문입니다. 그 특정 과정이 질병의 진행 과정이든 아니든 말이죠. 이 경우엔 그게 포도당이 관여하는 과정인 거죠. 그렇게 되면 정말 어떤 질문을 해야 할지 틀이 잡혀요. 이것이 그 기전을 이해하기 위한 중요한 첫걸음이죠." 그와 동료 연구자들은 그 기전을 더욱 깊이 파헤치고 있다. 그들이 어떠한 답을 찾아내든 그것은 노화 관련 기억 감퇴에 대한 새로운 표적 치료법과 관리법을 개발하는 길로 이어질 수 있을 것이다.

스몰은 이 문제의 근원에 대해서 자신만의 지론(그 자신은 "순전히 추측"이라고 강조하는)을 갖고 있다(그는 학생들에게 "추측하기를 절대로 두려워하지 말라. 그것은 우리가 하는 일의 즐거움이다."라고 이야기해준다). 치아이랑은 여러 가지 이유로 독특한 부위인데, 그 한 가지 이유는 새 뉴런을 생성해내는 능력(신경발생이라 불리는 과정)이 있다는 것이다. 과학자들은 출생 이후에는 뇌세포가 분열하지 않는다고 믿었다. 이 생각이 아직도 대부분의 뇌 영역에는 적용되는 정설인 것으로 보이지만, 출생 이후에도 세포 분열이 일어나는 치아이랑을 비롯하여 몇몇 아주 작은 영역들의 경우에는 틀렸음이 입증되었다. "그건 신경과학계에서는 엄청난 소식이죠. 그래서 사람들은 이것이 진짜 의미하는 바가 무엇일까를 알아내려고 하고 있어요. 이 과정을 조절하는 것은 무엇일까요?"라고 스몰은 말한다.

성년 신경발생adult neurogenesis이 왜 일어나는지는 분명하지 않다. 해마에서 그것이 일어나는 이유가 새로운 신경세포의 생성이 학습과 기억에 결정적이기 때문이라고 가정하는 연구자들이 많기는 하지만 말이다. 학습과 기억이 이 과정에 의해 정확하게 어떻게 영향을 받을지는 수수께끼이지만 여러 개의 이론들이 나와 있다. 새로운 뉴런이 기억 용량을 증가시킬 수도 있고, 기억 간의 간섭을 줄일 수도 있으며, 또는 이미 존재하고 있는 기억에 새로운 정보를 더할 수도 있다(또는 이 모두를 할 수도 있다).

일생에 걸친 신경발생의 중요성에 관한 한 가지 좋은 가설은, 성인기에 생성되는 뉴런들이 스트레스 조절에 결정적인 역할을 할지도 모른다는 것이다. 새로운 뉴런의 형성을 항우울제의 유익한 효과와 연결시켜 살펴본 연구는, 해마의 신경발생의 결손과 임상적 우울증이 관련 있음을 시사한다. 이런 생각은 스트레스를 완화시키는 활동[예컨대 학습, 새로운(위협적이지 않을지라도) 환경에의 노출, 또는 운동 같은]이 신경발생의 증가와 연관된다는 연구 결과와도 일치한다. 또한 이는 생리적 스트레스 요인(코르티솔 농도의 증가 같은)이나 심리적 스트레스 요인(극심한 고립 같은)에 노출된 동물들이 성체가 되었을 때 새로운 뉴런의 생성을 눈에 띄게 덜 한다는 관찰 결과와도 일치한다.

치아이랑은 성년 신경발생의 핵심 장소 중 하나인데, 스몰은 이 영역이 일생 동안 포도당에 과민한 것은 그것이 출생 이후에도 새로운 세포 분열을 지원하도록 만들어졌다는 사실의 잔재일 것이라고 추측한다. "분열하는 세포는 분열하지 않는 세포보다 훨씬 더 많은 에너지가 필요해요."라고 스몰은 말한다. 그러므로 치아이랑은 에너지 대사를 조절하기 위한 온갖 종류의 분자들을 갖추고 있을 것임에 틀림없다. 그의 말에 따르면 "포도당에 관한 모든 것"을 말이다. 뇌의 각 영역은 자기만의 독특한 분자 프로필을 갖고 있다. 따라서 각 부위마다 서로 다른 유전자들이 발현된다. "아무도 왜 그런지는 잘 모르지만, 이것은 아마도 치아이랑이 발현하는 것 중 하나(즉, 포도당을 조절하는 유전자)일 것이며" 새로운 세포들이 광범위하게 생성되지 않게 되는 나이가 되어서조차도 "치아이랑이 포도당의 어떠한 변동에든 민감한 것도 그 때문일 것이라고 추측된다".

연구자들은 이 연구 결과들은 나이가 아주 많은 사람들에게만이 아니라 아주 어린 사람들에게도 중요한 것이라고 이야기한다. 미국의 어린이와 10대들이 제2유형 당뇨에 걸릴 위험이 계속 증가하고 있기 때문이다. "당뇨라고 하면 심장병, 그리고 신체에 야기될 그 모든 결과를 떠올리지만 대개 뇌에 대해서는 생각하지 않아요." 록펠러대학교의 신경내분비학 실험실 책임자인 브루스 맥유원Bruce McEwen 박사가 2009년 1월 *The New York Times*에서 했던 말이다. 그는 다음과 같이 덧붙였다. "이건 정말로 걱정해야 할 일이죠. 우리는 [나이 어린 사람들이] 궁극적으로 심혈관계 질환과 대사 질환에 걸릴 위험성에 대해서만 생각할 게 아니라 그들의 인지적 기술에 대해서, 그리고 그들이 학교 교육과 급격하게 변하는 복잡한 사회를 뒤떨어지지 않고 따라갈 수 있는지에 대해서도 생각해야 합니다. 이런 생각을 하면 식은땀이 날만큼 무서워요."[19]

스몰은 비정상적으로 높아진 혈당이 발달 중인 뇌에 아마도 해로울 것이라는 점에 동의한다. 하지만 당뇨병 환자들(젊었건 늙었건)에게 좋은 소식은 "당뇨를 조절하고 혈당을 조절한다면 아마도 병이 생기지는 않는다는 것"이라고 스몰은 말한다. "이건 고혈압 같은 거예요. 고혈압이 있어도 약을 복용하면 혈압은 조절이 되는 거죠."[20] 마찬가지로 당뇨나 고혈당증이 있는 사람이라도 혈당을 조절할 수 있다면 언젠가 인지적 문제가 생길 위험성은 줄어든다.

고혈당이 늙어가는 뇌를 손상시킬 수 있다는 사실이 밝혀진 마당에 왜 연구자들은 문제를 완화시킬 방법으로 식이요법보다 운동을 강조할까? 뇌를 고혈당으로부터 보호하기 위해 단순히 특정한 종류의 식이요법(예를 들어, 저탄수화물 식사)을 권하지 않는 이유가 무엇일까?

"식이요법은 힘든 방법이에요. 왜냐하면 그건 그저 당만 멀리하는 게 아님이 분명하기 때문이죠. 그런다고 될 일이 아니에요."라고 스몰은 설명한다. 식이요법은 당뇨나 비만 같은 질환을 조절하는 데 필수적인 부분이기는 하지만, 여전히 무언가를 먹는 사람(대체로 건강한 사람을 포함하여)은 누구라도 혈당의 규칙적인 오르내림을 피할 수 없다. "무엇을 먹든지 간에 식사를(저탄수화물 식사조차도) 하면 몸에서는 혈당이 급격하게 상승한다는 게 문제예요. 많은 음식이 포도당으로 분해되는데, 우리는 물론 포도당이 필요해요. 그러므로 포도당을 제공하는 음식을 전혀 먹지 않는다는 것은 잘못된 생각이죠." 스몰의 말이다. 그렇다면 진짜 문제는 몸이 혈당의 그런 급격한 상승을 어떻게 처리하는가인데, 불행히도 몸은 나이가 들수록 당을 처리하는 능력이 약해진다. 하지만 나이가 몇이든 상관없이, 그렇게도 두려운 '혈당 급상승sugar spike'에 대한 대처법으로 잘 확립된 것이 바로 운동이다.

"포도당 흡수는 나이에 영향을 받는 것으로 보여요. 그러므로 사실상 기계적으로 보면 우리에게 필요한 것은 식사 후 몸이 포도당을 스펀지처럼 빨아들이게 하는 능력인데, 그것이 바로 운동이 해주는 일이죠."라고 스몰은 말한다. 그의 연구 팀은 운동이 치아이랑에 차별적으로 유익한 효과를 낸다는 점을 이미 발견했다. 하지만 당시에 "우리는 잘 이해하지 못하고 있었어요. 그런데 이 포도당과 연결을 시켜보았더니 바로 하나의 기전이 나왔던 거죠."

그는 잘 알려진 운동의 이점 중 하나는 근육에 포도당 수송체를 집어넣음으로써 신체가 혈당을 처리하는 능력을 향상시키는 것, 따라서 어떤 의미로는 "근육이 포도당을 더 잘 빨아들이게 하는 것"이라고 말한다. 운동을 하는 사람들은 "포도당을 더 빨리 빨아들이는데" 그 결과 포도당을 더 잘 조절한다고 설명한다. 그렇다면 나이가 많이 들어서도 정신적 명민함을 유지하는 데는 그저 우리가 섭취하는 포도당의 양이 아니라 그것을 효율적으로 흡수하는 신체적 능력이 결정적이다. 그는 운동이 "제 환자 모두에게, 그리고 나 자신에게, 또 친구에게 아주 일상적으로 권장하는 사항입니다."라고 말한다.

새로운 동물연구에 따르면 자발적인 운동은 생쥐가 더 빨리 그리고 더 잘 배우는 것을 도와주며, 늙은 생쥐가 해마에서 새 뉴런을 생성하는 것도 도와준다. 운동을 통한 신경생성이 학습과 어떻게 연결되는지는 아직 모르지만, 이 연구는 포유동물에게서 운동이 인지 기능에 분명히 유익함을 보여준다. 따라서 알츠하이머병의 예방과 치료에, 그리고 연령 관련 인지적 쇠퇴에 중요한 의미를 가질 수 있다.

스몰과 다른 사람들이 포도당, 운동, 신경발생 그리고 기억의 관계를 분자 수준에서 연구하는 동안, 운동이 좋다는 역학적 증거들이 계속해서 축적되고 있다. 2009년 6월에 발표된 한 주요 종단 연구는 70~79세의 노인 2,500명을 8년 동안 추적하면서 그들의 인지능력을 여러 차례 진단했다. "과거 연구의 대부분은 시간이 지남에 따라 사람들이 인지능력을 잃을 위험성을 증가시키는 요인에 초점을 맞추었죠. 하지만 사람들의 기능을 유지하는 것을 돕는 요인에 대해서는 알려진 바가 훨씬 더 적어요."[21] 연구 저자인 캘리포니아대학교 샌프란시스코캠퍼스의 알렉산드라 피오코Alexandra Fiocco는 말한다.

이 연구에 참여한 많은 사람들 중에는 인지 기능의 전반적인 쇠퇴(경미한 정도에서부터 심각한 정도까지)를 보인 이들이 많았다. 하지만 참가자의 30%는 별로 주요한 변화를 보이지 않거나 아니면 오히려 해가 갈수록 검사 성적이 더 나아졌다. 연구자들이 나이에도 불구하고 정신적 예리함을 유지시키는 요인을 찾기 위해 이들의 생활 방식을 분석해보자, 규칙적인 운동이 한 가지 주된 요인으로 떠올랐다. 일주일에 적어도 한 번, 중간 수준 내지 격렬한 수준의 운동을 하는 사람들이 그만큼 운동을 하지 않는 사람들보다 인지능력을 유지할 가능성이 30% 더 높았다. 세 가지 다른 요인, 즉 교육, 비흡연 및 사회적 활동성 유지도 역시 인지적 건강에 결정적인 것으로 판명되었다. 최소한 고등학교 수준의 교육을 받은 참가자들은 그보다 낮은 교육 수준의 참가자들보다 정신적 예리함을 유지할 가능성이 거의 세 배 가까이 되었고, 중학교 3학년 수준 이상으로 글을 읽고 쓰는 능력이 있는 노인은 그렇지 못한 노인보다 정신적 기술을 유지할 가능성이 거의 다섯 배였다. 비흡연자는 흡연자보다 정신적 예리함을 유지할 가능성이 거의 두 배였고, 사회적 활동이 많은 사람(일이나 자원봉사를 하거나 누군가와 함께 산다고 말한 사람)은 늙어서도 인지적 기술을 유지할 가능성이 24% 더 높았다.

"운동이나 흡연 같은 요인은 사람들 스스로가 변화시킬 수 있는 행동이죠. 인지능력 유지와 관련된 요인을 발견하는 것은 치매를 걸리지 않게 하거나 그 시작을 늦추는 예방책을 마련하는 데 매우 유용할 거예요."라고 피오코는 말했다. "이 결과는 또한 성공적인 노화에 관여하는 기전을 알아내는 데도 도움이 될 것입니다."[22]

치료를 위한 망각

2009년 3월, 심리학자 메렐 킨트Merel Kindt가 이끄는 네덜란드 연구 팀은 인간에게서 공포 반응을 유도해내서(그리고는 지워버려서) 뉴스의 헤드라인을 장식했다. 아마도 가장 놀라운 것은 그 모두를 3일이라는 짧은 기간에 할 수 있었다는 점이다.[23] 연구의 기본 물음은 이것이었다. 공포스러운 기억이 인출되었을 때 우리에게 그것이 뇌에 저장되는 방식을 변경할 수 있는 기회가 다시 한 번 주어진다면, 그래서 그 기억의 신체적 및 정서적 효과를 지울 수 있다면 어떻게 될까? 뇌가 장기기억을 저장하는 데는 시간이 걸린다는 것은 잘 알려진 신경학적 사실이다. 이러한 시간 지연은 불안정 단계labile phase라는 것으로서, 이 단계 동안에는 기억이 아직도 안정화된 상태가 아니어서 변경되기 쉽다. 한때 일반적으로 믿었던 통설은, 기억이 장기기억 중추에 저장되었다면 그 기록을 담고 있는 단백질 합성이 완성되어서, 영구적이고 근본적으로 총알도 뚫을 수 없을 만큼 견고하다는 것이었다. 이 기억 중추들이 외상성 부상이나 알츠하이머병 같은 질환으로 손상되는 경우만 제외하고 말이다. 하지만 최근의 연구들은 기억 인출 동안에도 단백질 합성이 다시 일어남을 보여주었는데, 여기서 생기는 의문은 이 단계에서 화학적 개입을 통해 기억의 재저장을 변경시킬 수 있는 두 번째 기회가 생기는가라는 것이다.

이 생각을 검증하기 위해서 위의 네덜란드 연구자들은 60명의 암스테르담대학교 학부생 자원자들에게 상이한 거미 사진 두 장을 보여주었다. 그중 하나에는 약한 전기충격이 뒤따랐고 다른 하나는 그렇지 않았다. 전기충격과 짝지어진 거미 사진에는 학생들이 결국 놀람반사를 나타내게 된 반면에, 다른 사진에는 완벽하게 침착함을 유지했다.

공포 반응을 측정하기 위해 연구자들은 학생들의 눈 아래에 전극을 붙여서 눈깜박임 반사(뇌의 원초적인 정서 중추인 편도체에서 활성화되는 반사)를 기록했다. 그리고 실제로 공포 반응을 조건화시키는 데 성공을 거두었다. 실험용 쥐의 발바닥에 전기충격을 가함으로써 특정한 먹이나 장소를 무서워하도록 가르치는 것과 꼭 마찬가지로 말이다. 이 결과는 별로 놀랄만한 것이 아니었다. 그런데 실험 둘째 날에 어떤 학생들은 베타차단제인 프로프라놀롤(아드레날린의 작용을 방해하는 약물)을 투여받은 반면에, 다른 학생들은 가짜약을 받았다. 약물 투여 후 곧 학생들에게 그 사진을 다시 보여주자 공포 기억이 재활성화되었다. 특별히 생생하고 오래가는 기억은 아드레날린(특히 뇌에 작용하는 형태의 아드레날린인 노르아드레날린. 노르에피네프린이라고도 함)의 존재하에서 형성된다는 사실, 그리고 프로프라놀롤은 심장뿐 아니라 뇌의 아드레날린 수용체에도 작용하는 베타차단제라는 사실은 기존 연구에서 이미 밝혀진 바 있다. 캘리포니아대학교 어바인캠퍼스의 심리학자이며 정서 기억의 신경생물학 분야를 선도하는 학자인 제임스 머가James McGaugh는 "프로프라놀롤은 그 신경세포(역자 주 : 즉 아드레날린이 작용하는 세포)에 들러붙어서 그것을 차단해버려요. 그래서 아드레날린이 있어도 작용을 못하게 되는 거죠."라고 설명한다.[24] 네덜란드 연구 팀은 베타차단제가 투여된 상태에서 기억을 재활성화하면 공포 반응이 무뎌지기를 바랐다.

셋째 날에 시행된 진짜 검사에서는 학생들에게 사진을 다시 보여주었다. 이번에는 전기충격과 짝지어졌던 거미에 대한 생리적 공포 반응이, 프로프라놀롤을 받은 집단에서는 사라진 반면에 가짜약 집단에서는 그렇지 않았다. 따라서 프로프라놀롤 투여가 공포 반응을 무디게 했을 뿐만 아니라 싹 지워버렸음이 입증되었다. 학생들은 그 사진들을 기억했고 그것이 전기충격과 연관되었음을 기억하고 있었지만, 그런 연관이 더 이상 생리적 혹은 정서적 반응을 유발하지 않았다.

PTSD 같은 불안장애가 있는 환자를 위한 기억 기반 치료법에 대한 연구가 늘어나고 있는데, 위의 연구자들은 이런 결과가 치료법 개발에 도움이 되기를 바라고 있다. 심한 외상성 기억이나 수년 혹은 심지어 수십 년에 걸쳐서 응고화된 기억에도 이 연구 결과가 확대 적용될 수 있는지는 분명하지 않지만, 그럴 수도 있음을 시사하는 다른 연구가 진행 중이다.

하버드의과대학의 정신과의사인 로저 피트만Roger Pitman은 2004년부터 PTSD를 치료하고 예방하는 데 프로프라놀롤이 가진 치료적 잠재성을 연구해왔다. 당시에 그는 매사추세츠종합병원 응급실에 들어오는 환자 중에서 연구 참가자들을 모집하기 시작했는데, 이들은 교통사고나 위험한 추락 사고에서부터 차량 탈취나 성폭력에까지 걸친 심한 외상을 겪은 이들이었다. 어떤 환자에게는 프로프라놀롤이, 다른 환자에게는 가짜약이 투여되었다. 이 연구에 참여한 캐슬린 로그는 복잡한 보스턴 시내 한가운데에서 자전거에 치이는 사고를 당했다. "자전거가 내 몸의 왼쪽 전체를 쳤어요. 그리고는 전 보스턴

시내 스테이트가에 쓰러져 있었는데, 그게 무한히 긴 시간처럼 느껴졌어요."[25]라고 로그는 회상했다.

그녀는 연구에 자원했는데, 그 이유는 그보다 8년 전에 차량 탈취와 강간 미수의 피해자가 되어 PTSD가 생겼기 때문이다. 그녀는 "비록 이번 것이 더 작은 사고이기는 하지만 이 하나의 외상이 제가 차량탈취범에게 잡혔던 때에 관한 온갖 기억들을 촉발할 것이라는 느낌이 들었어요."라고 말한다. 그 강간당할 뻔했던 경험 후 "적어도 8개월간은 밤에 잠들기 전에 그 일에 대한 생각이 나곤 했어요. 잠이 들지 않아 일어나서는, 카페인 없는 차를 한 잔 만들어 마시고 그 기분에서 벗어나기 위해 TV에서 무언가 유치한 것을 보곤 했죠. 그리고 매일 아침 일어날 때면 누가 내 머리에 총구를 들이대고 있는 것 같은 기분이었어요."[26]

자전거 사고 3개월 뒤 그녀는 병원으로 다시 와서 자신의 경험에 대한 이야기를 했고, 연구진은 그 이야기를 녹음한 후 짧게 편집했다. 일주일 뒤, 편집된 이야기를 다시 들려주었다. 예비 연구에서 40명의 참가자 모두에게 이런 절차가 적용되었다.

자신의 외상적 경험 이야기를 녹음한 것을 들었을 때, 가짜약을 받은 환자들의 거의 절반이 PTSD의 신체적 증상을 나타낸 반면, 베타 차단제를 받은 환자들은 아무도 그런 생리적 고통의 증상을 나타내지 않았다. 이런 놀라운 결과는 더 큰 규모의 임상 연구로 이어져서, 현재 국립정신보건연구소의 재정 지원하에 128명의 환자들을 대상으로 마지막 단계가 진행 중이다.[27]

이 매사추세츠종합병원 실험 같은 것은 논란을 불러일으키는데, 이런 실험이 개인 정체성의 핵심에 있다고 여겨지는 그런 종류의 기억들을 건드리고 있기 때문이다. 2003년에 생물윤리학에 관한 미국 대통령자문위원회는 *Beyond Therapy: Biotechnology and the Pursuit of Happiness*라는 보고서에서 이 난처한 주제를 다루었다. 그리고 궁극적으로는 인간 기억을 무디게 하거나 지워버리는 행위가 비윤리적일 것이라는 결론을 내렸다. 그 이유는 "그런 힘을 사용하는 것이 개인이 자신의 삶에서 일어나는 일과 자신을 둘러싼 세상의 현실을 '부호화' 하는 방식에, 즉 그것을 이해하는 방식에 직접적으로 개입함으로써 인간 기억의 성질을 변경시키기 때문이다."[28]

이 자문위원회의 결론은 양면적인 물음을 제기한다. 위원들은 "끔찍한 일에 대한 기억을 무디게 하는 것"이 "세상을 너무 편안한 것으로 보게 만들어서 고통, 비행 혹은 잔혹성에도 꿈쩍하지 않게 되지는 않을까" 염려했다. 그러나 그들은 또한 "수치스럽고, 공포스럽고, 증오스러운 것"에 대한 기억을 무디게 만드는 것이, 우리의 가장 행복한 순간을 즐길 능력을 떨어뜨리지는 않을까라고 우려했다. "우리가 인생 최대의 즐거움에는 무감각해지지 않으면서, 인생 최대의 아픈 슬픔에만 무감각해지는 것이 가능할까?"[29]

이 자문위원회의 위원이자 세인트루이스의 워싱턴대학교 의료윤리학 교수인 레베카 드레서Rebecca Dresser가 했던 다음의 이야기는 자문위원회의 분위기를 잘 대변해준다. "(고통스러운 기억의 '가시' 에 찔려 아파하는 능력이) 공감의 많은 부분을 낳는 원천입니다. 우리

개인으로서는 되도록이면 찔리고 싶지 않은 가시이지만, 다른 사람들이 거기에 찔려서 아파하면 그게 나머지 사람들에게는 좋은 일이 되는 그런 가시가 있기도 하지요."[30]

스탠퍼드대학교의 생물의료윤리학센터의 책임자인 데이비드 매그너스David Magnus는 프로프라놀롤 같은 약물이 사소한 이유로도 처방될 수 있을 것이라는 우려를 나타냈다. "제약업계의 관점에서는 최대한 많은 사람이 PTSD 진단을 받게 해서 프로프라놀롤이 가능한 한 광범위하게 사용되게 하는 데 모든 관심이 쏠릴 겁니다. 현실적으로 약물이 그런 식으로 도입되고 사용되고 있죠." 라고 매그너스는 말한다. "이별, 인간관계, 그런 것들은 고통스럽기는 해도 그런 고통스러운 경험으로부터 뭔가를 배워요. 그런 것들이 우리를 더 나은 사람으로 만드는 거죠."[31]

외상적 기억을 정서적으로 무디게 하거나 심지어 지워버리는 것이, 심리적으로 잃는 것보다는 얻는 게 훨씬 더 많을 것이라는 입장을 취하는 뇌과학자들이 많다. 조 치엔Joe Tsien의 연구 팀은 생쥐에게서 기억을 지우는 데 성공했는데, 그는 이렇게 말한다. "기억은 훌륭한 스승이고 생존과 적응에 결정적인 것임이 분명해요. 하지만 정상적인 생활을 가로막는 기억들, 예컨대 충격적인 전쟁의 기억이나 원치 않는 공포 같은 것만 따로 제거하는 일은 많은 사람들이 더 나은 삶을 살게 도와줄 수 있죠."[32] 컬럼비아대학교의 정신의학과 및 생리학 교수인 에릭 캔들Eric Kandel은 힘든 경험 중에는 다시 겪어볼 가치가 있는 것이 있기는 하지만 고통스러운 경험이 모두 똑같이 그런 것은 아니라고 주장한다. "힘든 경험을 하며 살아나가는 게 곧 인생이죠. 삶이 온통 달콤하고 장밋빛인 건 아니에요. 그렇지만 어떤 경험들은 달라요. 예를 들어, 사회가 병사에게 우리의 국가를 지키기 위해 전투에 나가기를 요구할 땐, 그 병사가 전쟁의 끔찍함을 목격한 후유증을 이겨나가도록 도울 책임이 사회에 있는 거죠."[33]

로저 피트먼은 PTSD의 치료에 프로프라놀롤을 사용하기를 반대하는 주장이, 신체적인 외상에 대한 적절한 치료라고 우리가 알고 있는 것과 서로 들어맞지 않는다고 생각한다. 이는 깊이 뿌리박힌 이중잣대를 반영하는, 일관성이 결핍된 주장이라는 게 그의 생각이다. "폭행을 당해서 병원에 온 사람이 있다고 가정해보죠. 이 사람은 뼈가 부러졌고 엄청난 고통을 겪고 있어요. 우리가 그에게 모르핀을 주사하지 말아야 할까요? 모르핀이 그에게서 그 온전한 정서적 경험을 없애버릴지도 모르기 때문이라는 이유로 말이죠. 이런 주장을 할 사람이 하나라도 있을까요? 정신의학이라고 해서 왜 달라야 합니까? 이 주장의 배후에는 정신 질환이 신체 질환과 같지 않다는 개념이 도사리고 있다고 생각해요. 즉, 정신 질환의 치료는 해도 되고 안 해도 되는 옵션 같은 일이라는 관념이죠."라고 그는 말한다.[34]

캐슬린 로그로 치자면, 안전하고 효과적인 치료법이 있는 한 심적 충격을 받은 사람들이 외상적 기억의 파괴적 효과를 겪으면서 여생을 지내기를 기대해서는 안 된다는 입장이다. "그런 치료가 그 일이 일어났다는 사실을 지우지는 않아요. 그것에 대한 기억을 지우는 것도 아니고요. 기억하고 기능하는 일을 더 쉽게 만들어주는 거죠." 그

녀의 말이다.[35]

외상적 기억의 유해한 생리적 효과를 무디게 만드는 치료법의 경우에는 이 말이 사실일지도 모르지만, 기억을 통째로 삭제하는 경우는 어떨까? 기억 저장을 담당하는 분자들에 관한 새로운 연구는 그게 어쩌면 생각보다 더 빨리 가능해질 것임을 시사한다. 2008년 10월 조지아의과대학의 조 치엔은 학술지 *Neuron*에 그의 연구 팀이 상하이의 과학자들과 함께 했던 연구를 발표했다. 이들은 기억이 회상되고 있는 바로 그 시간(즉, 두 번째 '불안정' 단계)에 뇌 기능에 결정적인 한 단백질(알파CaMKII라고 알려진)을 과다 발현시킴으로써 생쥐에게서 기억을 제거했다고 보고하였다.[36] 그리고 2개월 뒤, 브루클린에 있는 뉴욕주립대학교 주州남부병원의 학자들은, 기억을 기록하는 것으로 알려진 PKM제타라는 분자가 공간 기억 및 일화 기억에 관한 고품질의 정보는 보존하지만 일반적인 능력에는 영향을 미치지 않는다는 연구 결과를 내놓았다. 이는 그 물질이 인지 기능은 해치지 않으면서 특정 기억(예 : 외상이나 중독에 대한)을 지우는 데 사용될 수 있음을 시사한다.[37] "이런 관점이 앞으로의 연구에서도 지지받는다면 우리가 언젠가는 PKM제타 기억 삭제에 근거한 치료법들을 볼 날이 올 것으로 예상할 수 있어요."라고 생리학 및 심리학 교수이며 이 논문의 저자 중 한 사람인 안드레 펜턴Andre Fenton은 말한다. 그는 부정적 기억을 삭제하는 것은 "사람들이 고통스러운 경험을 잊도록 도와줄 뿐만 아니라 우울증, 일반 불안, 공포증, 외상 후-스트레스, 그리고 중독을 치료하는 데에도 유용할 수 있죠."라고 이야기한다.[38]

학자들은 PKM제타와 알파CaMKII에 관한 연구가 지금까지는 동물에 국한되었지만 그 결과는 인간에게도 확대될 가능성이 높다고 말한다. 그들은 이런 새로운 지식이 PTSD나 중독 같은 기억 관련 질환의 치료를 개선할 뿐만 아니라 치매 및 나이와 관련된 인지 쇠퇴에 대한 새로운 치료법의 개발로 이어지기를 바라고 있다. "이것이 사실상 가장 큰 목표죠."라고 PKM제타의 중요성을 발견한 뉴욕주립대학교 주남부병원 연구 팀의 책임자 토드 색터Todd Sacktor는 말한다. "그리고 우리는 어떻게 그것을 시도할지에 대한 몇 가지 아이디어가 있어요. 예를 들어, 세포로 하여금 PKM제타를 더 많이 만들도록 하는 거죠. 그러나 지금 단계에서는 이것이 그저 아이디어에 불과해요."[39]

치료 목적의 기억 삭제에 대해 생각하기 시작하면, 새로운 기억을 주입하려는 시도에 관한 생각도 이어서 떠오르지 않을 수 없을 것이다. 인공적인 기억을 만들어내서 심는 방법을 개발한다면 어떻게 될까? 아마도 우리는 그런 기술의 사용을 더 나은 신체적 및 정서적 건강을 지탱해줄 행복한 기억을 이식하는 데에만, 예컨대 장기적인 우울증이나 기억 상실의 치료에만 국한시키게 될 것이다. 이런 경우에 인공적인 기억을 만들어내는 것이 실제 기억을 지우는 것보다 덜 윤리적이라고 할 수 있을까?

만약 이런 질문에 좀 초조한 느낌이 든다면, 그건 아마도 우리의 역사적 자아historical self(역자 주 : '역사적 자아'란 자아라는 것이 결국 자신의 과거에 대한 기억의 총합일 것이기 때문에 나온 말이다.)의 가장 개인적이고 근본적인 부분을 건드리는 법을 급속도로 알아가고 있기 때문일 것이다. 그래서 다음과 같은 의문이 생겨날지도 모른다. 우리를 형성하는 데 가장 중요한 기억들이 벗겨져나가고 나면 '나'라고 부를만한 무엇이 남아 있을까? (무언가 남는 게 있어야 한다. 안 그런가? 초조함을 느끼고 있는 그 무엇인가가 바로 그것이다.)

불교 명상 지도자인 래리 로젠버그Larry Rosenberg는 *Living in the Light of Death*라는 책에서 알츠하이머병 진단을 받은 친구의 이야기를 하고 있다. 그 친구 역시 숙련된 명상 수행자였는데, 자신의 기억을 잃게 되자 진정한 슬픔, 공포, 그리고 수치심을 느꼈다. 하지만 그는 자신이 가진 정신적 기술을 어떻게 활용하여, 자신의 깜박하는 실수들(그중에는 꽤나 심각하고 무서운 것들이 많았다.)에 압도당하지 않으면서 그것들을 그저 관찰할 수 있을지를 학습했다. "그는 내게 말하기를 매일 아침 잠에서 깨면 자신이 어디에 있는지, 또는 무엇을 해야 하는지에 대해 아무런 생각이 들지 않는다고 했다. 그는 그런 혼란과 방향감각 상실을 자각하는 것을 학습했다. 그는 더 이상 공포에 떨지 않는다. 그런 상황이 지나가고, 그러면 그는 씻고 그날을 맞을 준비를 할 수 있게 된다. 그래서 기억이 깜박하게 되는 일을 감당하기가 점점 더 쉬워졌다."라고 로젠버그는 쓰고 있다.[40]

우리를 형성시킨 가장 중요한 개인적인 기억들이 갑자기 사라져버리는 두려운 상황에서도 공포에 떨지 않기를 선택하고 일어나서, 양치질을 하고, 사람들에게 자비를 베풀겠다고 마음먹게 만드는 것이 도대체 정확히 무엇일까? 불교 사상가들은 이 현상을 '순수한 자각pure awareness'이라고 부르며, 그것이 우리가 '나'라고 믿게끔 일생 동안 교육받아온 학습된 경험들을 풀어서 내려놓고 나면 남아 있게 되는 전부라고 말한다. 그들은 또한 그것이 진정한 행복을 경험하는 우리의 부분, 행복의 궁극적인 원인은 자비심임을 정말로 이해하는 우리의 부분, 그리고 지속적으로 존재하는 우리의 유일한 부분이라고 말한다. 물론 우리는 자신의 이해력과 지식에 기초해서 이런 주장들을 받아들이거나 거부해야 하겠지만, 자아의 신경적 경험, 그리고 점점 부각되는 무아無我의 신경적 경험, 즉 비자기의식적 자각unself-conscious awareness은 오늘날 신경영상화 연구에서 가장 흥미롭고 가장 영감을 주는 두 가지 연구 분야이다.

07 '나'는 어디에 있을까?
자신, 타인, 그리고 자신도 타인도 아님에 대한 경험

우 리 모두에게는 내적 경험이 아무리 해도 기대만큼 따라주지 못하는 '야릇한' 순간들이 있다. 때로는 며칠 동안 그렇기도 하다. 그러면서 몸이 안 좋거나 초조하거나 고통스러운 느낌이 있다. 이럴 땐 '내가 나 자신 같이 느껴지지가 않는' 이유가 뭘까라는 의문이 생기기도 한다. 그런데 이 말이 정확히 무슨 뜻일까? 그 '나 자신'이라는 자들이 누구일까? 그들은 대관절 자신이 누구라고 생각하기에 우리에게 이렇게 또는 저렇게 느껴야 한다고 시키는 것일까?

물론 어떤 날은 우리가 느끼는 감각, 정서, 또 생각이 곧 나 자신이라고 아주 기꺼이 받아들인다. 아마도 그것들은 유쾌하게 느껴지거나, 아니면 우리로 하여금 똑똑하고 원칙을 잘 지키는 사람이라고 느끼게 할 것이다. 그리고 아무런 문제없이 그것들을 '내'가 느끼는 것이라고 생각한다. 하지만 아무것도 한 게 없다고 느껴지는 어두운 날도 있다. 그런 날에는 불과 12시간 전에는 그토록 총명하고 낙관적이며 일을 척척 해내던, 내 두개골 안에 자리 잡고 있던 그 사람이 어디로 갔는지 우리는 의아해하기도 한다. 자신을 도저히 견딜 수 없을 때, 말하자면 방금 최악의 말이나 행동을 했는데 그런 보잘것없는 생각과 파괴적 충동의 주인이 나 자신이라고는 죽어도 생각하고 싶지 않을 땐, 우리는 누가 되는 것일까? 그 반대도 마찬가지이다. 자신이 세상에서 가장 잘난 사람이라고 생각될 때의 나는 누구일까? 자신이 영특하고 매혹적이며 외모도 멋지다고 느껴질 때, 어떠한 말이나 행동을 해도 분명히 틀릴 수가 없다고 느껴질 때의 나는 누구일까?

제발 진짜 '자아'가 한걸음 앞으로 나와준다면, 그에게 우선 어디에 살고 있는지 물어볼 수 있을 텐데. 그리고 우리가 필요할 때 집에 좀 있어 줄 수 있는지도 물어볼 텐데.

부처가 삶을 마감할 무렵의 한 일화가 있다. 그의 제자 한 사람이 몸과는 따로 떨어진 영혼이 있는지, 만약 있다면 죽은 후 영혼에게 무슨 일이 일어나는지를 물었다. 부처의 답은 이러했다고 한다. 그것들은 답을 알 수 없는 질문이며 우리를 미치게 만든다. 그리고 우리를 혼란시켜서 인생의 기쁨과 슬픔 앞에서 평정함, 지혜 및 균형감을 기르는 중요한 영적 수행에 방해만 될 뿐이다. 그는 자신의 마음 수련에 시간과 에너지를 쓰는 대신에 그와 같은 질문에 집착하는 것을 다음과 같이 비유했다. 즉, 독화살에 맞았으면서 자신을 쏜 사람과 무기에 관해 모든 걸 알아낼 때까지 그 화살을 뽑아내기를 거부하는 사람과 같다는 것이다. 부처는 "그는 죽을 것이다. 그런 것들을 여전히 모른 채로 말이다."[1]라고 말했다고 전해진다.

그러나 부처는 또 자기 제자들에게 자신의(또 다른 어느 누구의) 말도 그냥 받아들이지 말고, 그들 자신의 마음의 힘을 사용하여 경험의 본질을 탐구하라고 가르쳤다. 그런데 2,500년이 지난 지금도 우리는 스스로 그러지 못하고 있음이 분명해 보인다. 의식적 자각과 '자아'라는 경험은 과학으로 풀기 어려운 연구 대상으로서, 오늘날 신경영상화 분야에서 가장 활발히 연구되는 문제들이다. 우리는 우리 자신의 호기심에 대해서 대단히 궁금해한다. 그리고 우주 속에 있는 '나'와 인간의 위치라는 느낌에 관여하는 다른 모든 정신적 현상에 대해서도 역시 깊은 호기심을 가지고 있다. 그것이 가능할 수 있는 것이든 아니든 상관없이 말이다.

캘리포니아주립대학교 샌디에이고캠퍼스의 뇌와 인지센터 소장인 신경학자 V. S. 라마찬드란V. S. Ramachandran은 다음과 같이 말한다. "손바닥에 올려놓을 수 있는 1.5킬로그램 가량의 이 물렁물렁한 물체가 뇌입니다. 이게 우주 공간의 광대함을 숙고할 수 있고, 무한함의 의미를 숙고할 수도 있으며, 또 무한함의 의미를 숙고하는 자신을 숙고할 수도 있어요. 자기자각이라고 부르는 것에는 이렇게 특이한 회귀적 성질이 있는데, 제 생각에는 그것이 신경과학의 성배입니다. 그리고 언젠가는 어떻게 그런 일이 일어나는지를 알게 되기를 바라죠."[2]

마음과 뇌 사이의 연결이 아직도 신비에 싸인 것임에도 불구하고 대부분의 뇌과학자들은 프란시스 크릭Francis Crick이 '놀라운 가설'이라고 부르는 생각에 동의한다. 이는 모든 사고, 감각, 감정 및 신념

(이에 대한 자각까지 포함하여)은 뇌에서 일어나는 전기 활동으로 환원될 수 있다는 것이다. 하버드대학교의 심리학자 스티븐 핑커Steven Pinker는 과학자들이 "영혼을 기계로부터 쫓아낸 것은 그들이 기계를 광적으로 좋아해서가 아니라, 의식의 모든 면을 뇌(역자 주 : 앞서 나온 '기계'는 곧 뇌를 의미한다.)와 연관지을 수 있다는 증거를 축적했기 때문입니다."라고 학계의 중론을 대변한다. 의식은 "뇌 여기저기에 널리 퍼져 있는 혼란스럽도록 많은 사건들로 구성된다는 게 밝혀졌어요. 이 사건들이 경쟁적으로 주의를 끌다가 어떤 하나가 다른 것들보다 더 큰 소리를 내게 되죠. 그러면 그 사건이 일어난 후의 결과를 뇌가 합리화시켜서는 처음부터 단일한 자아가 그것을 담당해왔다는 인상을 지어내는 거예요."[3]라고 그는 주장한다.

캘리포니아대학교 산타바바라캠퍼스에 있는 마음 연구를 위한 SAGE센터의 소장이며 생물윤리학에 관한 대통령자문위원회의 전 위원이었던 마이클 가자니가는 또 다른 비유를 든다. 그는 인간의 의식을 정교하고 매혹적인 곡을 연주하는 파이프오르간에 비유한다. "창발적인 인간의 의식을 그토록 생동감 있게 만드는 것은 연주할 곡이 아주 많다는 점이에요. 반면에 쥐의 뇌는 연주할 곡이 몇 개 되지 않죠. 그리고 우리가 더 많은 것을 알수록 이 콘서트는 더욱 다채로워져요."[4]라고 그는 말한다. 그는 의식(즉 자신이 오르간 연주자라고 생각하는 자아)은 "창발적 속성이지 그 자체가 처리과정은 아닙니다."라고 주장한다.

섣불리 그런 결론을 내려선 안 된다고, 종교를 믿으면서 또한 과학자이기도 한 사람들은 말한다. 주관적 경험과 신경 활동을 겉보기에 서로 뗄 수 없다는 점이 영혼, 즉 뇌라는 악기를 연주하는 자의 존재 (또는 부재)에 대해 말해주는 것은 아무 것도 없다는 게 그들의 생각이다. 영혼이라는 주제는 "물리적인 것이 아니라서 과학의 세계에서 연구가 불가능해요."라고 브라운대학교의 생물학자이자 가톨릭 신자인 케네스 밀러Kenneth Miller는 말한다. 사람들이 그에게 "과학자로서 영혼에 대해서 무슨 이야기를 하겠습니까?"라고 물으면 "과학자로서는 영혼에 대해서 할 말이 아무것도 없어요. 영혼은 과학적인 개념이 아닙니다."[5]라고 대답한다.

반면에 불교 사상가들은 원자론적이고 지속적이며 독립적인 자아라는 것은 착각에 불과하며, 이 착각이 무수히 많은 불필요한 고통을 초래한다고 믿는다. 하지만 그들은 또한 연구의 지평을 측정 가능한 물리적 현상으로 제한하는 것이 마음의 본질을 이해하는 데에는 불완전한 전략이라고 생각한다. 마음의 본질은 물리적 현상으로 환원될지도 또는 환원되지 않을지도 모른다고 불교 철학자이자 의식 연구를 위한 산타바바라 연구소의 설립자인 B. 앨런 월리스B. Alan Wallace는 주장한다. 하지만 만약 환원 가능하다 하더라도 아직까지는 그것을 증명할 수가 없다. "우리는 마음에 대해, 그리고 마음-뇌 상호작용에 대해 아는 게 너무 없어요. 그래서 마음이 뇌의 기능에 지나지 않는다고… 뇌의 창발적 속성에 불과하다고 말하기는 아직 지나치게 이르죠. 언젠가는 그렇다는 점이 입증될지도 몰라요. 하지만 아직은 아니죠. 그러니까 마음을 이해하고자 한다면 그 주된 연구 방식이 '마음을 관찰하라'가 되어야 할 것입니다."[6]

월리스는 서양의 신경과학과 고대로부터 내려오는 명상적 전통 사이의 현대적 공동 연구를 "경험주의를 경험주의와 합치는" 것이라고 묘사한다. 그의 주장에 따르면, 현대의 인지심리학은 물리적인 몇몇 유형의 지각(시각, 후각, 미각, 촉각, 청각 같은)만을 전제한다. "그것들은 모두 바깥세상이나 신체 쪽을 향하고 있어요."라고 그는 말한다. "하지만 지난 2,500년 동안 불교에서는 우리에게 또 다른 지각의 문, 즉 실재의 특정 측면에 대한 즉각적 접근이 가능한 문이 있음을 알고 있었죠. 그게 바로 심적 지각mental perception입니다."

그는 지금까지의 서양 과학은 객관적으로 측정 가능한 물리적 세계를 연구의 가장 중대한 목표로까지 끌어올리는 지점에 도달하지 못했다고 주장한다. "객관적 세계를 주관적 세계보다 더 진짜인 것으로 만드는 게 무엇일까요?"라고 그는 파고든다. "그저 우리가 그렇게 말하기 때문에? 교회 평의회를 열어서 객관적인 것들이 주관적인 것들보다 어찌되었건 더 진짜라고 그냥 선언해야 할까요? '그건 진짜가 아냐. 단지 네 마음속에 있을 뿐이야.'라고들 하지요……. 당신의 고통과 즐거움, 희망과 공포, 생각, 열망, 기억, 개인적 정체감보다 더 진짜인 게 무엇이 있을까요?"[7] 최신 연구들은 강력한 마음 상태가 우리의 정서 생활과 신체 건강에, 현명하고 자비로운 선택을 하는 능력에, 그리고 건강한 인간관계를 형성하는 데 직접적인 영향을 미친다는 것을 보여준다. 이런 결과에 비추어 보면 사실상 우리가 생각하고 느끼는 것(그걸 자각하든 말든 상관없이)보다, 그리고 그로 인해 어떤 행위를 하는가(또는 마는가)보다 자신과 세상에 대해 더 '진정한' 의미를 갖는 것은 없어 보인다.

역사적으로 뚜렷이 다른 두 연구 전통에서 나온 경험적 마음(현대의 과학적 마음과 숙련된 명상적 마음)이 만난 덕분에 뇌 스캐너 안에서는 조용한 혁명이 펼쳐지고 있다. 뇌가 자신을 바라보는 모습을 바라보도록 고안된 실험은 마음에 대한, 그리고 지금까지 몰랐던 마음의 힘에 대한 대단히 도발적인 영상들을 내놓고 있다. 이 실험은 여러 다른 종류의 자각을 연구하기 위해 마음챙김 기법을 뇌영상화 기법과 결합시킨 것이다. 호기심 넘치는 사람들이 맺은 이러한 실용적인 동맹이, 죽지 않는 영혼의 존재에 관한 '가늠할 수 없는' 질문들을 결코 해결하지 못할지도 모른다. 하지만 이는 이미 '자아'에 대한 상식적인 이해를 바꾸어놓고 있다. 즉, 한정되어 있고 고정적인 실체였던 '자아'는 건강과 행복으로 이끄는 그런 종류의 정신적 훈련을 놀라우리만치 잘 받아들이는 유동적이고 실용적인 과정으로 변모하고 있다.

하나가 아닌 자아

뇌 스캐너로부터 드러난 인간 의식의 한 속성은 '자아'라는 주관적 경험과 연관된 신경 활동이 뇌의 어느 단독 영역에서 일어난다고 말할 수 없다는 것이다. 이는 이제 논쟁의 여지가 없어 보이는 한 가지 사실이 되어버렸다. 이 발견은 정서, 인지, 기억 및 도덕 판단에 관여하는 신경회로들이 서로 얽혀 있다는, 우리가 이제는 알고 있는 사실과 잘 들어맞는다. 리처드 데이비드슨은 "뇌는 그리스 전통에서부터 우리에게 전해내려온 열정(감정)과 이성이라는 이분법에 상관하지 않아요."[8]라고 말한다. 뇌에는 순수하게 감정적이라거나 순수하게 이성적이라고 말할 수 있는 영역이 따로 존재하지 않는다. 마찬가지로, 의식 영역이라고 말할 수 있는 단독 부위도 존재하지 않는다. 널리 퍼져 있는 신경적 '자아' 네트워크에 대한 더 적절한 비유는 가족들의 시끄러운 저녁식탁이 될 수 있다. 누가 저녁식사 시간에 맞춰 집에 오는지, 누가 고생스런 하루를 또는 인생 최고의 하루를 보냈는지, 그리고 누가 입을 다물고 다른 이의 말에 주의를 기울이기로 하는지에 따라 주관적인 자아 경험은 순간순간 엄청나게 달라질 수 있다.

토론토대학교와 에모리대학교의 연구자들은 최근에 fMRI를 사용하여 다음과 같은 두 가지 다른 형태의 자기참조self-reference를 대비시키는 실험을 했다. 지금 이 순간에 생각하거나 느끼거나 행동하고 있는 '나', 그리고 선구적인 사상가 윌리엄 제임스가 서양의 심리학에서 최초로 개념화한 설명하는 '나explanatory me'가 그 두 가지이다.[9] 제임스에 따르면, 'me'라는 개념은 일관성 있는 틀을 형성하여 그 속에서 순간적인 'I'와 그것의 느낌, 생각 및 행위가 의미를 부여받게 된다. 예컨대 내가 너무 지쳐서 소파에 드러눕고 싶음에도 불구하고 여섯 살 난 아들을 위해 저녁식사를 만들고 있다고 할 때, 그 '나'가 'I'이다. 이 '나'는 왜 아이한테 차 열쇠를 던져주면서 음식을 알아서 구해 먹으라고 말하지 않는 걸까? 그렇게 할 생각은 'me'에겐 대부분의 날엔 절대로 들지 않을 것이다. 왜냐하면 부모는 항상 아이를 챙겨 먹이고 안전하게 보살피기 때문이고, 나도 부모이기 때문이다. 친절한 사람들은 굶주린 사람들에게 음식을 주는데, 나도 친절한 사람이다. 나는 항상 내 아이를 잘 먹여왔고 안전하게 챙겨주었다. 난 아이가 다 자랄 때까지 그렇게 할 것이다. 이런 유형의 확장된 자기참조(역자 주 : 즉 'me'를 의미한다. 바로 앞 네 문장의 내용을 보라.)는 과거와 현재의 경험을 개념과 미래의 상상 속 경험들과 연결시켜준다. 토론토와 에모리대학교의 연구자들은 이것에다가 '서사적 초점narrative focus'이라는 이름을 붙였다. 최근의 뇌영상화 연구는 이런 유형의 사고를 기본 신경망 영역의 활동과 관련지었다. 기본 신경망이란 정신을 놓고 있거나 묵상에 잠겨 있을 때 활동하는 회로의 집합으로서, 현재를 위주로 목표 지향적인 행위에 집중하게 되면 그 활동이 잦아들게 된다. 특히 서사적 'me'는 안쪽 이마앞겉질(mPFC medial prefrontal cortex)의 활동과 관련된 것으로 밝혀졌다.

다른 한 유형의 자기자각, 즉 지금 이 순간에다가 중점을 두고 있는 자아에 대한 순간적인 자각(이 연구에서는 '경험적 초점experiential focus'이라는 이름이 붙은)은 뇌영상화 문헌에서는 더 소홀히 취급되었는데, 노먼 파브Norman Farb와 애덤 앤더슨Adam Anderson은 진델 시걸의 자문을 받아 현재적 자각present-time awareness의 신경적 토대를 탐색하는 일에 착수했다. 이들은 "자기참조를 다룬 대부분의 연구는 순간적 의식의 기전을 무시한다. 그런데 이것이 인간의 발달 초기에 달성되는 자아 경험의 핵심 측면을 나타내는 것일 수 있고, 진화상 더 이전에 나타난 동물 종에게서 생겨났을 수도 있다."라고 썼다. 특정 순간의 자아에 대한 자각에는 자아에 대한 서사적 경험에 관여하는 것과는 다른 신경 과정들이 개입될지도 모른다. 하지만 이런 이론을 검증하는 데는 장애물이 있다. 제 맘대로 하게 내버려두면 전형적인 성인의 마음은 과거와 미래를 오가는 정신적 시간여행에 빠져들어 대부분의 시간을 보내버린다. 즉, 확장된 'me' 이야기에 사로잡히게 된다는 것인데, 그럴 때 뇌의 기본 신경망에서 활동이 나타난다. 그런데 이 활동은 "더 직접적인 자기반성self reflection에 관여하는 다른 신경망의 활동이 새로 일어나는 것을 방해할 가능성이 있다."[10]

기본 신경망 상태는 "자극과 무관한 사고(즉 잡생각, 중지시킬 수 없는 지껄임)에 깊이 관여해요. 그리고 사람들이 거기서 벗어나서 마음속에서 계속되는 말에 의해 통제를 받지 않는 자리로 옮겨가게 되면, 거기가 좀 평정을 찾고 한숨 돌릴 수 있는 곳이 되지요."라고 시걸은 덧붙인다. 마음챙김 명상 훈련은 "사람들이 다음과 같은 사실을 인식하도록 돕는 한 방법이지요. 즉, 마음속의 지껄임은 항상 존재하지만 그것과 함께 살아가는 법을 실제로 배울 수 있어서, 그것이 정서 생활이나 심지어 행동도 별로 지배하지 않게 될 수 있다는 겁니다."라고 시걸은 말한다.[11]

이 두 종류의 '자아' 경험의 신경적 특징을 분리해내기 위해서 연구자들은 두 집단의 사람들의 뇌를 영상화했다. 뇌 스캔 동안 이들은 성격 특질을 나타내는 형용사들로 만들어진 목록을 여덟 개 읽었는데, 어떤 단어들은 긍정적(예컨대 쾌활한, 성숙한, 재능 있는)이었고 다른 단어들은 부정적(예컨대 불행한, 시샘하는, 불친절한)이었다. 한 집단은 토론토에 있는 성요셉병원에서 8주짜리 마음챙김 수련 과 정에 등록했지만 아직 수업을 듣지는 않았고, 다른 집단은 그 과정을 방금 끝낸 상태였다. 연구자들은 먼저 두 집단 모두에게 서사적 초점 과 경험적 초점을 사용하도록 훈련시켰다. 서사적 초점은 성격 특질 단어가 무엇을 의미하는지를 판단하고 평가하는 데에, 그리고 그것 이 자신을 정확히 묘사한다고 생각하는지에 중점을 두는 것이었다. 경험적 초점은 생각과 느낌에 중점을 두고 순간순간에 따른 정신적 및 신체적 경험을 알아채는 것 외에는 다른 목표를 두지 않는 것이었 다. 스캐너 속에서 각 특질 단어는 몇 초 동안 스크린에 나타났는데, 그와 함께 그 단어에 어떤 유형의 주의를 기울일지를 참가자에게 알 려주는 단서가 제시되었다.

두 집단 모두에서 서사적 자기초점은 mPFC를 비롯한 정중선 주 변의 겉질 영역에서 높은 활동을 유발했는데, 이는 확장된 서사적 자 기참조에 대한 이전의 연구 결과와 일치하는 것이다. 또한 왼쪽 반구 에 주로 집중되어 있는 언어 영역들에서도 높은 활동이 나타났다. 반 면에 경험적 자기초점은 양 집단 모두에서 정중선 주변 겉질 영역의 활동 저하와 상관을 보였다. 그런데 마음챙김 수련을 끝낸 집단이 더 극적이고 광범위한 저하를 나타냈다. 이들은 또한 오른쪽 뇌섬에서 훨씬 더 큰 활성화를 보였는데, 이 영역은 신체 감각에 대한 자각과 긴밀히 연결된 곳이다. mPFC와 오른쪽 뇌섬의 활동은 비수련 집단 에서는 서로 강하게 연관되었는데, 이 관계가 마음챙김 집단에서는 사라졌다. 이는 현재에 중점을 두는 자각 훈련이 서사적 자아의 렌즈를 통한 감각정보처리(mPFC의 활동에 기반을 둔)로부터 벗어나기를 촉진하는지도 모른다는 것을 시사한다.

연구자들은 "이 연구 결과들은 서로 다른 두 형태의 자기자각(즉, 시간적 연속선상의 자아와 현재 이 순간의 자아)의 신경적 토대가 기본적으로 분리되어 있음을 시사한다. 그 둘은 늘 서로 통합되어 있지만 주의 훈련을 통해 분리될 수 있다."[12]라고 썼다. 실제로 명상 수행이 감각적 지각에 관여하는 오른쪽 뇌섬 및 기타 뇌 영역에서 겉질의 성장과 관련된다고 연구자들은 지적했다. 이는 순간순간을 자각하는 규칙적인 훈련을 통해 이 부위들이 강화될지도 모르며, 또 그것들이 "심리적 현재에서의 자기참조의 신경 기반을 나타낼 수도 있다."[13]는 것을 시사한다. 확장된 서사적 자아감각으로부터 순간순간의 의식적 경험을 분리시키는 능력을 우리가 갖게 될 수 있다는 것이다. 그것도 겨우 8주라는 비교적 짧은 훈련 기간 후에 말이다. 이는 무게추를 행복 쪽으로 기울이고 싶어 하는 사람들에게는 고무적인 일이다. 과거를 거의 그대로 반복하거나 미래에 대한 작전을 빈틈없이 짜는 것 같은 형태의 반추적이고 자기강박적인 사고는 기분장애 및 불안장애와, 그리고 질병률 및 사망률의 증가와 관련되는 것으로 알려져 있다. 반면에 현재를 자각하는 데 더 많은 시간을 보내게 되면 기분이 좋아지고, 정서적 균형이 개선되며, 생활의 즐거움이 더 많이 생겨나기 쉽다.[14]

마음이 둘이라고?

인생을 살아가는 하나의 단독 자아란 것이 존재하지 않는다는 점을 보여주는 아마도 가장 믿을만한 신경학적 증거는 '분할 뇌split brain' 현상일 것이다. 이는 두 반구 사이의 전기적 연결 통로인 뇌들보corpus callosum(또는 뇌량)가 완전히 절단된 환자에게서 나타나는 현상이다. 라마찬드란이 말한 대로 뇌에 이러한 손상을 일으키면 "하나의 신체 속에, 하나의 두개골 속에 두 명의 인간이, 즉 의식을 가진 두 개의 반구"15가 생겨나게 된다.

심각한 간질이 있는 환자를 치료하기 위한 마지막 수단으로 이러한 극단적인 수술이 시행되는데, 이 수술의 기이한 효과에 대한 연구를 한 권위자가 마이클 가자니가이다. 그가 연구한 환자인 조는 그런 수술을 받은 것을 알고 있지만, 자신의 과거와 현재의 의식 상태 사이에 다른 점을 찾지 못하겠다고 말한다. "저의 우반구와 좌반구는 이제 서로 따로따로 기능하고 있지만, 그걸 느끼진 못해요." 그의 말이다. "그냥 거기에 적응하는 거죠. 이전과 아무런 차이가 느껴지지 않아요."16 조는 겉보기에는 과거와 현재의 정신생활을 하나의 연속적 경험으로 융합시킬 수 있음에도 불구하고, 컴퓨터 스크린 중앙에 있는 점의 왼쪽에 제시되는 그림을 의식적으로 탐지하지 못한다. 왜냐하면 그 그림은 언어를 관장하는 우세한 반구인 왼쪽 뇌가 아니라 그것과 '단절된' 오른쪽 뇌에서 처리되기 때문이다. 그 그림의 이름을 댄다거나 심지어는 본 게 무엇인지 의식적으로 인식하는 것조차 못하지만 그는 눈을 감고서 그것을 왼손으로 그릴 수 있다. 왜냐하면 오른쪽 뇌가 제어하는 손이 바로 왼손이기 때문이다.

가자니가는 조 같은 환자들로부터 다음과 같은 것을 알 수 있다고 생각한다. 즉, 마음은 "반독립적인 에이전트들의 집합"으로 이루어져 있으며 "이 에이전트들(즉 처리 과정들)이 우리의 의식적 자각 바깥에서 엄청나게 많은 활동을 수행할 수" 있다는 것이다. 이 모든 활동을 관통하는 어떤 최종 체계가 있어서 그것이 이 모든 개별 요소를 통합하는 일관성 있는 이론을 만들어낸다. "그 이론이 '자아'에 대한, 그리고 세상에 대한 우리의 특정 이론이 되는 거죠."[17]라고 가자니가는 말한다.

가자니가는 뇌가 가설을 만들어낸다는 의미로 오래전에 뇌의 이런 기능에 '해석자interpreter'란 이름을 붙였는데, 이 개념은 조 같은 환자들에 대한 연구에서 생겨났다. 분할 뇌 환자들은 "당신이나 나처럼 모든 면에서 철저히 그리고 완전히 정상인" 것으로 보일지도 모른다고 가자니가는 말한다. "그렇지만 그들의 말 못하는 오른쪽 뇌에 정보를 슬쩍 흘려넣어, 그들로 하여금 무언가를 하도록 만들 수 있다는 걸 우리는 알아요."[18] 예컨대 왼쪽 뇌 몰래 오른쪽 뇌에게 일어나서 걷거나 무언가를 그리라는 요구를 할 수 있다. "그러면, 자 봐요. 손이 왼쪽 뇌는 전혀 모르는 무언가를 그리고 있어요. 왜냐하면 그런 요구를 받은 것은 오른쪽 뇌이기 때문이죠. 왼쪽 손이 그걸 그리고 있는데 사실 왼쪽 뇌는 그냥 아무것도 안 하고 있어요. 그에 대해 아무것도 모르기 때문이죠."

가자니가와 동료들은, 이러한 환자들을 오랫동안 연구한 후 분할 뇌 환자들이 그들의 오른쪽 뇌에만 주어진 지시에 따라 어떤 행동을 하고 있을 때 "왜 그걸 하고 있어요?"라는 간단한 질문을 하기 시작 했다. 예컨대, 그들의 왼손이 방금 자동차를 왜 그렸나? "비록 그들 의 손이 방금 이걸 그렸지만 왼쪽 뇌는 왜 그랬는지 정말 몰랐어요. 왜냐하면 우리가 단절된 오른쪽 뇌에게 그렇게 하라고 시켰기 때문 이죠. 그러자 그들은 자기가 왜 그 특정 행동을 하고 있었는지에 대 한 어떤 이야기를 곧바로 만들어냈어요."라고 가자니가는 말한다. 그러니까 그들은 자기가 하는 행동이라도 사실은 왼쪽 뇌의 의식적 자각의 바깥에 있는 처리과정에 의해 생성된 것을 '해석'하고 있었 던 것이다.

가자니가는 이 가설 제조자가 왼쪽 뇌에 자리 잡고 있으며, 언어 및 표현능력과 긴밀히 연결되어 있다고 생각한다. 이 해석자는 "이 야기를 꾸며내는 체계입니다. 그게 하려는 것은 우리가 삶에서 경험 하고 있는 패턴을 찾아내는 거예요. 그게 감정적 변화이든지 우리가 하는 실제 행동이든지 간에 개인적 이야기를, 인생사의 줄거리를 만 들어내려는 거죠. 그러면서 많은 재료들이 거기에 집어넣어지는 거 예요."라고 말한다. 이 해석자는 우리의 행동에 대한 설명을 끊임없 이 생성해내고 있다. 왜 우리가 어떤 것들을 하는지에 대한 이야기를 말이다. 심지어는 행동이 의식적 자각의 바깥에서 계획되고 실행되 는 바람에 그것에 대한 의식적 동기가 전혀 없는 경우에도 그렇게 한 다. 뇌와 행동이 건강한 정상 범위에 드는 것으로 간주될 수 있는 사람들의 경우에도, 왜 어떤 일을 했는지를 질문받을 때마다 "우리는 이야기를, 그리고 우리가 하고 있는 어떤 특정한 일에 대한 합리적인 관점을 꾸며냅니다."라고 가자니가는 말한다.

뇌의 이 이야기 제조자는 다양한 종류의 신경학적 및 정신의학적 질환에 중요한 의미를 갖는 것으로 생각된다. 이야기를 꾸며내는 그 과정이 대단히 과장되게 작동하면 말이다. 즉, 가자니가에 따르면 "당신이 처해 있는 어떤 신경전달물질 상태 때문에 당신에게 느껴지는 내적 상태가 과장되어버리는 모든 질환에서" 그런 일이 일어난다. 그 정신적 상태는 환자에게 고통스러운 것일 수도 있고 쾌감을 주는 것일 수도 있다. 즉, 어떤 식으로든 '야릇한' 것일 수 있어서 환자들은 왜 그런 느낌을 겪고 있는지에 대한 이야기를 꾸며내어 합리화하려고 하는 것이다.

가자니가는 공포증이라는 고전적인 예를 드는데, 이것은 막연한 불안 상태로부터 생겨날 수 있다. 어떤 사람이 갑자기 공황 발작을 겪게 되면 무엇이 그것을 초래했는지에 대한 설명을 하려고 하게 된다. 그는 '왜 이런 끔찍한 느낌이 드는 걸까?'라고 자문하고는, 그런 경험을 특정한 장소나 환경 속에 있기 때문이라고 엉뚱한 데다 원인을 돌릴 수도 있다. "'흠, 이건 내가 이 방에 있기 때문에, 또는 바로 이 레스토랑에 있기 때문임이 분명해.' 그리고는 그런 종류의 장소에 대한 공포증이 곧바로 생겨나는 거죠."라고 가자니가는 말한다.

그 견딜 수 없는 막연히 불안한 느낌을 다시는 경험하지 않기를 바라면서 그 사람은 그게 일군의 특정 상황과 관련된 것임에 틀림없다고 결론을 내린다. 그리고 앞으로 그런 상황을 피하기 위해 비상한 노력을 하게 된다. 그렇지만 가자니가의 설명에 따르면, 공포증 환자에게 일반적으로 일어나는 일은 약을 먹어서 불안을 누그러뜨릴 수는 있어도 공포증 그 자체 때문에 여전히 고생은 지속된다는 것이다. 왜냐하면 어떤 신경화학적 상태로 인한 경험에 대한 논리적 설명으로 해석자가 만들어낸 것이 그 공포증이기 때문이다. 이것이 공포증에 대한 대부분의 성공적인 정신과적 치료가 몇 가지 요법을 결합시킨 것인 이유이다. 즉, 막연한 불안의 원인인 신경화학적 불균형을 교정하기 위한 약물 요법과 공포증의 배후에 있는 잘못된 설명을 교정하기 위한 심리치료가 대개 병행되는 것이다.

'자아'를 해석자란 것으로 환원시킬 수 있다는 가자니가의 이론을 받아들이지 않는다면, 즉 자아를 영원한 영혼으로 또는 어떤 식으로든 뇌와 분리시킬 수 있는 독특하고 독립적인 마음으로 생각하고 싶다면, 분할 뇌 환자들의 존재는 아무도 부정할 수 없는 심각한 의문을 제기한다. 이런 문제를 밝히기 위해 라마찬드란은 두 반구가 어떻게 서로 다른 자아 경험을 만들어낼 수 있을지를 검증하는 실험을 고안해냈다. 그는 "두 반구가 서로 다른 성격을 가질까?"라는 궁금증이 들었다. "미적인 기호는 어떨까? 예컨대 한쪽은 금발머리를, 다른 쪽은 흑갈색 머리를 좋아할까? 한쪽은 초콜릿을, 다른 쪽은 바닐라를 좋아할까?"[19] 분할 뇌 환자의 두 반구에게 질문을 하기 전에 먼저 오른쪽 뇌가 의사소통을 할 수 있도록 훈련을 시켜야 했다. 오른쪽 뇌는 말을 하는 능력은 없지만 단순한 질문을 읽고 이해할 수는 있다. 그래서 '예', '아니요', 그리고 '모름' 같은 단순한 반응을 손가락으로 가리키도록 훈련시킬 수 있다.

그러고 나서 라마찬드란과 그의 팀은 일련의 질문을 각 반구에 주고는 나온 답을 비교했다. "예를 들어 '당신은 캘리포니아공과대학에 다닙니까?' 라고 질문하면 오른쪽 뇌가 '예' 를 가리켜요. '당신은 지금 달에 있습니까?' 라고 물으면 '아니요' 라고 답해요. '당신은 지금 캘리포니아에 있습니까?' 라는 질문에 '예' 라고, '당신은 잠자고 있습니까?' 라는 질문에 '아니요' 라고 답해요. 그러고선 '당신은 여자입니까?' 라고 물었죠." 이 환자는 남자였는데 '예' 를 가리키고는 웃기 시작했다. 그건 오른쪽 뇌가 유머 감각을 갖고 있음을 입증하는 것이었다고 라마찬드란은 말했다. "이제 중요한 질문을 할 차례예요. '당신은 신을 믿습니까?' 라고 물으면 어떻게 될까요?"라고 그는 말했다. 오른쪽 뇌에게 이 질문을 하자 '예' 라는 대답이 나왔다. 반면에 왼쪽 뇌는 이 질문에 '아니요' 라고 대답했다.

라마찬드란은 한쪽 뇌는 무신론자이면서 다른 쪽 뇌는 유신론자인 사람이 여기 있다고 지적한다. 이것은 신학계를 뿌리부터 뒤흔들었어야 할 발견이라고 그는 생각한다. 왜냐하면 다음과 같은 문제가 제기되기 때문이다. 즉 "만약 이 사람이 죽으면 어떤 일이 일어날까요? 한쪽 뇌는 천국으로 가고 다른 쪽 뇌는 지옥으로 갈까요? 저는 답을 모르겠어요."[20]

라마찬드란은 또한 질병인식불능증(또는 질병자각결여증) 사례를 거론하는데, 이는 장애를 초래하는 손상을 입은 사람이 그것에 대해 전혀 모르는 것 같아 보이는 병이다. 예를 들면, 뇌졸중 환자가 마루엽에 손상을 입어 신체 한쪽이 마비되었지만 그런 마비가 왔다는 사실을 믿지 않을 수도 있다. "이 사람은 상당히 지적이라서 당신과 정치에 관한 대화도 하고 장기도 두는 등 여러 가지를 할 수 있어요. 그런데 '당신 팔은 어때요? 왼쪽 팔이 잘 움직이나요?' 라고 물으면 그 환자는 '아, 괜찮죠! 잘 움직여요.' 라고 대답합니다. 그러니까 이 환자는 지능이 온전하면서도 왼쪽 팔이 완전히 마비되었다는 것 같은 너무나 명백한 어떤 것을 부인하는 거죠." 극단적인 경우에는 환자가 그 마비된 팔다리가 자신의 것이라는 사실을 부인하고는 "아, 그건 제 어머니의 손이에요." 또는 "그건 제 아버지의 손이에요."라고 말하기도 한다고 라마찬드란은 덧붙인다.

그런 환자에게 라마찬드란은 그 마비된 팔(그녀가 마비되지 않았다고 주장하는 팔)로 그녀 자신의 어깨를 만져보라고 했다. 그러자 이 환자는 멀쩡한 다른 팔로 그 팔을 붙잡고 들어올려서 어깨에 갖다 대었다. "자, 이게 놀라운 거죠. 왜냐하면 그녀 속에 있는 누군가는 자신의 팔이 마비되었음을 알고 있다는 걸 보여주기 때문이에요."라고 라마찬드란은 말한다.

독립적인 자아는 없다

지난 몇십 년간 유아의 행동을 연구한 결과는 부모에게 들러붙는 신생아를 지켜본 사람이라면 누구나 짐작할법한 것, 즉 외부 세계와 따로 떨어진 우리 자신이라는 선천적인 감각을 갖고 태어나는 사람은 아무도 없다는 생각을 뒷받침해준다. '자아'와 '타인' 사이의 구분은 처음부터 우리 안에 만들어져 있는 게 아니고 발달 중 어느 시점에 물리적 신체와 외부 세계 사이의 분리가 뚜렷이 지각될 때 생겨난다. 시간이 가고 많은 연습이 이루어지면서 '나'와 '내 것'이라는 개념이 고착되기 시작한다. 그리고 계속 넓어지는 우리의 경험에 영향을 미친다. 어린 시절의 내 쿠키, 내 자리가 어른이 되어서는 내 지적 재산, 내 주식이 되는 것이다.

어린 아들을 잃은 한 친구에게 보낸 편지에서 앨버트 아인슈타인은 실재와는 무언가 분리된 것으로서의 자아라는 경험을 의식의 "착시성 망상optical delusion"으로 묘사했다. 그는 이 망상을 감옥에 비유했는데, 이 감옥으로부터 탈출해서 자유로워지려면 "자비심의 범위를 넓혀서 모든 살아 있는 존재와 아름다운 자연 전체를 포용하는 일"이 필요하다고 말했다. 이게 무리한 주문임을 인정하면서 그는 또한 "이러한 유대감(역자 주 : 자연과의)을 추구하는 것이 그 자체로 해방의 한 부분이며 내적 안정감의 기반"[21]이라고 말했다. 아인슈타인은 평소처럼 정곡을 찌르고 있었다. 왜냐하면 유대감과 더 큰 공동체에 대한 소속감은 정신적·신체적 건강 및 장수와 관련됨이 여러 연구에서 거듭 밝혀졌기 때문이다. 반면에 외로움과 사회적 고립이 주는 정서적 스트레스는 흡연이나 운동 부족만큼 건강에 유해할 수 있다.[22]

'자아' 경험은 자기의식이 존재하지 않는 경험들, 예컨대 자신의 필요나 욕망에 대한 아무런 생각 없이 다른 사람들을 보살필 때의 경험과 왜 다를까? 기억에 대한 연구는 우리가 대개 우리 자신의 삶에 관련된 정보를 다른 유형의 정보보다 더 잘 기억한다는 것을 보여주었다. 하지만 심리학자들은 그 이유가 자기에 관한 정보가 뇌의 다른 부위에서 처리되기 때문인지 아니면 그런 정보가 단순히 더 자주 처리되고 시간이 흐르면서 공고해지기 때문인지에 관해 논쟁을 벌여왔다.

최근의 뇌영상화 연구에 따르면 뇌의 적어도 한 영역(mPFC에 위치하고 있는)이 자기참조적 처리 동안에는 활동하지만 타인과 관련된 유사한 유형의 처리 동안에는 활동하지 않음이 밝혀졌다. 예컨대 '믿을 수 있는' 같은 특정 단어가 자신을 묘사하는 것인지를 판단할 때는 이 영역에 불이 켜지지만, 그 단어가 미국 대통령을 묘사하는 것인지를 판단할 땐 그렇지 않았다.[23] 그런데 마침 mPFC는 기본 네트워크에서 일어나는 활동의 중심지이기도 하다. 다른 뇌영상화 연구는 기본 신경망 부위들이 어린 아이에게서는 어른에 비해서 더 성기게 연결되어 있음을 보여주었다.[24] 이는 서사적 자아감각을 받쳐주는 신경망이 어린 시절에는 잘 변할 수 있음을 시사한다.

기본 네트워크의 구성과는 달리, 그리고 자기와 외부 세계 사이의 지각적 구분과는 달리, 우리가 타인의 경험 및 느낌과 감정적으로 연결되는 능력은 초기 아동기부터 자리 잡는 것으로 보인다. 공감에 대한 뇌영상화 연구에 따르면, 사람이 고통을 느낄 때 활동하는 그 영역들이 똑같은 유형의 고통을 겪는 다른 사람을 상상할 때도 역시 불이 켜진다. 그리고 시카고대학교의 진 디세티Jean Decety와 그의 팀이 실시한 최근 연구에서는, 일곱 살밖에 안 된 아이들에게서조차 그런 결과가 나온다는 것이 밝혀졌다. 디세티와 동료들은 "고통 속에 있는 타인에 대한 아이들의 지각은 고통을 직접 느끼는 과정에 관여하는 신경회로의 혈류역동적 활동 증가와 관련이 있었다. 이는 어른을 대상으로 한, 통증 공감에 대한 이전의 fMRI 연구와 일치하는 결과이다."[25]라고 썼다. 어떤 아기가 아파서 우는 다른 아이의 울음 소리에 같이 우는 것을 들어본 적이 있는 사람이라면 누구나 아기들이 처음부터 공감을 하도록 타고 났다고 짐작할 것이다. 안타깝지만 아기들은 fMRI 스캐너 속에서 가만히 누워 있지 못할 터라 알 길은 없지만 말이다.

자아가 사라지다

*Zen and the Brain*의 저자이며 신경학자인 제임스 오스틴James Austin은 명상 수행을 떠나려고 런던에서 지하철을 타고 있었다. 이때 특별한 종류의 자각이 그에게 찾아왔다. 그것은 여러 숙련된 명상가들이 '무야'의 깨달음이라고 부르는 상태였다. 'I', 'me', 그리고 '내 것'이라는 습관적인 감각이 증발했고, 그 자리에 내면의 평화와 세계와의 유대감이라는 심오한 느낌이 들어섰다. "시간이란 것이 존재하지 않았어요."라고 그는 말했다. "저는 영원을 느꼈어요. 저의 오래된 갈망, 혐오, 죽음에 대한 공포, 그리고 자아에 대한 느낌들이 사라졌어요. 사물의 궁극적 본질을 이해하는 은총을 입었던 거죠."[26]

명상적 전통이 있는 많은 종교의 영적 수행자들은 신 혹은 깨달음을 경험했다는 위와 비슷한 이야기를 한다. 나바호족의 대사제들은 인간 세계와 신적 세계 사이의 구분을 무너뜨리는 종교적 환영을 본다. 기독교 신비주의자들은 기도를 통해 신과 일치되는 경험을 한다. 심지어 냉철한 회의론적 경험주의자들도 자연 세계와 하나 되는 순간 혹은 함께 흘러가는 순간을 경험할 때가 있다. 이런 경험들이 어디서 나오는지는 아직까지 알 수 없다. 하지만 신경신학neurotheology이라는 급성장 중인 분야의 연구자들 중에는, 그런 경험이 뇌 속의 신경전달물질 혹은 향정신성 화학물질의 효과로 환원될 수 있다고 주장하는 이들도 있다. 또 고양된 의식 경험을 관자엽의 과도한 활동 같은 구조적 혹은 기능적 이상과 연결시키는 연구자들도 있다.

"관자엽에서 시작되는 발작을 하는 일부 환자들은 강렬한 종교적 아우라를 경험한다는 것이 오래전부터 알려져 있어요. 자기에게 신이 내리는 강렬한 경험 말이죠."[27] 이 현상을 수십 년간 연구해온 라마찬드란의 말이다. 그는 이런 경험이 관자엽 간질이 있는 환자들에게서 상당히 자주 일어나는 일이어서, 30~40%의 환자가 강렬한 종교적 열정의 기간을 경험한다고 말한다. 심지어 발작하지 않는 동안에도 영적인 경험과 신과의 직접적인 유대감을 느낀다고 보고하곤 한다. "때로는 그것이 사적인 신이고, 때로는 우주와 하나가 되었다는 좀 더 광대한 느낌이죠."라고 라마찬드란은 설명한다. "모든 것이 의미로 가득 차 보이는 거죠. 환자는 '마침내 이 모든 게 정말 뭔지 알겠네요, 박사님. 정말 신을 이해하겠어요. 우주 속의 내 위치를, 즉 우주의 설계를 알겠어요.' 라고 말하곤 하죠."

　라마찬드란은 이런 일화에 매혹되어 왜 관자엽 간질 환자에게서 그런 일이 그렇게나 흔한지 알고 싶었다. 그래서 여러 이론을 검증하기 위한 실험을 고안하였다. "한 가지 가능성은 진짜로 신이 그들에게 나타났다는 거예요." 그의 말이다. 하지만 이 이론이 사실이라면 과학자로서는 그것을 증명할 방법이 없다고 말한다(그러나 아무리 인간이 알 수 없는 일을 하는 신이기는 해도 '간질 환자에게만 관자엽 발작 시에 자신을 드러낸다' 는 건 믿기 힘들다고 그는 말한다. "하지만 알 수 없는 일이죠."[28]).

　다른 가능성은 관자엽에서 시작되는 발작이 "어떻게든 그 사람의 마음에 온갖 종류의 기이하고 이상한 감정들을 생성하고" 그러면 환자가 그런 경험을 다른 세계로부터 누군가가 혹은 신이 자신을 찾아온 것으로 해석할 수도 있다는 것이다. 아마도 그게 환자가 "자기 뇌 속에서 일어나는 이상한 감정의 홍수를 이해할 수 있는" 유일한 길일 수 있다[29]고 라마찬드란은 말한다. 이 이론은 가자니가의 해석자의 존재에, 혹은 라마찬드란의 말에 따르면 "왼쪽 뇌가 일을 더 일관성 있게 정리하기 위해 장황한 이야기를 꾸며내려 한다."는 가정에 기대고 있다. 이 모든 것이 사실이라면, "신은 왼쪽 뇌가 만들어낸 최고의 허구이다."

　또 다른 세 번째 가능성은 이것이다. 라마찬드란에 따르면 이 현상은 "관자엽이 세상에 대해 감정적으로 어떻게 대처하도록 만들어져 있는가와 관련된다." 외부 세계를 접할 때 우리는 생존과 안녕에 중요한 것이 무엇인지를 알 수 있는 어떤 방법이 필요하다. "사소하고 중요하지 않은 것에 비하여 감정적으로 중요한 것은 무엇인지, 당신과 관련이 있는 것은 무엇인지"를 알 필요가 있는 것이다. 예를 들면 사자와 호랑이를 무서워하는 것은 개인으로서 살아남는 데 필수적이다. 또 짝이 될 수 있는 상대에게 매력을 느끼는 것은 종으로서 생존하는 데 필수적이다. 따라서 우리들 대부분은 맹수의 모습에, 그리고 맨살을 많이 드러낸 모델의 모습에 측정할 수 있을 만큼 큰 생리적 반응을 일으키기 쉬운 것이다.

이런 과정이 건강한 뇌에서는 어떻게 작동할까? "결정적으로 중요한 것이 관자엽의 감각 영역과 편도체 사이의 연결이라고 생각해요. 편도체가 뇌의 정서 중추로 가는 관문이기 때문이죠." 라마찬드란의 말이다. "이 연결의 강도가 무언가가 감정적으로 얼마나 중요한지를 결정해요. 그래서 이에 따라 일종의 감정적 중요도 풍경화를 그릴 수 있어요. 이 풍경화에서는 언덕과 계곡이 각각 감정적으로 중요한 것과 중요하지 않은 것을 나타내는 거죠."

우리 모두는 약간씩 다른 '감정적 중요도' 풍경화를 갖고 있다고 그는 주장한다. 그래서 관자엽 간질이 있는 환자들이 하는 종교적 경험에 관한 한 가지 이론은 다음과 같다. 즉, 반복된 발작이 뇌 안에서 이 경로들을 무차별적으로 강화시킬 수 있는데, 그 결과 세상의 모든 대상이 깊은 의미로 가득 차 있다는 잘못된 느낌이 생겨날 수도 있다는 것이다. 우리 주변의 모든 것에서 감정적인 의미를 찾아내는 것이 우주 전체나 신과 하나가 되는 경험을 생성할지도 모르는 일이다.

라마찬드란은 만일 이 가정이 사실이라면 관자엽 간질 환자에게 사자나 호랑이나 어머니의 사진만이 아니라 일상 속의 사소한 대상들의 사진을 보여주어도 커다란 감정적 동요가 일어나야 한다고 상정했다. 그런데 이는 사실이 아닌 것으로 밝혀졌다. 라마찬드란은 감정적 및 생리적 각성에 대한 단순한 검사인 피부 전기 반응을 사용했는데, 환자들이 무서워해야 할 사진(예컨대 폭력 장면이나 맹수의 사진)에 반응할 때는 예상대로 각성을 의미하는 극파spike가 나타났고, 사소한 대상의 사진에는 보통의 평탄한 선이 나타났다. 그러나 종교적 상징에 대한 환자들의 반응은 전혀 달랐다.[30] 그들에게 십자가나 유대교의 상징인 다비드의 별을, 또는 신이나 예수 같은 단어를 보여주자 피부 전기 반응이 크게 뛰어올랐던 것이다.

라마찬드란은 이런 결과가 관자엽 속에서 무언가 특별한 일이 일어나고 있음을 보여준다고 생각한다. 관자엽 간질 환자에게서, 그리고 아마도 우리 모두에게서 상이한 정도로 일어나는 이 일은 인간이 종교적 믿음을 갖기 쉽게 만든다. 그는 이 '무엇'이 비정상적으로 발화하는 일군의 뉴런들일 수 있다고 추측한다. 그래서 관자엽 간질이 있는 사람들에게서는 이 뉴런들이 과잉 활동을 하고, "그래서 종교적 믿음을 갖는 경향"이 생겨난다는 것이다.

우리의 근본적인 영적 경향성의 근원에 대한 과학자들의 일치된 견해는 그것이 아마도 잘 알려진 일반적인 진화적 힘에 의해 선택되었을 것이라는 것이다. "세상의 모든 사회, 모든 부족을 보세요."라고 라마찬드란은 말한다. "모두들 어떤 종교적 믿음을 갖고 있어요."

여러 문화에 걸쳐 그런 유사한 현상이 발견되는 이유는 아마도 그것이 집단 내에서의 협동, 짝짓기 의례, 그리고 위계질서 같은 매우 적응적인 행동들을 뒷받침하기 때문일 것이다. 인류학자 스콧 아트란 Scott Atran은 이렇게 말한다. "종교는 우리의 뇌를 매일매일의 활동에 맞도록 만들어낸 많은 상이한 진화적 기능들의 부산물입니다."[31] 하지만 종교인들뿐 아니라 많은 신경과학자들도 영적 경험에 대한 진화적이고 신경생물학적인 설명이 신의 존재(또는 부재)에 대한 논쟁에 기여하는 바는 전혀 없다고 지적한다. 라마찬드란이 말하듯이 "이런 것 중에 신이 정말로 존재하는지 아닌지에 약간이라도 관련이 있는 것은 아무것도 없어요."

펜실베이니아대학교의 신경학자 앤드류 뉴버그Andrew Newberg는 이에 동의하면서, "영적 경험을 뚜렷한 신경 활동과 연관지을 수 있다는 사실이 그런 경험이 그저 신경학적 착각일 뿐임을 반드시 의미하지는 않아요."[32]라고 말한다. 영적 경험의 원인이 무엇이든 간에, 수 세기에 걸친 일화적 증거에 따르면 '고차 의식higher consciousness'이란 경험은 자기의식이 희미해질 때 발생하는 것으로 보인다. 즉, 다른 실재와는 독립적인 자아라는 개념이 의미를 상실할 때 말이다. 예를 들면 숙련된 명상가들은 의식적 자각은 있지만 독립적 자아라는 감각, 즉 '자기의식self-consciousness'은 아무데서도 찾을 수 없는 상태에 관하여 종종 이야기한다.

리처드 데이비드슨은 "특히 높은 수준의 명상가들의 경우, 의식이 아주 확실하게 있는 상태에서 하는 무아 경험은 특정 유형의 명상법이 갖고 있는 어떤 특징이에요."라고 말한다. 자아의 어떤 측면을 표상하는 데 중요한 특정 영역이 이마앞겉질과 마루겉질에 있을지도 모른다. 그래서(역자 주 : 무아 경험 시에) "그 영역들에서 활동 감소가 일어날 수 있어요. 반면에 그와 동시에 자각에 필수적인 다른 이마앞 영역들에서는 활동 증가가 나타나는 거죠."[33]라고 그는 말한다.

무아 경험은 무의식 상태 때 관찰자 자아가 없어지는 것과는 신경적으로 다른 상태이다. 무의식 상태에서는 뇌의 이마앞 영역 및 마루엽 영역의 활성이 전반적으로 떨어진다.[34] 강한 자각이 동반되는 무아 경험은 무의식과는 뚜렷한 대조를 이루어서 "이마앞겉질의 대부분 영역에서 활성이 낮아지는 게 아니라 높아집니다."라고 데이비드슨은 말한다. 이는 열린 존재 명상open presence meditation(순간순간의 경험 내용을 아무 반응 없이 바라보는 수행법)을 할 때 특히 그러하다. 그렇지만 "자아표상self-representation 측면에서 중요한 아주 특정한 하위 영역들에서 선별적으로 활동이 감소될 수도 있어요."라고 그는 덧붙인다. 또한 이것이 극히 이론적인 이야기임을 강조한다. 왜냐하면 무아 경험에 초점을 둔 연구는 아직까지 거의 없기 때문이다. "이건 아주 뜨거운 논제이며 매우 중요한 것이기도 해요. 우리는 이 분야에서 더 많은 연구를 시작하려 하고 있어요."[35]라고 그는 말한다.

자아개념을 넘어서

뇌의 사령탑에 앉아서 모든 것을 관리하는 존재란 없다는, 즉 오르간을 연주하는 오르간 주자가 없다는 신경과학(또한 불교)의 전제를 받아들인다고 하자. 그러면 이렇게 '나' 라는 착각이 깨어질 때 무엇이 남을까? 아니 남는 것이 있기나 할까?

숙련된 명상 수행자들은 견고하고 독립된 자아라는 착각 아래에는 마음의 영속적인 질적 특성이 있는데, 그것은 가장 기본적인 무無판단적 자각이라고 말할 수 있다고 주장한다. 이 자각은 '나의 것' 이나 '너의 것' 이 아니라 그냥 자각일 뿐이며, 순간순간의 경험이 계속 변해가는 것을 명료하게 균형을 잃지 않고, 그리고 자비심을 갖고 관찰할 수 있다. 티베트 불교 승려이며 학자인 마티유 리카드Matthieu Ricard는, 근본 의식basic consciousness을 모든 이미지가 비추어지는 것을 용납하는 거울에 비유한다. "얼굴이 미울 수도 있고 고울 수도 있죠."라고 리카드는 말한다. "거울은 이를 허용해요. 하지만 거울은 그 이미지에 의해서 오점이 남지도, 수정되지도, 변경되지도 않죠. 마찬가지로 모든 하나하나의 사고 뒤에는 근본 의식, 즉 순수한 자각이 있어요. 이게 본질이에요." 이 근본적인 본질은 일시적인 감정에 의해 왜곡될 수 없다고 리카드는 말한다. 왜냐하면 만약 왜곡될 수 있다면 그런 감정들의 증거가 마음 안에 "마치 구름 전체를 물들이는 염료처럼" 항상 존재할 것이기 때문이다. 경험적으로 그렇지 않다는 것을 우리는 안다고 그는 지적한다. 왜냐하면 우리가 "항상 화가 나 있거나 항상 시샘을 하거나 항상 관대하지는 않다"[36]는 것을 우리는 알고 있기 때문이다.

이러한 거울 혹은 '빈 석판' 비유에는 어떤 것이든 비치거나 써질 수 있는 가능성이 내포되어 있다. 그리고 그런 일이 흔히 일어난다. 명상가들은 마음이 평정하게 가라앉기 시작할 때 드러나는 생각과 감정들의 다양함에 충격을 받았다고 말한다. 그것들은 '나'라는 착시 때문에 의식적 자각으로부터 오랫동안 차단되어왔던 정신적 및 물리적 현상들이다. 자신의 마음에(그리고 감정이입을 통해 확장시켜보면, 다른 모든 사람들의 마음에) 어떤 것이든 생겨날 수 있다는 현실에 눈을 뜨는 것이 자비심의 토대이다. "자각과 자비심과 친절함은 서로 너무나 긴밀하게 연관되어 있어요. 본질상 그것들은 사실 서로 다르지 않습니다."[37]라고 존 카밧-진은 말한다.

욘게이 밍규르 린포체는 티베트 명상 기법을 한평생 실행해온 수도자이며, 위스콘신대학교에서 실시된 자비심 관련 뇌활동 연구에 참가했던 16명의 전문가 중 한 사람이다. 그는 자신이 fMRI 스캐너 안에서 했던 수행을 무조건적 자비명상nonreferential compassion, 즉 "개념을 넘어선 자비" 중 하나라고 묘사한다. 이 수행을 위해 먼저 그는 지각이 있는 모든 존재의 '진정한 본질', 즉 '자애의 원인'인 근본 선basic goodness에 마음이 머물도록 내버려둔다. 우리가 이 진정한 본질을 인식하지 못할 때 우리 모두에게 고통이 생겨난다고 그는 말한다. 이 본질은 우리의 일시적인 학습된 경험 아래에 있는 영속적인 잠재력으로서 "고통, 문제, 어두움으로부터 완전히 자유롭다."[38] 이 고통스러운 정신적 차단벽이 녹아 없어지기를 염원하는 것이 무조건적 자비명상의 정수이다. 그리고 그 명상의 달인들은 이 염원에 자신의 마음이 꾸준히 머물도록 하는 능력이 있었고, 이것이 그 놀라운 뇌활동 영상을 만들어내었다. 밍규르 린포체를 비롯한 여러 전문가들은 감정의 공유 및 공감과 관련된 영역들에서 예외적일만큼 강력한 활동을 나타냈을 뿐만 아니라 운동 준비성과 관련된 영역에서도 높은 활동을 보였다. "그들은 고통을 줄이는 데 도움이 되는 것이면 무엇이든지 곧바로 뛰어들어서 할 자세가 되어있어요."[39]라고 데이비드슨은 말한다.

남의 행복을 비는 이 모든 것은 좀 더 의식적이고 호의적인 행동과 상관관계가 있다. 데이비드슨의 연구 팀은 자비심의 혜택이 그것을 수행하는 개인을 넘어서 얼마나 멀리 퍼지는지를 계속해서 연구하고 있다. 데이비드슨은 이 자비심 전문가들에 대해서 다음과 같이 말하고 있다. "그들의 기본 상태가 보통의 기본 상태가 아니라는 것이 우리의 추측입니다." 이 연구 팀은 고도로 숙련된 불교 수행자 한 사람과 함께, 비상하게 자비로운 존재가 그저 있다는 사실만으로도 다른 사람들의 고통이 경감될 수 있는지를 알아보기 위한 실험을 시작했다.

"스트레스, 고통, 그리고 부정적 감정에 관여하는 회로에 대해서는 좀 알려진 바가 있죠." 참가자들에게 약간 고통스러운 자극을 주거나 타인의 고통을 나타내는 사진을 보여주는 실험에 대한 이야기를 들려주면서 데이비드슨은 이렇게 말한다. "우리는 두 가지 상황 하에서 그런 자극을 주는데, 하나는 실험자가 있는 상황이고 다른 하나는 이 불교 수행자가 있는 상황이에요."[40] 그는 "기본 상태가 자비심이 물씬 풍겨나는 사람"인 누군가가 존재하는 상황에 있는 것이,

부정적 감정에 관여하는 회로의 활동을 감소시킬지도 모른다고 가정한다. 만약 사실이라면 이것은 사람들이 영적인 멘토와 같이 있는 상황에서는, 설사 그와 직접적인 상호작용이 전혀 없다 하더라도 사랑 받고 있으며 안심할 수 있고 영감을 받는다고 느낀다는 일화적 보고와 일치한다.

주의 기울이기

수도자의 삶을 살 운명이 아닌 우리 같은 사람들은 끊임없이 활동하는 생활을 하고 있을 수 있다. 직장과 가정에서 해야 할 일들을 중심으로 정신없이 살다보면, 우리가 무슨 생각을 하거나 무슨 행동을 하는지 돌아볼 시간은커녕 하품할 시간조차 내기 힘들 수 있다. 한 번이라도 조용한 시간이나 공간을 확보해서 명상을 한다는 것은 허황된 생각으로 보일 수 있다. 아니 그렇게 한다는 게 심지어는 이기적이라고 느껴질지도 모른다. 정신없이 살면서 쉽게 죄책감을 느끼는 사람들에게 다행스러운 일은, 주의집중과 긍정적인 감정을 함양하는 수행은 아주 쉽게 언제 어디서든 할 수 있다는 것이다. 유소년 리그 연습장에서 할 수도 있고 사무실에서 할 수도 있으며 저녁 먹으면서도, 잠자리에서도, 꽉 막힌 도로에서도, 공항 보안검색대에 줄을 서서 언쟁을 하면서도 할 수 있다. 우리가 좋아하는 사람들의 욕구를 자각하고 거기에 세심한 주의를 기울일 시간을 만들어낸다고 해서 그들의 시간을 뺏는 것은 아니다.

"주의를 기울인다는 것에 특별히 불교적이거나 신비롭거나 동양적이거나 서양적인 것은 없어요. 그건 우리 모두가 할 수 있는 일이죠."라고 존 카밧-진은 말한다. 그의 클리닉에 오는 환자 중 가장 스트레스를 많이 받은 이들도 자신의 삶을 더 개선시킬 수 있는 방식으로 자신의 몸과 마음에 주의를 집중할 수 있는 잠재력을 지니고 있다. 그는 환자들에게 으레 이런 이야기를 해준다. "우리 관점에서는 당신에게 잘못된 것보다 잘된 것이 더 많아요. 무엇이 잘못되었든 상관없이 말이죠."[41]

홈쇼핑 채널이 우리를 현혹하여 사게 만드는 물건들과는 달리, 이러한 모험적인 일에 착수하는 데는 새로운 물질적인 '상품'이 전혀 필요 없다. 그저 몸과 마음, 호흡, 그리고 행복에 대한 근본적인 소망만 있으면 된다. 그 근본적 소망이 하루의 매 순간마다 무언가에 주의를 집중하게끔 해주는 것이다. 하지만 우리가 주의를 기울이고 있는 그 무엇은 우리에게, 혹은 다른 누구에게라도, 좋을 수도 있고 좋지 않을 수도 있다. "갈피를 못 잡고 있는 마음은 비록 훈련이 안 되어 있는 것이기는 하지만, 그 마음은 이미 명상을 하고 있어요. 우리가 알든 모르든 간에 말이죠. 명상이란 한 대상에 마음을 거듭해서 둠으로써 그 대상과 친밀해지는 자연스러운 과정이에요."[42]라고 샴발라 티베트 전통의 저명한 스승인 사콩 미팜 린포체Sakyong Mipham Rinpoche는 말한다.

때로는 그 마음속의 대상이 자신이나 다른 사람 혹은 동물을 위한 자비로운 소망일 수 있다. 또 때로는 그것이 물리적 환경이나 신체

내에서 벌어지고 있는 무언가일 수도 있다. 하지만 삶이 바쁘고 정신 없다보니 고통스럽거나 파괴적인 감정이 생겨나서 그 자리를 차지하게 될 때가 많다. 그 감정은 이미 움직이고 있고 어쩌면 사실 문밖으로 나가려고 하는 중일 수도 있다는 사실을 모르는 채로 말이다. "아침에 일어났을 때 무언가를 간절히 원하여 초조해지면, 그로 인한 불안이 그날을 바라보는 우리의 관점이 됩니다. '난 어쩌고? 내가 원하는 건 언제 얻게 될까?' 명상의 대상이 '나'가 되는 거죠."[43]라고 미팜 린포체는 말한다. 우리는 불안에 가득 차게 되어 그 불안이 견고하고 영속적으로 느껴지는 지경에 이른다. 그래서는 그날 하루 내내, 그 주 내내, 그리고 남은 삶 내내, 우리에게 행복을 가져다줄 것이라고 믿는 그 무언가에 대해서 강박적으로 집요하게 생각하는 일에서 헤어나기 힘들어질 수 있다.

다행히도 우리의 정신적 경험의 질을 변화시킬 수 있는 기회는 항상 있다고 마티유 리카드는 말한다. 감정들은 아주 잠깐 있다가 사라지는 것임을 명심하는 한에서 말이다. "그게 바로 마음 훈련mind training의 근거입니다."라고 그는 말한다. "마음 훈련은 두 가지 상반된 정신적 요인들이 동시에 일어날 수는 없다는 생각에서 만들어진 것이죠. 사랑하다가 미워할 수는 있어요. 그렇지만 동일한 한 대상에 대해, 똑같은 한 사람에게, 해를 끼치고 싶은 동시에 잘해주고 싶을 수는 없어요. 악수를 하면서 한 대 때리는 것을 하나의 몸짓으로 하기는 불가능하죠."[44] 우리가 유익한 감정을 정신적 대상으로 삼는다면 파괴적인 감정을 곱씹어볼 시간이, 그리고 그와 연관된 신경 경로를 강화시킬 시간이 줄어들 것이다. 그렇게 되면 우리는 마음속의 닳아빠진 두려운 홈(역자 주 : 길바닥에 패어 있는)에서 빠져나와서 새로운 좋은 길을 만들어낼 것이다. 그래서 행복과 공감에는 더 능숙해지고, 분노와 시기에는 더 서툴러질 것이다. 그리고 이런 능력의 변화에 따라 뇌와 몸과 인간관계가 더 건강해질 것이다.

고도로 훈련된 명상가들을 대상으로 한 연구는 더 긴 시간 동안 수행을 할수록 뚜렷한 이득이 있음을 보여준다. 직장과 가정에서 할 일들 사이에 짬을 내어 조용한 곳에 가서 인도자를 따라 수행을 하거나, 아니면 혼자서라도 수행을 할 수 있다면 긴 시간 동안 수행을 하는 것이 괜찮을 것이다. 그런 게 현실적으로 불가능하다면, 주변의 지역 보건센터 중에 마음챙김에 근거한 스트레스 감소(MBSR) 또는 마음챙김에 근거한 인지치료(MBCT) 훈련을 받은 임상가들이 이끄는 강좌와 서비스를 제공하는 데가 많다. 하지만 우리가 장기간(한 시간 혹은 주말 동안 혹은 그 이상 길게) 정식 수행을 할만한 방법을 애써 찾아낸다고 하더라도, 그 사이사이에 주의를 집중하기 힘든 시끄럽고 정신없는 시간들이 많이 있을 것이다. 대부분의 명상 지도자들은 짧고 규칙적인 마음챙김 수행이 가끔씩 한 번 오랫동안 수행을 하는 것보다 더 효과가 좋다고 말한다. 예를 들어, 사콩 미팜 린포체는 사람들에게 "즉각적인 결과를 볼 목표를 두지 말고" 10분씩 시간을 늘려가며 수행을 시작해보라고 권고한다. 그는 "'난 90%의 시간 동안 여전히 신경질적일 수 있어. 하지만 내 정신과 마음의 10%를 써서 나보다 다른 사람을 더 우선하려고 하겠어.' 라고 스스로에게 말하는 것이 현명한 접근법입니다."[45]라고 말한다.

어떤 날은 수행을 위해서 10분을 짜내는 것도 불가능해 보일 것이다. 또는 그런 시도를 할 기분이 그저 아닐 수도 있다. 우리의 마음과 삶이 서로 경쟁하듯 빨리 앞으로 나아갈 때, 그때가 가장 주의를 기울일 필요가 있는 때이다. 그런데 그럴 땐 긴 시간 동안 조용히 수행하는 일이 불가능할 수도 있다. 특별히 스트레스를 많이 받은 날에는 호흡 한 번을 인식하는 단순한 행위마저도 대성공일 수 있다. 예컨대 화나는 생각 한 가지가 생겨났다가 사라지는 것을 행동으로 표출하지 않고 바라보기만 하는 것이 우정을 지켜줄지도 모르는 것이다. 이런 순간들이 쌓여서 좀 더 지각 있고 편안하고 자비로운 삶이 이룩된다. 그래서 아무리 스트레스를 받더라도 언제 어디서든 마음챙김의 순간이 생겨나는 조건을 만들어낼 수 있는 세 가지 간단한 명상 수행 기법이 있다. 이것들은 모두 오랜 세월에 걸쳐 그 효력이 증명된 것으로서, 현재는 뇌영상 연구의 인기 높은 주제이다.

호흡에 주의 기울이기

여러 가지 다양한 명상 학파들이 집중력을 높이고, 몸을 진정시키고, 지혜를 발달시키기 위해 호흡 자각breath awareness을 가르친다. "호흡에 주의를 집중하는 것은 아마도 전 세계에서 사용되는 수백 가지 명상 주제들 중 가장 보편적인 것일 겁니다." 불교 마음챙김 기법을 가르치는 미국인 지도자이며 매사추세츠 주 바르에 있는 통찰명상협회의 공동창설자인 잭 콘필드Jack Kornfield의 말이다. 호흡에 주의를 안정적으로 유지하기는 요가, 불교, 힌두교, 수피교 및 동양의 다른 명상 전통에서 핵심적인 기법일 뿐 아니라 기독교와 유대교 묵상 전통에서도 그러하다고 그는 덧붙인다. 광범위한 종교적 전통의 명상가들이 자연스럽게 선호하는 것이 호흡 자각인데, 그 이유는 "마음을 가라앉히고, 몸을 열고, 대단한 집중력을 기를 수 있기 때문이죠. 호흡은 언제 어떤 상황에서든 하게 되어 있죠. 호흡 이용하기를 배우게 되면 호흡이 우리의 삶 내내 자각을 도와주는 것이 됩니다."[46]라고 그는 말한다. 콘필드의 말에 따르면 으레 산만한 상태인 우리의 마음을 훈련받지 못한 강아지(성질은 좋지만 완전히 제멋대로 구는)라고 생각한다면, 호흡 자각은 그런 강아지를 부드럽고 자비롭게 훈련시키는 데 당장 이용할 수 있는 가장 강력한 기법 중 하나로 볼 수 있다. 그 강아지가 머릿속에 떠오르는 생각 하나하나를 다 쫓아다니는 것이 아니라 얌전히 앉아서 주의를 기울이게끔 훈련시키는 기법 말이다.

호흡은 경험의 본질을 꿰뚫는 핵심적인 통찰의 자연적인 근원으로 가르쳐진다. 그 통찰이란 비영속성(또는 무상無常)과 상호연결성이라는 서로 관련된 두 가지이다. 들숨은 금세 날숨으로 바뀌고 어느새 다시 들숨을 쉬고 있다. 여기서 보듯 우리가 견고하고 영속적인 신체 과정이라고 생각하기 쉬운 것들이 사실은 늘 변화하는 감각의 집합이어서 항상 무언가 다른 것이 되어간다. 두 번째 통찰, 즉 상호연결성에 대한 통찰은 다음의 사실을 깨달을 때 생겨난다. 즉 호흡과 신체 사이에, 폐에 들어가고 나오는 공기와 신체 조직 사이에, 또는 우리 자신과 옆에 앉아서 같은 공기를 공유하고 있는 사람 사이에 의미 있는 구분을 할 수 없다는 것이다. 비록 그 사람이 고된 하루 일을 마친 후 우리에게 소리를 질렀다고 해도 말이다.

호흡 자각 교육의 유명한 해설서인 일상에서의 **호흡명상 숨**Breath by Breath에서 저자 래리 로젠버그는 "우리는 모두 호흡을 하죠. 우리가 호흡을 하고 있다는 그 사실을 그냥 알아차리라는 것이 가르침이에요. 여기서 알아차리라는 것은 지적인 의미가 아니라 들숨과 날숨이라는 단순한 감각을 자각하라는 것이죠."라고 말한다. 이 가르침은 평생 동안 우리 주변과 우리 안의 모든 것을 통제하도록 학습해온 것과는 상반된다. 우리는 고통을 피하고, 상실을 막고, 행복을 위한 최상의 방편을 찾아내기 위해서 모든 것을 통제하라고 배운다. "우리가 호흡을 쓸데없이 간섭하지 않고 자연스럽게 펼쳐지도록 내버려두기를 학습할 수 있다면, 시간이 흐르면서 우리 경험의 다른 측면에 대해서도 그렇게 할 수 있게 될 것입니다. 즉 느낌을 느낌 그대로, 마음을 있는 그대로 두기를 학습할 수 있게 될 것입니다."[47]라고 그는 말한다.

호흡 같은 단 하나의 대상에 자각의 초점을 맞추는 일, 그리고 주의가 산만해지면 주의를 부드럽게 되돌아오게 하는 일이 연습을 하면 좀 더 쉬워진다. 그리고 순간순간의 경험에 주의를 기울이는 능력이 더 안정된다. 호흡 명상 같은 초점 자각 수행은 고도로 훈련된 수행자들에게서 "가벼움과 활력을 느끼게 하고 정서적 반응성은 많이 감소시켜요."라고 데이비드슨, 루츠 그리고 동료들은 말한다. 고도의 집중능력은 또한 필요한 수면량의 감소와 상관관계를 보인다.[48] 또 급속한 자극의 흐름 속에 묻혀 있는 대상에 주의를 기울이는 능력이 좋아지는 것과도 상관관계를 보인다.[49] 이는 초점 자각 수행이 제한된 뇌 자원을 좀 더 효율적으로 분배하게 하고 정신적 피로감을 감소시킨다는 것을 시사한다.

열린 자각

호흡에 주의를 기울임으로써(또는 다른 어떤 초점 자각 수행으로) 마음을 다스린 다음에 할 수 있는 또 다른 수행법이 있다. 이것은 자각의 장을 모든 경험에까지 확장시키는 것이다. 무無대상 주의objectless attention 혹은 열린 관찰이라고도 불리는 이 수행은 순간순간의 경험 내용을 비非반응적인 방식으로 바라보는 것이다. 비반응적인 방식이란 그 내용을 좋거나 나쁜 것으로, 혹은 바람직하거나 아닌 것으로 판단하지 않고, 그것이 우리의 내부와 주변에서 펼쳐지는 대로 알아차리는 것을 의미한다.

"사고, 느낌, 그리고 감각은 왔다가 지나갈 수 있는데, 그냥 그것들을 관찰만 하세요." 욘게이 밍규르 린포체의 말이다. "현재 순간에 그저 마음을 열고서, 그것들에 가볍고 온화한 주의(불교에선 '순수한' 자각이라고 말하는)를 기울입니다. '아아' 하고 소리 내며 앉아서 쉴 때처럼 말이죠." 그는 그 '아아'의 느낌을 고단하거나 어려운 일을 마쳤을 때 경험하는 안도의 느낌에 비유한다. "그냥 다 내려놓고 편하게 쉬세요."라고 그는 말한다. "어떤 생각, 감정 혹은 감각이 일어나는 걸 막을 필요는 없어요. 하지만 그렇다고 그걸 굳이 따라갈 필요도 없죠."[50] 데이비드슨, 루츠 및 동료들에 따르면 이렇게 편안하고 열린 형태의 자각을 수행하는 명상가들은 "좀 더 날카로우면서도 정서적 반응성은 더 낮은 자각"을 보고한다. 이때의 자각은 "지나온 과거에서부터 다가올 미래에까지 걸친 자서전적 의미의 자아정체성에 대한 자각"이다.[51] 열린 자각 수련은 몸과 물리적 환경에 대한 민감성은 높여주는 반면에, 정신적 고통을 악화시킬 수 있는 정서적 반응성은 감소시키는 경향이 있다.

우울증을 위한 MBCT를 개발한 윌리엄스, 티즈데일, 시걸 그리고 카밧-진은 그 코스에 '3분 호흡 공간'이라는 수행법을 도입했다. 이것은 초점 자각과 열린 자각 사이를 왔다 갔다 하여서 몸의 긴장을 풀고, 느낌과 생각을 더 잘 알아차리게 하고, 호흡 자각을 통해 집중을 높이고, 그렇게 높아진 집중력과 안정을 좀 더 열린 자각의 장에 적용하려는 수행법이다. 이것을 만들어낸 사람들은 3분 호흡 공간이 "상황에 따라서 한두 번의 호흡에서부터 5~10분에 이르기까지 언제나 어디서나 효과적으로 펼쳐질 수 있다."[52]고 말한다. 이것은 많은 MBCT 과정 참여자들이 선호하는 수행법이 되었고, 예비 연구 결과에 따르면 외상 후 스트레스 장애 환자들에게도 유용한 것으로 보인다. 이 수행법은 세 가지 기본 단계로 이루어진다. 먼저 1단계에서는 몸과 마음에 생각과 느낌이 떠오름에 따라 그에 대해서 "자각하게 되고" 그 존재를 인정한다. 2단계는 호흡을 닻으로 삼아 우리를 현재에 정박시키고는, 호흡의 감각에 초점을 맞추고 몸의 이완과 수축을 느낌으로써 주의를 "모으는" 것이다. 마지막으로 자각의 장을 "확장 시켜서" 몸 전체와 얼굴 표정까지 포함시키는 것이 3단계이다. 긴장 이나 불편을 약간이라도 자각하게 되면 호흡을 통해 그 속으로 들어 가서 그것을 수용할 수 있다. MBCT의 개발자들은 우리가 숨을 내쉬 면서 "괜찮아……. 그게 무엇이든지 간에 이미 여기 있는 거야. 그러 니 그냥 그걸 느끼도록 하자."[53]라는 말로 스스로를 안심시킬 수도 있을 것이라고 말한다.

이 편리한 기법은 초점 자각과 열린 자각의 장점을 많이 조합하여 간결하고 어디서나 할 수 있는 수행법으로 만든 것으로서, 불편하거 나 고통스러운 느낌, 감정 및 생각에 어떻게 대처할지를 빨리 결정해 야 하는 상황에서 특히 유용할 수 있다. "그런 상황에서 우울한 기분 이 우리를 압도하려고 할 때 호흡 공간은 우리 자신을 안정시킬 수 있게 한다. 이 수행법은 무슨 일이 일어나고 있는지를 직접적이고 경 험적인 깨달음을 통해 명확히 볼 수 있게 해준다. 그래서 우리가 처 한 상황에서 그 다음에 무엇을 해야 할 것인지를 주의 깊게 선택할 수 있는 장을 마련해준다."[54]

자비심과 자애

쌍둥이 같은 이 두 가지 명상의 대상은 고통의 종료를 위한 소망(자 비심)과 영구적인 행복에 대한 소망(자애, 즉 팔리어로는 메따metta, 산스크리트어로는 마이뜨리maitri)이다. 이런 수행은 여러 가지 형태 를 띨 수 있는데, 구절의 암송(이를테면, '내가 고통과 고통의 원인으로부터 자유로울 수 있기를' 혹은 '내 친한 친구가 또렷한 마음과 친절한 심장을 가질 수 있기를' 혹은 '내 아이들이 안전하고 행복하기를')을 통해 결국에는 감정적으로 중립적인 관계에 있는 사람, 어려운 관계에 있는 사람, 그리고 마지막으로 모든 존재에게까지 우리의 호의를 확대해나갈 수 있다. 이 수행은 또 비언어적인 형태를 띨 수도 있다. 예컨대 고통의 심상을 사용하여 자비심을 생성해내거나 '어려운' 사람들을 어린이로 보는 심상을 사용하여 자애를 생성해낼 수 있다. 이와 또 다른 형태인 무조건적 자비나 자애(fMRI 스캐너에 들어간 욘게이 밍규르 린포체와 여타 수도자들이 수행했던)는 집중의 명확한 대상이 전혀 없이 지각이 있는 모든 존재를 향한 공감과 행복을 기원하는 것이라고 이야기할 수 있다.

자신과 타인에 대한 조건적인 형태의 사랑은 그것으로부터 우리가 무언가를 얻어내기를 기대한다. 이와 달리 자애는 "무언가를 버려야만 함을 의미하지 않는다."라고 미국인 티베트 명상 지도자인 페마 최드뢴Pema Chödrön은 쓰고 있다. "마이뜨리는 긴 시간이 지난 뒤에도 우리가 여전히 미쳐 있을 수도 있음을 의미한다. 오랜 시간이 지난 뒤에도 우리는 여전히 화가 나 있을 수 있다. 여전히 소심하거나 시기를 할 수 있고, 자신이 하찮게 느껴질 수 있다. 요지는 자신을 바꾸려고 하지 않는 것이다. 명상 수행은 스스로를 버리고 무언가 더 나은 사람이 되기 위한 것이 아니다. 명상은 이미 존재하는 자신과 더 친해지는 것이다."[55]

자애는 흔히 무조건적이고 개방적이며 가로막힘 없는 형태의 사랑으로 묘사된다. 즉, 자애는 자신과 타인을 현재의 모습 그대로 두고 배려하는 것이며, 세상이 마땅히 어떠해야 된다는 생각으로 그런 배려를 하는 우리의 능력을 제약하는 것이 아니다. 이 수행법의 미국인 지도자이면서 매사추세츠 주 바르에 있는 통찰명상협회의 공동 창시자인 샤론 살츠버그Sharon Salzberg는 메따라는 단어의 문헌적 의미는 우정이라고 지적한다. "메따는 우리 자신뿐 아니라, 즉 우리가 좋아하고 자랑스럽게 바깥세상에 내놓는 우리의 부분들뿐만 아니라 우리 자신의 모든 부분을 향해서, 그리고 나서는 모든 생명을 향해서 우정의 기술을 발휘하는 것을 의미합니다. 그것이 진정으로 의미하는 바는 유대 관계(역자 주 : 모든 것들 사이의)에 대한 인정이죠."[56]라고 그녀는 말한다. 마치 우정을 쌓아가는 것처럼 이 수행을 하다보면 우정의 필수 요소인 수용의 참뜻을 깨닫게 된다. "어떤 친구가 우리를 실망시킬 수 있고 기대를 저버릴 수 있어요. 그렇다고 해서 그 친구와 관계를 끊어버리지는 않아요. 사실상 우리는 우리 자신을 실망시키고 우리 자신의 기대를 저버릴 수 있지만, 그래도 우리는 여전히 자신의 친구인 거죠."[57]라고 살츠버그는 말한다.

전통적인 불교 문헌들은 자애를 이와 쉽게 혼동되는 다른 감정들, 예컨대 열정, 집착 및 감상과 구분한다. 우리가 흔히 사랑이라고 생각하는 이런 경험들과는 달리, 자애를 행한다는 것은 '우리가 실제 경험의 진실에 대해서 지속적으로 열려있어서 삶과 맺는 관계가 변화된다' 는 것을 의미한다고 살츠버그는 말한다. "메따, 즉 욕망에 묶이지 않은 사랑의 감각인, 그리고 실제로 있는 것과 다른 척하지 않아도 되는 사랑의 감각인 메따는 고립감이라는, 즉 어떤 전체의 일부가 아니라는 착각을 이겨낸다."[58]

　그녀의 말에 따르면 우리 모두에게는 살면서 이런 연결성이 명확하게 보이는 순간들, 어떤 통찰의 물결이 밀려드는 순간들이 있다(그건 어쩌면 섬세하게 조율된 감수성이나 양심의 작용처럼 느껴질 수도 있다). 그러면서 우리 모두가 깊이 상처받기 쉽다는 것, 우리 모두 가장 기본적으로 그저 행복을 찾고 있다는 것을 알게 된다. 이런 게 아주 명징하게 느껴지는 순간에는 "행복을 정말로 달리 이해하게 되고, 우리가 가진 두려움을 있는 그대로 보게 되며, 우리가 5분 안에 죽을지도 모른다는 걸 깨닫게 됩니다. 즉 무슨 일인가가 일어나고, 그렇게 되면 자신도 별달리 특별하지 않다는 걸 깨닫게 되죠."[59]라고 살츠버그는 말한다. 이런 연결성을 깨닫게 되는 것은 흔히 개인적인 비극을 겪을 때, 혹은 그녀의 말에 따르면 그런 위협을 느낄 때이다. 어느 순간 우리는 평상시와 같이 자신과 타인(우리와 그들)이라는 렌즈를 통해 우리의 모든 경험들을 바라보면서 일상을 살아가고 있다. 그러다가 무슨 일인가가 일어난다. 그리고 "그 모든 가정들이 한 순간에 흔들려요… 전화 한 통을 받고 나서, 인생이 달라지는 거죠. 이건 **모든 사람**에게 해당됩니다. 그냥 몇몇 사람에게만 그런 게 아니라는 말이죠."

　많은 명상가들이 자비와 자애 수행이 다른 집중력 수행보다 더 깊은 공명을 일으킨다고 말한다. 왜냐하면 마음챙김의 대상이 그들이 함양하고자 하는 마음의 특성과 구분될 수 없기 때문이다. 다른 명상가들은 처음에는 이 수행을 참을 수 없어하며, 그게 신실하지 못하거나 가식적으로, 또는 이 세상의 극단적인 고통 앞에서 어쩌면 지나치게 낙천적인 것으로 느껴진다고 말한다. 우리의 개인사나 일시적 기분이 어느 특정 순간에 어떤 정신적 수행이 가장 좋을지에 분명히 영향을 줄 것이다. 의식적으로 자애를 수행하는 일이 너무 강제적으로 느껴지거나 감정적인 부담이 너무 커서 마음이 내키지 않는 날도 있을 것이다. 더 분명하고, 더 자애롭고, 더 편안하고, 이 순간에 좀 더 주의를 기울이도록 마음을 훈련시키는 수행법을, 부처가 하나도 아니고 셋도 아니고 수백 가지씩이나 가르친 이유가 바로 이것이라고 이야기한다. 행복의 조건들이 실제로 함께 모이는 유일한 때는 바로 그렇게 순간에 주의를 집중할 때이다.

우리 스스로에게 요구할 수 있는 것은 한두 가지 기법을 시도해보고 자신에게 무엇이 맞는지를 알아보라는 것밖에 없다. 그러고는 내일, 일 년 후, 또는 몇십 년 후 어느 것이 잘 되는지 알아보라. 우리가 무언가에 열심일 때, 존재의 목적을 느끼지 못할 때, 기세등등할 때, 비극을 겪을 때, 또 죽어가고 있을 때 말이다. 이 세 가지 수행법(그리고 다른 많은 수행법들)에 대해서 더 심도 있는 안내가 이 책의 뒷부분에 있는 '참고자료'에 소개되어 있다. 안거센터, MBSR과 MBCT 프로그램, 인터넷 무료 강의뿐만 아니라 매일 앉아서, 걸으면서, 먹으면서 하는 마음챙김 생활 수행에 관한 책에 대한 정보를 거기서 얻을 수 있다.

'인간'을 생각하라

"'자아'란 무엇인가?" 같은 허황되고 비실용적인 질문은 해서 뭐 할까? 그 답이 무엇이든간에 우리의 자아(혹은 상황에 따라서는, 비자아)는 아침이면 자리에서 일어나 무언가로 아침식사를 때우고 주어진 일을 해야 할 것이다. 대부분의 날에는 '자아'가 쓸데없이 생각을 많이 하지 않고서도 일을 잘 해낸다. 그날의 스트레스를 힘차게 헤쳐나가면서 자신과 사랑하는 사람들을 돌보고, 어쩌면 심지어 알지도 못하는 몇몇 사람까지 돌볼 수도 있다. 자신의 노후와 아이들의 미래를 위해 저축을 하기도 한다. 운이 좋으면 자신이 좋아하는 일을 하게 되고 그러면서 새로운 것을 배워가기도 한다. 그렇다면 자아로서 인생에서 뭘 더 바랄 게 있을까?

존 카밧-진은 과학에서 흥미로운 근본적 질문들은 그 각각이 "사실상 결국 '우리는 누구인가?' 그리고 '우주에서 우리의 자리는 어디인가?'로 환원됩니다."[60]라고 말한다. 많은 뇌과학자들이 이미 자신만의 답을 갖고 있어서, 어떤 이는 짐승들 사이에서 인간을 특별하게 만드는 것이 우리의 자각능력이라고 말한다. 다른 이는 강력한 감정을 조절할 수 있는 능력을 든다. 또 다른 이는 의미와 예술을 창조해내고 감상할 수 있는 능력을 강조한다. 이런 소위 '인간적인' 특성들은 모두 명백하게 그리고 긴밀하게 뇌와 연관이 된다. 그래서 배에 털이 없다거나 살랑살랑 흔들 꼬리가 없다는 점이 특별히 중요하다고 생각하는 사람은 아무도 없다. 지각이 있는 다른 존재들을 인간과 구분 짓는 이런 특성들이 흥미롭기는 하지만 그만큼 흥미로운 또 다른 것은 무엇이 우리를 정확히 똑같은 존재로 만드는가이다. "프랑스 지성인들이 말한 바가 있음에도 불구하고, 아침에 일어나면서 '내가 오늘 하루 종일 고통을 받기를.' 하고 바라는 사람은 아무도 없어요. 이것은 우리가 무엇을 하든, 무엇을 바라든, 무슨 꿈을 꾸든 그것은 어떻게든 안녕이나 행복에 대한 깊고 심오한 열망과 연관된다는 것을 의미합니다. 그런 연관성이 의식적이든 무의식적이든, 직접적이든 간접적이든, 단기적이든 장기적이든 상관없이 말이죠."[61] 라고 마티유 리카드는 말한다.

행복에 대한 이런 선천적 욕구가 있음을 감안하면, 우리가 사용 가능한 모든 인간적인 능력을 이용하여 능동적으로 안녕을 추구한다는 것은 이해할 만하다. 자각을 함양하고, 감정을 조절하고, 사랑과 아름다움의 진가를 알아보고, 다른 사람들을 돌보고, fMRI 기계를 조작하는 능력 등을 모두 써서 말이다. 명상 수행법들은 삶에서 우리 자신의 모습이 드러나도록 해준다. 그래서 무언가를 실제로 경험할 수 있을 때 그것에 주의를 기울이는 법을 가르쳐준다. 뇌영상화 연구는 이를 보완하는 능력을 제공한다. 즉, 우리의 내적인 삶이 스크린 상에서 실시간으로 펼쳐지는 것을 볼 수 있게 해준다. 이를 통해 우리는 마음의 유연성과 훈련 가능성을 유사 이래 최초로 들여다볼 수 있게 되었다.

욘게이 밍규르 린포체는 뇌영상화 연구가 "물질적인 현상을 항상 들여다보지 않고서도" 우리가 누구인지를 인식하는 데 큰 잠재력을 지니고 있다고 생각한다. 뇌가 경험에 반응하는 모습을 보게 되면 '와! 행복의 원천이, 즉 행복의 원인이 바깥세상의 물질에만 존재하는 것이 아니라 어쩌면 마음속에도 존재하는구나.' 라고 인식하는 데 도움이 될 수 있다고 그는 말한다. 지혜는 항상 바깥만을 향하는 게 아니라 안쪽으로도 향해서 "우리의 진짜 본질, 우리 마음의 긍정적인 특성들을 보고", 또 이 특성이 어떻게 건강한 행위와 관계들로 이어지는지를 보는 것이다.[62]

우리의 인간관계 및 세상에서의 행동과 더불어 우리의 내적인 경험들이 합쳐져서 나중에 되돌아보면 인생이라는 게 될 것이다. 과학의 전통과 명상의 전통 사이의 동맹이 우리를 엄청나게 해방시켜주고 있다. 우리는 내적인 경험과 그에 대한 우리의 반응에 매 순간 자비롭게 주의를 기울이도록 학습할 수 있고, 따라서 우리와 타인의 삶을 더 좋은 방향으로 변화시킬 수 있는 다양한 미래의 가능성들이 열리고 있다.

호기심은 우리의 본성

"우리는 누구인가?", "살아 있다는 것이 무슨 의미인가?", "인간이라는 것이 무슨 의미인가?" 그리고 "행복해지려면 무엇이 필요한가?" 같은 질문은 오래전부터 인간의 상상력을 자극해왔다. 여러 시대에 걸쳐 호기심 많은 사람들이 모든 가능한 각도에서 이 질문들을 물고 늘어졌다. 답을 얻으려고 때로는 내면으로 눈을 돌려 정신 활동을 연구했고, 때로는 바깥으로 눈을 돌려 이 세상을 살아가는 동료 인간들을 관찰했다. 우리에게는 뇌를 실시간 영상으로 볼 수 있는 새로운 힘이 생겼고, 이것이 또 다른 신선한 각도를 제공해준다. 그래서 우리는 주관적인 내적 경험이 객관적으로 측정된 뇌활동과 함께 펼쳐지는 것을 관찰할 수 있다. 라마찬드란은 말한다. "수천 년 동안 철학자들이 연구해온 이 모든 의문을, 과학자들이 뇌영상을 찍고 환자를 연구하고 올바른 질문을 함으로써 탐구하기 시작할 수 있어요."[63]

어떤 환자가 자각이 있다는 기색을 전혀 보이지 않는다. 연구자들이 그녀에게 테니스를 치거나 자기 집의 익숙한 방들을 돌아다니는 상상을 해보라고 한다. 그러면서 각 과제에 몰두하고 있는 그녀의 뇌를 관찰한다. 그들은 그녀가 실제로 자신과 주변에 대한 자각이 있으며, 명백한 목적의식을 가지고서 지시에 따를 수 있다는 사실을 발견한다. 그게 아니었으면 완전히 무력했을 사람에게 fMRI라는 형태로 의사소통 도구를 마련해줌으로써, 그리고 그녀에게 남아 있는 모든 능력을 다해서 실험에 능동적으로 참여해달라고 함으로써, 이 연구자들은 아무도 알아채지 못했을지도 모르는, 자각이 있고 생산적인 한 인간의 삶을 건져낼 수 있는 것이다. 그 과정에서 그들은 뇌영상화 기법이 가진 잠재력을 드러내 보여준다. 즉, 이 기법은 그게 없었더라면 의식이 몸 안에 갇혀 있는 상태로 지냈을 환자들에게 언어와 자율적인 의사결정의 힘을 불어넣어준다. 그들은 또한 자각의 한계를, 따라서 지각 있는 인간의 삶의 한계를 의미 있게 규정하는 데 뇌영상화 기법이 유용할 것임을 예시한다. 그래서 사랑하는 사람의 목숨을 붙들어두어야 할 때는 언제이고 놓아주어야 할 때는 언제인지를 아마도 언젠가는 뇌영상화 기법을 통해 알 수 있게 될 것이다.

대서양 너머에서는 한 연구 팀이 국소적 뇌손상을 입은 환자들에게 도덕과 관련된 일련의 질문을 한다. 그 결과 뇌의 특정 부위가 '정상적인' 도덕 추론에 핵심이 된다는 점을 발견한다. 두 번째 연구 팀은 그와는 다른 뇌 영역이 손상되면 추상적 개념과 창의적 비유를 이해하는 독특한 인간의 능력이 완전히 없어져버린다는 점을 밝혀낸다. 그리고 세 번째 연구 팀은 통증 및 보상 회로에 이상이 생기면 타인과 공감하는 인간의 본능적인 능력에 문제가 생긴다는 점을 알아낸다.

우리의 호기심은 무엇이 고장 났는지를 밝혀내는 데서 멈추지 않는다. 더 나아가 우리는 그것을 고치고 싶어 한다. 또 다른 연구 팀은 뇌영상화 기법을 이용하여 만성 통증 환자들에게 실시간 fMRI 피드백을 통해 자신의 뇌 활동을 조절함으로써 통증을 완화시키는 법을 가르친다. 이는 잘 알려진 뇌 체계에 영향을 미치는 다른 파괴적 질환들을 치료하는 데 신경영상화치료가 유용할 것임을 예시해준다.

안녕 연속선의 다른 쪽 끝에서는 연구 팀들이 마음챙김에 근거한 스트레스 감소 수업의 수료자들에게서 신체적 건강, 정서적 균형, 인지적 명민함이 향상됨을 보여준다. 그리고 마음의 긍정적인 특성을 함양하는 일을 업으로 하는 명상 전문가들에게서는 그런 변화가 극도의 만족으로 나타난다는 점을 보여준다. 과학자들은 영리한 질문을 뇌에게 함으로써 생겨나는 뇌 활동을 영상화하고 그 답을 관찰 가능한 신경활동과 연결시킨다. 그렇게 함으로써 인간의 정상적인 기능의 결정적인 면이 상실될 때 무엇이 고장 났는지를 찾아낼 수 있다. 그리고 건강과 행복에 대한 우리의 잠재력을 극대화시키도록 마음을 훈련시킬 때는 정확히 무엇이 제대로 되고 있는지를 알아낼 수 있다. 이 실험들은 인간이 된다는 것이 무슨 의미인지, 또 잘 산다는 것이 무슨 의미인지를 더 잘 알 수 있게 해준다. 그래서 정신적 부상과 질병에 대한 표적치료의 토대를, 그리고 적자생존에서 살아남은 사람들의 삶의 질 개선을 위한 토대를 마련해준다. 우리 중 가장 적자들은 단순히 스트레스를 힘차게 헤쳐나가는 것 이상을 원한다. 우리는 그저 생존하는 것이 아니라 번영하고 싶어 하며, 또한 다른 사람들도 역시 진정한 행복을 경험하기를 원한다.

마음의 경향성 중 어떤 것은 풍요와 번영으로 이어지는 반면, 다른 것은 건강과 행복으로 이어진 적이 없다. 전자가 우리가 강화하고픈 것이다. 우리의 자기유지·보수용 '할 일' 목록이 어떻게 생긴 것이든지 간에 첨단 뇌과학은 그 일에 필요한 도구들을 밝혀내고 있다. 그중 가장 효율적인 것으로는 규칙적인 운동과 휴식, 긍정적 감정을 체계적으로 함양하기, 돈독한 사회적 지지망을 보유하기, 인지적 도전을 자주 접하기, 순간순간의 내적 상태를 더 잘 자각하기 등이 있다.

우리는 자신을 서로 부딪치고 튕겨져 나가는, 경계선을 가진 원자적 실체로 알고 있다. 하지만 탄력성 좋고 유연한 뇌에 대해 알게 된 모든 것들은 그런 상식적 의미의 자아정체성을 반박한다. 우리는 서로 상호작용을 할 때마다 서로의 뇌를 변화시킨다는 것, 그리고 어떤 생각이나 감정에 반응할 때마다 자신의 뇌를 변화시킨다는 것이 뇌 연구를 통해 드러난다. 새로운 마음의 과학(즉, 외적 및 내적 연구의 혼합)은 우리의 경험이 실시간으로 펼쳐지는 것을 보여준다. 동시에 우리의 경험을 다른 사람의 경험과 객관적 관찰이 가능한 방식으로 직접 연관지어준다. 이 엄청난 새로운 기술적인 힘 덕분에 우리는 정신적 삶이 얼마나 유동적인지, 그리고 그런 유동성을 어떻게 생산적인 방식으로 이끌고 제어할지에 대해서 귀중한 깨달음을 얻게 된다.

우리의 오랜 친구 호기심이 새로운 도구 세트를 우리에게 선사해 주었다. 그것으로 우리는 호기심 그 자체를 들여다볼 수 있다. 이 도구는 또한 이해력, 행복 및 정신적 자유에 대한 인간의 잠재력이 놀랄 만큼 크다는 것, 어쩌면 무한하다는 것을 대단히 자세하고 다채롭게 보여준다. 나이가 몇 살이든 쌓아온 경험이 무엇이든지 간에 우리는 각자 정신적 삶의 질을 의식적으로 향상시키려고, 더 나아가 신체적 건강과 다른 사람들과의 상호작용을 의식적으로 개선하려고 애를 쓰고 있다. 마음의 풍경을 관찰하면 할수록 더 명백해지는 사실은 이것이다. 즉, 다른 사람과 내가 공통으로 갖고 있는 정신적 잠재력이 우리를 서로 다르게 만드는 특성들만큼이나 우리를 인간으로 정의하는 데 중요하다는 것이다. 그 '다른 사람'이 사랑하는 사람이든 전혀 모르는 사람이든, 외상 후 스트레스 장애 환자이든 불교 승려이든, 건강한 7세 아동이든 70세의 만성 통증 환자이든 상관없이 말이다.

 참고자료

뇌 영상화와 건강에 대한 인터넷 자료

이 책에서 나온 연구 및 치료 주제에 대한 최신 정보를 보려면 다음의 웹사이트를 방문해보라. 검색 가능한 무료 텍스트와 기타 관련 소스로 가는 링크를 제공한다. 또한 이 중에는 동영상이나 팟캐스트 같은 시청각 자료와 상호작용적 기능을 포함한 곳이 많다.

미국 알츠하이머병 재단, www.alzfdn.org/
미국 통증학회, www.ampainsoc.org/
매사추세츠대학교 의과대학의 의학, 보건 및 사회에서의 마음챙김 센터,
　www.umassmed.edu/cfm/index.aspx/
메이오 클리닉, www.mayoclinic.com/
마음과 삶 연구소, www.mindandlife.org/
마음챙김 기반 인지치료(MBCT), www.mbct.com/
마음챙김 기반 스트레스 감소(MBSR),
　www.umassmed.edu/cfm/mbsr/
미국 국립건강연구소(NIH), www.nih.gov/icd/

다음의 기관들이 이 책에 나온 연구 중 많은 것에 연구비를 제공한다.

- 국립정신건강연구소(NIMH), www.nimh.nih.gov/
- 국립약물남용연구소(NIDA), www.nida.nih.gov/
- 국립신경학적장애및뇌졸중연구소(NINDS), www.ninds.nih.gov/
- 국립노화연구소(NIA), www.nia.nih.gov/

공공과학도서관(PLoS), www.plos.org/

매일과학, www.sciencedaily.com/

신경과학회, www.sfn.org/

마음챙김 기반 치료법과 실용적 명상 기법에 관한 가르침

Charlotte Joko Beck, *Everyday Zen: Love and Work* (New York: HarperOne, 2007).

Sylvia Boorstein, *Don't Just Do Something, Sit There: A Mindfulness Retreat with Sylvia Boorstein* (New York: HarperOne, 1996).

Pema Ch dr n, *When Things Fall Apart: Heart Advice for Difficult Times* (Boston: Shambhala, 2000).

Joseph Goldstein, *Insight Meditation: The Practice of Freedom* (Boston: Shambhala, 2003).

Jon Kabat−Zinn, *Full Catastrophe Living: How to Cope with Stress, Pain, and Illness Using Mindfulness Meditation* (London: Piatkus Books, 2001).

Jack Kornfield, *A Path with Heart: A Guide Through the Perils and Promises of Spiritual Life* (New York: Bantam, 1993).

Larry Rosenberg, *Breath by Breath: The Liberating Practice of Insight Meditation* (Boston: Shambhala, 2004).

Sakyong Mipham, *Turning the Mind into an Ally* (New York: Riverhead Books, 2003).

Sharon Salzberg, *Lovingkindness: The Revolutionary Art of Happiness* (Boston: Shambhala, 2008).

Thich Nhat Hanh, *Peace is Every Step: The Path of Mindfulness in Everyday Life* (New York: Bantam, 1992).

Mark Williams, John Teasdale, Zindel Segal, and John Kabat-Zinn, *The Mindful Way Through Depression: Freeing Yourself from Chronic Unhappiness* (New York: Guilford Press, 2007).

Yongey Mingyur Rinpoche and Eric Swanson, *The Joy of Living: Unlocking the Secret and Science of Happiness* (New York: Harmony Books, 2007).

명상 스승들의 강연을 다음의 웹사이트에서 무료로 내려받을 수 있다.

- 달마 시드, www.dharmaseed.org/
- 플럼빌리지 수행센터, www.plumvillage.org/
- 샌프란시스코 선 센터, www.sfzc.org/
- 국제 샴발라회, www.shambhala.org/

 주석

저자 서문

[1]Aristotle, *On the Parts of Animals, Book II*, translated by William Ogle (Adelaide, South Australia: University of Adelaide Library eBooks@Adelaide, 2007).

[2]Aristotle, *On the Generation of Animals, Book II*, translated by Arthur Platt (Adelaide, South Australia: University of Adelaide Library eBooks@Adelaide, 2007).

제1장

[1]Adrian M. Owen, Martin R. Coleman, Melanie Boly, Matthew H. Davis, Steven Laureys, and John D. Pickard, "Detecting Awareness in the Vegetative State," *Science* 313 (8 September 2006): 1402.

[2]Benedict Carey, "Mental Activity Seen in a Brain Gravely Injured," *New York Times*, 8 September 2006.

[3]Adrian M. Owen, Martin R. Coleman, Melanie Boly, Matthew H. Davis, Steven Laureys, Dietsje Jolles, and John D. Pickard, "Response to Comments on 'Detecting Awareness in the Vegetative State,'" *Science* 315 (2 March 2007): 1221c.

[4]Daniel L. Greenberg, "Comment on 'Detecting Awareness in the Vegetative State,'" *Science* 315 (2 March 2007): 1221b.

[5]William Saletan, "The Unspeakable: Buried Alive in Your Own Skull," *Slate*, 12 September 2006.

[6]Benedict Carey, "Mental Activity Seen in a Brain Gravely Injured," *New York Times*, 8 September 2006.

[7]Steven Laureys, "Eyes Open, Brain Shut," *Scientific American*, May 2007, 37.

[8]Ibid., 32.

[9]Benedict Carey, "Inside the Injured Brain, Many Kinds of Awareness," *New York Times*, 5 April 2005.

[10]Benedict Carey, "Mental Activity Seen in a Brain Gravely Injured," *New York Times*, 8 September 2006.

[11]Rebecca Morelle, "I Felt Trapped Inside my Body," BBC News, 7 September 2006.

[12]Robert Langreth, "Twilight Zone: Can Medicine Help Revive Brain-Damaged Patients Stuck in the Netherworld Between Coma and Consciousness?" Forbes.com, 4 October 2004, www.forbes.com/business/global/2004/1004/060.html

[13]Rebecca Morelle, "I Felt Trapped Inside my Body," BBC News, 7 September 2006.

[14]Ibid.

[15]Ibid.

[16]Benedict Carey, "Mental Activity Seen in a Brain Gravely Injured," *New York Times*, 8 September 2006.

[17]Eelco F.M. Wijdicks, "Minimally Conscious State vs. Persistent Vegetative State: The Case of Terry (Wallis) vs. the Case of Terri (Schiavo)," *Mayo Clinic Proceeding* 81, no.9 (September 2006): 1157.

[18]Benedict Carey and John Schwartz, "Schiavo's Condition Holds Little Chance of Recovery," *New York Times*, 26 March 2005.

[19]Abby Goodnough, "Schiavo Autopsy Says Brain, Withered, Was Untreatable," *New York Times*, 16 June 2005.

[20]Robert Langreth, "Twilight Zone: Can Medicine Help Revive Brain-Damaged Patients Stuck in the Netherworld Between Coma and Consciousness?" Forbes.com, 4 October 2004.

[21]Kirk Payne, Robert M. Taylor, Carol Stocking, and Greg A. Sachs, "Physicians' Attitudes About the Care of Patients in the Persistent Vegetative State: A National Survey," *Annals of Internal Medicine* 125, no. 2 (July 1996): 104–110.

[22]Eelco F.M. Wijdicks, "Minimally Conscious State vs. Persistent Vegetative State: The Case of Terry (Wallis) vs. the Case of Terri (Schiavo)," *Mayo Clinic Proceeding* 81, no.9 (September 2006): 1155.

[23]Ibid.

[24]Benedict Carey, "Inside the Injured Brain, Many Kinds of Awareness," *New York Times*, 5 April 2005.

[25]N.D. Schiff, D. Rodriguez-Moreno, A. Kamal, K.H. Kim, J.T. Giacino, F. Plum, J. Hirsch, "fMRI Reveals Large-Scale Network Activation in Minimally Conscious Patients," *Neurology* 64 (February 2005): 514–23.

[26]Robert Langreth, "Twilight Zone: Can Medicine Help Revive Brain-Damaged Patients Stuck in the Netherworld Between Coma and Consciousness?" Forbes.com, 4 October 2004.

[27]Nick Chisholm and Grant Gillett, "The Patient's Journey: Living with Locked-in Syndrome," *BMJ* 331, no. 7508 (9 July 2005): 94.

[28]TV New Zealand, "Struggle Street," *20/20*, 20 June 2007, www.youtube.com/watch?v=7tG4BCAT9iA.

[29]Chisholm and Gillett, "The Patient's Journey: Living with Locked-in Syndrome,"

BMJ 331, no. 7508 (9 July 2005): 95.

[30]José León-Carrión, Philippe van Eeckhout, María del Rosario Domínguez-Morales, Francisco Javier Pérez-Santamaría, "The Locked-in Syndrome: A Syndrome Looking for a Therapy," *Brain Injury* 16, no. 7 (2002): 571-582.

[31]Steven Laureys, Frédéric Pellas, Philippe Van Eeckhout, Sofiane Ghorbel, Caroline Schnakers, Fabien Perrin, Jacques Berré, Marie-Elisabeth Faymonville, Karl-Heinz Pantke, Francois Damas, Maurice Lamy, Gustave Moonen, Serge Goldman, "The Locked-in Syndrome: What Is It Like to Be Conscious but Paralyzed and Voiceless?" *Progress in Brain Research* 150 (2005): 505.

[32]Chisholm and Gillett, "The Patient's Journey: Living with Locked-in Syndrome," *BMJ* 331, no. 7508 (9 July 2005): 95.

[33]Emanuela Casanova, Rosa E. Lazzari, Sergio Lotta, Anna Mazzucchi, "Locked-in Syndrome: Improvement in the Prognosis After an Early Intensive Multidisciplinary Rehabilitation," *Archives of Physical Medicine and Rehabilitation* 84, no. 6 (June 2003): 862-867.

[34]Steven Laureys et al., "The Locked-in Syndrome: What Is It Like to Be Conscious but Paralyzed and Voiceless?" *Progress in Brain Research* 150 (2005): 505.

[35]TV New Zealand, "Struggle Street," *20/20*, 20 June 2007, www.youtube.com/watch?v=7tG4BCAT9iA.

[36]Chisholm and Gillett, "The Patient's Journey: Living with Locked-in Syndrome," *BMJ* 331, no. 7508 (9 July 2005): 97.

[37]TV New Zealand, "Struggle Street," *20/20*, 20 June 2007, www.youtube.com/watch?v=7tG4BCAT9iA.

[38]Chisholm and Gillett, "The Patient's Journey: Living with Locked-in Syndrome," *BMJ* 331, no. 7508 (9 July 2005): 97.

[39]Steven Laureys et al., "The Locked-in Syndrome: What Is It Like to Be Conscious but Paralyzed and Voiceless?" *Progress in Brain Research* 150 (2005): 495.

[40]TV New Zealand, "Struggle Street," *20/20*, 20 June 2007, www.youtube.com/watch?v=7tG4BCAT9iA.

[41]Chisholm and Gillett, "The Patient's Journey: Living with Locked-in Syndrome," *BMJ* 331, no. 7508 (9 July 2005): 97.

[42]M. Bruno, J.L. Bernheim, C. Schnakers, S. Laureys, "Locked-in: Don't Judge a Book by Its Cover," *Journal of Neurology, Neurosurgery, and Psychiatry* 79, no. 1 (January 2008): 2.

[43]"Vegetative Patient 'Communicates,'" BBC News, 7 September 2008.

[44]Adrian Owen et al., "Detecting Awareness in the Vegetative State," *Science* 313 (8 September 2006): 1402.

[45]Alain L. Sanders, Jerome Cramer, and Elizabeth Taylor, "Whose Right to Die?" *Time*, 11 December 1989.

제2장

[1]Richard Davidson, interviewed by Miriam Boleyn-Fitzgerald, 26 June 2008, transcript of audio recording.

[2]Richard Davidson, "Shaping Your Child's Brain," talk given at Appleton East High School (Appleton, Wisconsin), 13 May 2008.

[3]Katherine Ellison, "Mastering Your Own Mind," *Psychology Today* (1 September 2006).

[4]Ibid.

[5]Elaine D. Eaker, Lisa M. Sullivan, Margaret Kelly-Hayes, Ralph B. D'Agostino, and Emelia J. Benjamin, "Anger and Hostility Predict the Development of Atrial Fibrillation in Men in the Framingham Offspring Study," *Circulation* 109 (2004): 1267–1271.

[6]Childhelp, "National Child Abuse Statistics," 2006, www.childhelp.org/resources/learning-center/statistics.

[7]National Coalition Against Domestic Violence (NCADV), "Domestic Violence Facts," www.ncadv.org/files/DomesticViolenceFactSheet(National).pdf; and "Psychological Abuse," www.ncadv.org/files/PsychologicalAbuse.pdf.

[8]James J. Gross, "Emotion Regulation: Affective, Cognitive, and Social Consequences," *Psychophysiology* 39 (2002): 289.

[9]Jane M. Richards and James M. Gross, "Emotion Regulation and Memory: The Cognitive Costs of Keeping One's Cool," *Journal of Personality and Social Psychology* 79, no. 3 (2000): 410–424.

[10]James J. Gross, "Emotion Regulation: Affective, Cognitive, and Social Consequences," *Psychophysiology* 39 (2002): 281.

[11]Zindel Segal, interviewed by Miriam Boleyn-Fitzgerald, 6 August 2008, transcript of audio recording.

[12]John Teasdale, Zindel Segal, Mark Williams, Valerie Ridgeway, Judith Soulsby, and Mark Lau, "Prevention of Relapse/Recurrence in Major Depression by MBCT," *Journal of Consulting and Clinical Psychology* 68, no. 4 (2000): 615–623.

[13]Drs. Williams, Teasdale, Segal, and Kabat-Zinn outline the MBCT approach in their book, *The Mindful Way Through Depression: Freeing Yourself from Chronic Unhappiness* (New York: The Guilford Press, 2007).

[14]Zindel Segal, interviewed by Miriam Boleyn-Fitzgerald, 6 August 2008, transcript of audio recording.

[15]James J. Gross, "Emotion Regulation: Affective, Cognitive, and Social Consequences," *Psychophysiology* 39 (2002): 281–291.

[16]Zindel Segal, interviewed by Miriam Boleyn-Fitzgerald, 6 August 2008, transcript of audio recording.

[17]Naomi Law, "Scientists Probe Meditation Secrets," BBC News, 31 March 2008.

[18]National Institute of Mental Health, "Post-Traumatic Stress Disorder," 26 June 2008, www.nimh.nih.gov/health/publications/post-traumatic-stress-disorder-ptsd/

index.shtml.

[19]Charles W. Hoge, Carl A. Castro, Stephen C. Messer, Dennis McGurk, Dave I. Cotting, and Robert L. Koffman, "Combat Duty in Iraq and Afghanistan, Mental Health Problems, and Barriers to Care," *New England Journal of Medicine* 351, no. 1 (1 July 2004): 13–22.

[20]Anthony P. King, interviewed by Miriam Boleyn-Fitzgerald, 29 January 2008, transcript of audio recording.

[21]Israel Liberzon, Anthony P. King, Jennifer C. Britton, K. Luan Phan, James L. Abelson, and Stephan F. Taylor, "Paralimbic and Medial Prefrontal Cortical Involvement in Neuroendocrine Responses to Traumatic Stimuli," *American Journal of Psychiatry* 164 (August 2007): 1250–1258.

[22]Richard Davidson, "Shaping Your Child's Brain," talk given at Appleton East High School (Appleton, Wisconsin), 13 May 2008.

[23]James A. Coan, Hillary S. Schaefer, and Richard J. Davidson, "Lending a Hand: Social Regulation of the Neural Response to Threat," *Psychological Science* 17, no. 12 (2006): 1037–8.

[24]Richard Davidson, interviewed by Miriam Boleyn-Fitzgerald, 26 June 2008, transcript of audio recording.

[25]Benedict Carey, "Lotus Therapy," *New York Times*, 27 May 2008.

[26]Aliza Weinrib, email communication, 20 October 2008.

[27]Richard Davidson, interviewed by Miriam Boleyn-Fitzgerald, 26 June 2008, transcript of audio recording.

제3장

[1]Claudia Wallis, "The New Science of Happiness," *Time*, 17 January 2005.

[2]Ibid.

[3]Heather L. Urry, Jack B. Nitschke, Isa Dolski, Daren C. Jackson, Kim M. Dalton, Corrina J. Mueller, Melissa A. Rosenkranz, Carol D. Ryff, Burton H. Singer, and Richard J. Davidson, "Making a Life Worth Living: Neural Correlates of Well-Being," *Psychological Science* 15, no. 6: 367.

[4]Penelope Green, "This Is Your Brain on Happiness," *O Magazine*, March 2008.

[5]Richard Davidson, interviewed by Miriam Boleyn-Fitzgerald, 26 June 2008, transcript of audio recording.

[6]A. Quaranta, M. Siniscalchi, and G. Vallortigara, "Asymmetric Tail-Wagging Responses by Dogs to Different Emotive Stimuli," *Current Biology* 17, no. 6: R199–R201.

[7]Lauran Neergaard, "Brain's Reaction to Yummy Food May Predict Weight," Associated Press, 16 October 2008.

[8]Ibid.

[9]National Science Foundation (NSF) Press Release 08–199, "Bullies May Enjoy Seeing Others in Pain," 7 November 2008.

[10]J. Decety, K.J. Michalska, Y. Akitsuki, and B. Lahey, "Atypical Empathic Responses in Adolescents with Aggressive Conduct Disorder: A Functional MRI Investigation," *Biological Psychology* 80, no. 2 (February 2009): 210.

[11]Julie Steenhuysen, "Bullies May Get Kick Out of Seeing Others in Pain," Reuters, 7 November 2008.

[12]Jean Decety et al., "Atypical Empathic Responses in Adolescents with Aggressive Conduct Disorder: A Functional MRI Investigation," *Biological Psychology* 80, no. 2 (February 2009): 208.

[13]Radha Chitale, "Pain May Be Pleasurable for Some Bullies," ABC News, 7 November 2008.

[14]J. Decety, K.J. Michalska, Y. Akitsuki, "Who Caused the Pain? A Functional MRI Investigation of Empathy and Intentionality in Children, *Neuropsychologia* 46 (2008): 2607–2614.

[15]Claudia Wallis, "The New Science of Happiness," *Time*, 17 January 2005.

[16]Penelope Green, "This Is Your Brain on Happiness," *O Magazine*, March 2008.

[17]The Dalai Lama as quoted in Surya Das, *Buddha Is as Buddha Does: The Ten Original Practices for Enlightened Living* (New York: HarperOne, 2008), 37.

[18]Dian Land, "Study Shows Compassion Meditation Changes the Brain," University of Wisconsin-Madison News, 25 March 2008, www.news.wisc.edu/14944.

[19]Dan Rather, "Mind Science," *Dan Rather Reports*, HDNet, 8 April 2008.

[20]Ibid.

[21]A. Lutz, L.L. Greischar, N.B. Rawlings, M. Ricard, R.J. Davidson, "Long-term Meditators Self-induce High-amplitude Gamma Synchrony During Mental Practice," *Proceedings of the National Academy of Sciences* 101:16369–73.

[22]Dan Rather, "Mind Science," *Dan Rather Reports*, HDNet, 8 April 2008.

[23]Amanda Gardner, "Meditation Can Wish You Well, Study Says," *U.S. News and World Report*, 27 March 2008.

[24]Yongey Mingyur Rinpoche and Eric Swanson, *The Joy of Living: Unlocking the Secret and Science of Happiness* (New York: Harmony Books, 2007).

[25]Yongey Mingyur Rinpoche, "The Joy of Living: A Public Talk," given in Hartford, Connecticut, 9 August 2007, clip available at www.youtube.com/watch?v=m5bpe6fXuPk.

[26]Antoine Lutz, Julie Brefczynski-Lewis, Tom Johnstone, and Richard Davidson, "Regulation of the Neural Circuitry of Emotion by Compassion Meditation: Effects of Meditative Expertise," *PloS One* 3, no. 3 (March 2008).

[27]Clara Moskowitz, "Neuroscience May Explain the Dalai Lama," MSNBC's *LiveScience*, 27 March 2008.

[28]Ibid.

[29]Dan Rather, "Mind Science," *Dan Rather Reports*, HDNet, 8 April 2008.

[30]Richard Davidson, "Shaping Your Child's Brain," talk given at Appleton East High School (Appleton, Wisconsin), 13 May 2008, transcript of audio recording.

[31]Ibid.

[32]Ibid.

[33]Claudia Wallis, "The New Science of Happiness," *Time*, 17 January 2005.

[34]Richard Davidson, "Shaping Your Child's Brain," talk given at Appleton East High School (Appleton, Wisconsin), 13 May 2008, transcript of audio recording.

[35]Collaborative for Academic, Social, and Emotional Learning (CASEL), "The Benefits of School-Based Social and Emotional Learning Programs: Highlights from a Forthcoming CASEL Report," December 2007, www.casel.org/downloads/metaanalysissum.pdf.

[36]Daniel Goleman, "Some Big News About Learning," DanielGoleman.info, 15 February 2008, www.danielgoleman.info/blog/2008/02/15/some-big-news-about-learning/.

[37]Dan Rather, "Mind Science," *Dan Rather Reports*, HDNet, 8 April 2008.

제4장

[1]National Institute on Drug Abuse, "Drugs, Brains, and Behavior: The Science of Addiction," April 2007, 18, www.drugabuse.gov/ScienceofAddiction/.

[2]National Institute on Drug Abuse, "Comorbidity: Addiction and Other Mental Illnesses," December 2008, 4, www.drugabuse.gov/researchreports/comorbidity/.

[3]National Institute on Drug Abuse, "Drugs, Brains, and Behavior: The Science of Addiction," April 2007, ii, www.drugabuse.gov/ScienceofAddiction/.

[4]Amanda Onion, "Chronic Pain Comes from the Brain," ABC News, 28 February 2005, www.abcnews.go.com/Health/PainManagement/story?id=531217&page=1.

[5]National Institute on Alcohol Abuse and Alcoholism, "Alcoholic Liver Disease," *Alcohol Alert* 64 (January 2005), www.pubs.niaaa.nih.gov/publications/aa64/aa64.htm

[6]A. Thomas McLellan, David C. Lewis, Charles P. O'Brien, Herbert D. Kleber, "Drug Dependence, a Chronic Medical Illness," *JAMA* 284 (2000): 1689–1695.

[7]National Institute on Drug Abuse, "Drugs, Brains, and Behavior: The Science of Addiction," 3, www.drugabuse.gov/ScienceofAddiction/. www.drugabuse.gov/ScienceofAddiction/.

[8]Jeneen Interlandi, "What Addicts Need," *Newsweek*, 3 March 2008.

[9]The American Pain Foundation, "Fast Facts about Pain," 2005, 1, www.painfoundation.org/page.asp?file=library/FastFacts.htm; and "Pain Facts: An Overview of American Pain Surveys," 2005, 9, www.painfoundation.org/page.asp?file=Newsroom/PainSurveys.htm.

[10]Amanda Onion, "Chronic Pain Comes from the Brain," ABC News, 28 February 2005, www.abcnews.go.com/Health/PainManagement/story?id=531217&page=1.

[11]Daniel Goleman, "Brain Images of Addiction in Action Show Its Neural Basis," *New York Times*, 13 August 1996.

[12]Substance Abuse and Mental Health Services Administration (SAMHSA), Office of Applied Studies, National Survey on Drug Use and Health, 2006 and 2007, www.oas.samhsa.gov/nsduh/reports.htm#Standard.

[13]Nora D. Volkow, Linda Chang, Gene-Jack Wang, Joanna S. Fowler, Yu-Sin Ding, Mark Sedler, Jean Logan, Dinko Franceschi, John Gatley, Robert Hitzemann, Andrew Gifford, Christopher Wong, and Naomi Pappas, "Low Level of Brain Dopamine D_2 Receptors in Methamphetamine Abusers: Association With Metabolism in the Orbitofrontal Cortex," *American Journal of Psychiatry* 158 (2001): 2015.

[14]M.P. Paulus, N.E.Hozack, B.E. Zauscher, L. Frank, G.G. Brown, D.L. Braff, M.A. Schuckit, "Behavioral and Functional Neuroimaging Evidence for Prefrontal Dysfunction in Methamphetamine-Dependent Subjects," *Neuropsychopharmacology* 26, no. 1 (January 2002): 53.

[15]Nora D. Volkow, Linda Chang, Gene-Jack Wang, Joanna S. Fowler, Dinko Franceschi, Mark Sedler, Samuel J. Gatley, Eric Miller, Robert Hitzemann, Yu-Shin Ding, and Jean Logan, "Loss of Dopamine Transporters in Methamphetamine Abusers Recovers with Protracted Abstinence," *Journal of Neuroscience* 21, no. 23 (1 December 2001): 9414.

[16]WGBH/Frontline, *The Meth Epidemic*, 14 February 2006, www.pbs.org/wgbh/pages/frontline/meth/body/methbrainnoflash.html.

[17]Sandra Blakeslee, "This Is Your Brain on Meth," *New York Times*, 20 July 2004.

[18]American Cancer Society, "Cigarette Smoking," revised 14 November 2008, www.cancer.org/docroot/PED/content/PED_10_2X_Cigarette_Smoking.asp.

[19]Benedict Carey, "In a Clue to Addiction, Brain Injury Halts Smoking," *New York Times*, 26 January 2007.

[20]Ibid.

[21]Ibid.

[22]Jeneen Interlandi, "What Addicts Need," *Newsweek*, 3 March 2008.

[23]Ibid.

[24]Ibid.

[25]The American Pain Foundation, "Fast Facts about Pain," 2005, 1, www.painfoundation.org/page.asp?file=library/FastFacts.htm.

[26]A. Vania Apkarian, Yamaya Sosa, Sreepadma Sonty, Robert M. Levy, R. Norman Harden, Todd B. Parrish, and Darren R. Gitelman, "Chronic Back Pain Is Associated with Decreased Prefrontal and Thalamic Gray Matter Density," *Journal of Neuroscience* 24, no. 46 (17 November 2004): 10410.

[27]Ibid.

[28]Northwestern University, "Chronic Pain Harms the Brain," 5 February 2008, www.northwestern.edu/newscenter/stories/2008/02/chronicpain.html.

[29]Ibid.

[30]Melanie Thernstrom, "My Pain, My Brain," *New York Times*, 14 May 2006.

[31]R. Christopher deCharms, Fumiko Maeda, Gary H. Glover, David Ludlow, John M. Pauly, Deepak Soneji, John D. E. Gabrieli, and Sean C. Mackey, "Control Over - Brain Activation and Pain Learned by Using Real-time Functional MRI," *Proceedings of the National Academy of Sciences* 102, no. 51 (20 December 2005): 18629.

[32]Melanie Thernstrom, "My Pain, My Brain," *New York Times*, 14 May 2006.

[33]R. Christopher DeCharms et al., "Control Over Brain Activation and Pain Learned by Using Real-time Functional MRI," *Proceedings of the National Academy of Sciences* 102, no. 51 (20 December 2005): 18630.

[34]Ibid.

[35]Melanie Thernstrom, "My Pain, My Brain," *New York Times*, 14 May 2006.

[36]Emily Singer, "Looking at Your Brain on Drugs," *Technology Review*, 30 October 2006, www.technologyreview.com/Biotech/17674/.

[37]Ibid.

[38]Ibid.

제5장

[1]Michael Koenigs, Liane Young, Ralph Adolphs, Daniel Tranel, Fiery Cushman, Marc Hauser, and Antonio Damasio, "Damage to the Prefrontal Cortex Increases Utilitarian Moral Judgments," *Nature* 446 (2007): 908-911.

[2]Jeffrey Rosen, "The Brain on the Stand," *New York Times*, 11 March 2007.

[3]Joshua Greene and Jonathan Cohen, "For the Law, Neuroscience Changes Nothing and Everything," *Philosophical Transactions of the Royal Society of London* 359 (2004): 1775.

[4]Peter Unger, *Living High and Letting Die: Our Illusion of Innocence* (New York: Oxford University Press, 1996).

[5]Joshua D. Greene, R. Brian Sommerville, Leigh E. Nystrom, John M. Darley, Jonathan D. Cohen, "An fMRI Investigation of Emotional Engagement in Moral Judgment," *Science* 293 (14 September 2001): 2106.

[6]Jeffrey Rosen, "The Brain on the Stand," *New York Times*, 11 March 2007.

[7]Joshua D. Greene, "Why Are VMPFC Patients More Utilitarian? A Dual-Process Theory of Moral Judgment," *Trends in Cognitive Sciences* 11, no. 8 (July 2007): 322.

[8]Michael Koenigs et al., "Damage to the Prefrontal Cortex Increases Utilitarian Moral Judgments," *Nature* 446 (2007): 908.

[9]Joshua Greene, "From Neural 'Is' to Moral 'Ought': What Are the Moral

Implications of Neuroscientific Moral Psychology?" *Nature Reviews Neuroscience* 4 (October 2003): 850.

[10]*Roper v. Simmons* (03-633) 543 U.S. 551 (2005) 112 S. W. 3d 397, affirmed, www. law.cornell.edu/supct/html/03-633.ZS.html.

[11]Joseph T. McLaughlin, E. Joshua Rosenkranz, Timothy P. Wei, Stephane M. Clare, Aliya Haider, et al., "Brief of the American Medical Association, American Psychiatric Association, American Society for Adolescent Psychiatry, American Academy of Child and Adolescent Psychiatry, American Academy of Psychiatry and the Law, National Association of Social Workers, and National Mental Health Association as Amici Curiae in Support of the Respondent." *Roper v. Simmons*, U.S. Supreme Court, no. 03-633, www.abanet.org/crimjust/juvjus/simmons/ama.pdf.

[12]*Roper v. Simmons* (03-633) 543 U.S. 551 (2005) 112 S. W. 3d 397, affirmed, www. law.cornell.edu/supct/html/03-633.ZS.html.

[13]Joshua Greene and Jonathan Cohen, "For the Law, Neuroscience Changes Nothing and Everything," *Philosophical Transactions of the Royal Society of London* 359 (2004): 1775.

[14]Richard J. Davidson, Katherine M. Putnam, Christine L. Larson, "Dysfunction in the Neural Circuitry of Emotion Regulation—A Possible Prelude to Violence," *Science* 289 (28 July 2000): 594.

[15]Jeffrey Rosen, "The Brain on the Stand," *New York Times*, 11 March 2007.

[16]Henry T. Greely on the Law & Neuroscience Project, video recording for the MacArthur Foundation, 12 June 2008, www.youtube.com/watch?v=kveqkgYNIZs&feature=related.

[17]Stephen J. Morse on the Law & Neuroscience Project, video recording for the MacArthur Foundation, 12 June 2008, www.youtube.com/watch?v=L22lI4xTjXw&feature=channel.

[18]Michael S. Gazzaniga on the Law & Neuroscience Project, video recording for the MacArthur Foundation, 12 June 2008, www.youtube.com/watch?v=AOYws5Ok5Nk&feature=channel.

[19]National Science Foundation video, "Professor Michael Gazzaniga discusses the impact of neuroscience and the legal system," www.nsf.gov/discoveries/disc_videos.jsp?cntn_id=114979&media_id=65262&org= NSF.

[20]Michael S. Gazzaniga on the Law & Neuroscience Project, video recording for the MacArthur Foundation, 12 June 2008, www.youtube.com/watch?v=AOYws5Ok5Nk&feature=channel.

[21]Walter Sinnott-Armstrong on the Law & Neuroscience Project, video recording for the MacArthur Foundation, 12 June 2008, www.youtube.com/watch?v=av1EFK3QgsU.

[22]Owen D. Jones on the Law & Neuroscience Project, video recording for the MacArthur Foundation, 12 June 2008, www.youtube.com/watch?v= uKg-2fvJZKw&feature=channel.

[23]Michael Gazzaniga and Steve Mirsky, "Science Talk Podcast," *Scientific American*, 28 November 2007, www.scientificamerican.com/podcast/episode.cfm?id=82CE9C8B-E7F2-99DF-320EEC8640412E2D.

[24]Henry T. Greely on the Law & Neuroscience Project, video recording for the MacArthur Foundation, 12 June 2008, www.youtube.com/watch?v=kveqkgYNIZs&feature=related.

[25]Robert Lee Hotz, "The Brain, Your Honor, Will Take the Witness Stand," *Wall Street Journal*, 15 January 2009.

[26]Ibid.

[27]Walter Sinnott-Armstrong on the Law & Neuroscience Project, video recording for the MacArthur Foundation, 12 June 2008, www.youtube.com/watch?v=av1EFK3QgsU.

[28]Robert Lee Hotz, "The Brain, Your Honor, Will Take the Witness Stand," *Wall Street Journal*, 15 January 2009.

[29]Joshua W. Buckholtz, Christopher L. Asplund, Paul E. Dux, David H. Zald, John C. Gore, Owen D. Jones, and René Marois, "The Neural Correlates of Third-Party Punishment," *Neuron* 60, no. 5 (10 December 2008): 930-940.

[30]Robert Lee Hotz, "The Brain, Your Honor, Will Take the Witness Stand," *Wall Street Journal*, 15 January 2009.

[31]National Science Foundation video, "Professor Michael Gazzaniga discusses the impact of neuroscience and the legal system," www.nsf.gov/discoveries/disc_videos.jsp?cntn_id=114979&media_id=65262&org=NSF.

[32]Henry T. Greely on the Law & Neuroscience Project, video recording for the MacArthur Foundation, 12 June 2008, www.youtube.com/watch?v=kveqkgYNIZs&feature=related.

[33]John Tierney, "One Good Turn Deserves Another: Altruism Researchers Reply to Your Posts," *New York Times*, 26 June 2007.

[34]John Tierney, "Taxes a Pleasure? Check the Brain Scan," *New York Times*, 19 June 2007.

[35]William T. Harbaugh, Ulrich Mayr, and Daniel R. Burghart, "Neural Responses to Taxation and Voluntary Giving Reveal Motives for Charitable Donations," *Science* 316 (15 June 2007): 1623.

[36]Ibid, 1624.

[37]John Tierney, "One Good Turn Deserves Another: Altruism Researchers Reply to Your Posts," *New York Times*, 26 June 2007.

[38]Joshua Greene et al., "An fMRI Investigation of Emotional Engagement in Moral Judgment," *Science* 293 (14 September 2001): 2107.

[39]Peter Unger, *Living High and Letting Die: Our Illusion of Innocence* (New York: Oxford University Press, 1996).

[40]Joshua Greene, "From Neural 'Is' to Moral 'Ought': What Are the Moral Implications of Neuroscientific Moral Psychology?" *Nature Reviews Neuroscience* 4 (October 2003): 849.

[41]Ibid.

제6장

[1]Lumosity website homepage, www.lumosity.com/.

[2]Nintendo's Brain Age website homepage, www.brainage.com/launch/index.jsp.

[3]R. Brookmeyer, E. Johnson, K. Ziegler-Graham, MH Arrighi, "Forecasting the Global Burden of Alzheimer's Disease," *Alzheimer's and Dementia* 3, no. 3 (July 2007): 186–91.

[4]Timothy Salthouse, "When Does Age-Related Cognitive Decline Begin?" *Neurobiology of Aging* 30, no. 4 (April 2009): 507–14.

[5]Howard Hughes Medical Institute, "Alzheimer's Disease Is Not Accelerated Aging," 30 September 2004, www.hhmi.org/news/buckner4.html.

[6]Randy L. Buckner, "Memory and Executive Function in Aging and AD: Multiple Factors that Cause Decline and Reserve Factors that Compensate," *Neuron* 44 (30 September 2004): 204.

[7]Howard Hughes Medical Institute, "Alzheimer's May Leave Some Forms of Memory Intact," 10 June 2004, www.hhmi.org/news/buckner3.html. See also Cindy Lustig and Randy L. Buckner, "Preserved Neural Correlates of Priming in Old Age and Dementia," *Neuron* 42 (10 June 2004): 865–75.

[8]Howard Hughes Medical Institute, "Training Improves Age-Related Memory Decline," 16 February 2002, www.hhmi.org/news/buckner2.html.

[9]Ibid.

[10]Howard Hughes Medical Institute, "Alzheimer's May Leave Some Forms of Memory Intact," 10 June 2004, www.hhmi.org/news/buckner3.html.

[11]Howard Hughes Medical Institute, "Brain Activity in Youth May Presage Alzheimer's Pathology," 24 August 2005, www.hhmi.org/news/buckner5.html.

[12]Ibid. See also Randy L. Buckner et al., "Molecular, Structural, and Functional Characterization of Alzheimer's Disease: Evidence for a Relationship Between Default Activity, Amyloid, and Memory," *Journal of Neuroscience* 25, no. 34 (August 24, 2005): 7709–17.

[13]Denise Grady, "Finding Alzheimer's Before a Mind Fails," *New York Times*, 26 December 2007.

[14]Roni Caryn Rabin, "Blood Sugar Linked to Memory Decline, Study Says," *New York Times*, 1 January 2009.

[15]Scott Small, interviewed by Miriam Boleyn-Fitzgerald, 15 July 2009, transcript of audio recording.

[16]Columbia University Medical Center, "Researchers at Columbia University

Medical Center Link Blood Sugar to Normal Cognitive Aging," 30 December 2008, www.cumc.columbia.edu/news/press_releases/081230_Aging.html.

[17]Roni Caryn Rabin, "Blood Sugar Linked to Memory Decline, Study Says," *New York Times*, 1 January 2009.

[18]Scott Small, interviewed by Miriam Boleyn-Fitzgerald, 15 July 2009, transcript of audio recording.

[19]Roni Caryn Rabin, "Blood Sugar Linked to Memory Decline, Study Says," *New York Times*, 1 January 2009.

[20]Scott Small, interviewed by Miriam Boleyn-Fitzgerald, 15 July 2009, transcript of audio recording.

[21]"Staying Sharp: New Study Uncovers How People Maintain Cognitive Function In Old Age," *Science Daily*, 12 June 2009, www.sciencedaily.com/releases/2009/06/090608162424.htm.

[22]Ibid.

[23]M. Kindt, M. Soeter, B. Vervliet, "Beyond Extinction: Erasing Human Fear Responses and Preventing the Return of Fear," *Nature Neuroscience* (March 2009).

[24]Lesley Stahl, "The Memory Pill," CBS News *60 Minutes*, 17 June 2007. Video and transcript available at www.cbsnews.com/stories/2006/11/22/60minutes/main2205629_page2.shtml.

[25]Ibid.

[26]Robin Marantz Henig, "The Quest to Forget," *New York Times*, 4 April 2004.

[27]"Effect of Propranolol on Preventing Post-Traumatic Stress Disorder," NIH clinical trial no. NCT00158262, www.clinicaltrials.gov/ct2/show/NCT00158262.

[28]The President's Council on Bioethics, "Beyond Therapy: Biotechnology and the Pursuit of Happiness," Washington, D.C. (October 2003), 228, www.bioethics.gov/reports/beyondtherapy/.

[29]The President's Council on Bioethics, "Beyond Therapy: Biotechnology and the Pursuit of Happiness," Washington, D.C. (October 2003), 229, www.bioethics.gov/reports/beyondtherapy/.

[30]Robin Marantz Henig, "The Quest to Forget," *New York Times*, 4 April 2004.

[31]Lesley Stahl, "The Memory Pill," CBS News *60 Minutes*, 17 June 2007. Video and transcript available at www.cbsnews.com/stories/2006/11/22/60minutes/main2205629_page2.shtml.

[32]"Memories Selectively, Safely Erased in Mice," *Science Daily*, 23 October 2008, www.sciencedaily.com/releases/2008/10/081022135801.htm.

[33]Robin Marantz Henig, "The Quest to Forget," *New York Times*, 4 April 2004.

[34]Lesley Stahl, "The Memory Pill," CBS News *60 Minutes*, 17 June 2007. Video and transcript available at www.cbsnews.com/stories/2006/11/22/60minutes/main2205629_page2.shtml.

[35]Ibid.

[36]Joseph Z. Tsien et al., "Inducible and Selective Erasure of Memories in the Mouse Brain Via Chemical-Genetic Manipulation," *Neuron* 60, no. 2 (23 October 2008): 353–66.

[37]P. Serrano, E.L. Friedman, J. Kenney, S.M. Taubenfeld, J.M. Zimmerman, et al., "PKMzeta Maintains Spatial, Instrumental, and Classically Conditioned Long-Term Memories," *PLoS Biology* 6(12): e318.

[38]"Spotless Mind? Unwanted Memories Might Be Erasable Without Harming Other Brain Functions," *Science Daily*, 24 December 2008, www.sciencedaily.com/releases/2008/12/081223121137.htm.

[39]Benedict Carey, "Brain Researchers Open Door to Editing Memory," *New York Times*, 6 April 2009.

[40]Larry Rosenberg, *Living in the Light of Death: On the Art of Being Truly Alive* (Boston, MA: Shambhala Publications, 2000), 43–4.

제7장

[1]"Cula-Malunkyovada Sutta: The Shorter Instructions to Malunkya" (MN 63), translated from the Pali by Thanissaro Bhikkhu, *Access to Insight*, 7 June 2009, www.accesstoinsight.org/tipitaka/mn/mn.063.than.html.

[2]Vilayanur S. Ramachandran, "A Journey to the Center of your Mind," *TED Talks*, March 2007, www.ted.com/index.php/talks/vilayanur_ramachandran_on_your_mind.html.

[3]Steven Pinker, "The Mystery of Human Consciousness," *Time*, 29 January 2007.

[4]Ibid.

[5]Cornelia Dean, "Science of the Soul? 'I Think, Therefore I Am' Is Losing Force," *New York Times*, 26 June 2007.

[6]B. Alan Wallace, interviewed at "Attention, Memory and the Mind: A Synergy of Psychological, Neuroscientific and Contemplative Perspectives," Mind and Life XVIII Conference, 9 April 2009, www.youtube.com/watch?v=8mKLN2bRtss.

[7]B. Alan Wallace, "The Conscious Universe," talk given at Unity Church in Santa Barbara, California, 16 January 2008, www.sbinstitute.com/LecturesMP3.html.

[8]Richard Davidson at "Attention, Memory and the Mind: A Synergy of Psychological, Neuroscientific and Contemplative Perspectives," Mind and Life XVIII Conference, 9 April 2009, as quoted on the Mind and Life Institute Blog, www.mindandlife.org/blog/2009/04/reflections-on-day-4-emotion-attention-memory/.

[9]William James, "The Consciousness of the Self," Chapter 10 in *Principles of Psychology*, Volume 1 (New York, Henry Holt and Co., 1890).

[10]Norman A. S. Farb, Zindel V. Segal, Helen Mayberg, Jim Bean, Deborah McKeon, Zainab Fatima, and Adam K. Anderson, "Attending to the Present: Mindfulness

Meditation Reveals Distinct Neural Modes of Self-Reference," *Social Cognitive and Affective Neuroscience* 2, no. 4 (December 2007): 313–14.

[11]Zindel Segal, "Happiness and the Brain," *The Agenda with Steve Paikin*, TVO, 13 January 2009, www.tvo.org/TVO/WebObjects/TVO.woa?video?TAWSP_Dbt_20090113_779412_0.

[12]Norman A. S. Farb et al., "Attending to the Present: Mindfulness Meditation Reveals Distinct Neural Modes of Self-Reference," *Social Cognitive and Affective Neuroscience* 2, no. 4 (December 2007): 313.

[13]Ibid., 320

[14]Richard J. Davidson, "Well-Being and Affective Style: Neural Substrates and Biobehavioural Correlates," *Philosophical Transactions of the Royal Society* 359 (2004): 1395–1411.

[15]V.S. Ramachandran, talk given at *Beyond Belief: Science, Religion, Reason and Survival*, Salk Institute for Biological Studies, 5 November 2006, www.the-sciencenetwork.org/programs/beyond-belief-science-religion-reason-and-survival/session-4-1.

[16]"Split Brain Behavioral Experiments," www.youtube.com/watch?v=ZMLzP1VCANo&feature=player_embedded.

[17]Ibid.

[18]National Science Foundation video, "Professor Michael Gazzaniga discusses the impact of neuroscience and the legal system," www.nsf.gov/discoveries/disc_videos.jsp?cntn_id=114979&media_id=65262&org=NSF.

[19]V.S. Ramachandran, talk given at *Beyond Belief: Science, Religion, Reason and Survival*, Salk Institute for Biological Studies, 5 November 2006, www.the-sciencenetwork.org/programs/beyond-belief-science-religion-reason-and-survival/session-4-1.

[20]Ibid.

[21]Albert Einstein, Letter of 1950, as quoted in the *New York Times*, 29 March 1972.

[22]John T. Cacioppo and William Patrick, *Loneliness: Human Nature and the Need for Social Connection* (New York: W.W. Norton & Co., 2008).

[23]Debra A. Gusnard et al., "Medial Prefrontal Cortex and Self-Referential Mental Activity: Relation to a Default Mode of Brain Function," *PNAS* 98, no. 7 (27 March 2001): 4259–4264.

[24]Damien A. Fair, Alexander L. Cohen, Nico U. F. Dosenbach, Jessica A. Church, Francis M. Miezin, Deanna M. Barch, Marcus E. Raichle, Steven E. Petersen, and Bradley L. Schlaggar, "The Maturing Architecture of the Brain's Default Network," *PNAS* 105, no. 10 (11 March 2008): 4028–4032.

[25]Decety, J., Michalska, K.J., & Akitsuki, Y. "Who Caused the Pain? A Functional MRI Investigation of Empathy and Intentionality in Children," *Neuropsychologia* 46 (2008): 2607–2614.

[26]Sharon Begley, "Religion and the Brain," *Newsweek*, 7 May 2001.

[27]V.S. Ramachandran in "God and the Temporal Lobes," www.youtube.com/watch?v=qIiIsDIkDtg.

[28]V.S. Ramachandran, talk given at *Beyond Belief: Science, Religion, Reason and Survival*, Salk Institute for Biological Studies, 5 November 2006, www.the-sciencenetwork.org/programs/beyond-belief-science-religion-reason-and-survival/session-4-1.

[29]V.S. Ramachandran in "God and the Temporal Lobes," www.youtube.com/watch?v=qIiIsDIkDtg.

[30]V.S. Ramachandran, talk given at *Beyond Belief: Science, Religion, Reason and Survival*, Salk Institute for Biological Studies, 5 November 2006, www.the-sciencenetwork.org/programs/beyond-belief-science-religion-reason-and-survival/session-4-1.

[31]A. Chris Gajilan, "Are Humans Hardwired for Faith?" CNN.com, 5 April 2007, www.cnn.com/2007/HEALTH/04/04/neurotheology/.

[32]Sharon Begley, "Religion and the Brain," *Newsweek*, 7 May 2001.

[33]Richard Davidson, interviewed by Miriam Boleyn-Fitzgerald, 26 June 2008, transcript of audio recording.

[34]Bernard J. Baars, Thomas Z. Ramsoy, and Steven Laureys, "Brain, Conscious Experience, and the Observing Self," *Trends in Neurosciences* 26, no. 12 (December 2003): 671–675.

[35]Richard Davidson, interviewed by Miriam Boleyn-Fitzgerald, 26 June 2008, transcript of audio recording.

[36]Matthieu Ricard, "On the Habits of Happiness," *TED Talks*, February 2004, www.ted.com/index.php/talks/matthieu_ricard_on_the_habits_of_happiness.html.

[37]Jon Kabat-Zinn, "Reflections on the Origination, Development, and Scope of Mindfulness-Based Stress Reduction Programs in Mainstream Medicine," talk given at the Mind and Life XVI Conference, 16 April 2008, www.mindandlife.org/conf08.mayo.html.

[38]Yongey Mingyur Rinpoche, interviewed by Miriam Boleyn-Fitzgerald, 20 April 2009, transcript of audio recording.

[39]Penelope Green, "This Is Your Brain on Happiness," *O Magazine*, March 2008.

[40]Richard Davidson, interviewed by Miriam Boleyn-Fitzgerald, 26 June 2008, transcript of audio recording.

[41]Jon Kabat-Zinn, "Reflections on the Origination, Development, and Scope of Mindfulness-Based Stress Reduction Programs in Mainstream Medicine," talk given at the Mind and Life XVI Conference, 16 April 2008, www.mindandlife.org/conf08.mayo.html.

[42]Sakyong Mipham, *Turning the Mind into an Ally* (New York: Riverhead Books, 2003), 24.

[43]Ibid.

[44]Matthieu Ricard, "On the Habits of Happiness," *TED Talks*, February 2004, www.ted.com/index.php/talks/matthieu_ricard_on_the_habits_of_happiness.html.

[45]Sakyong Mipham, *Ruling Your World* (New York: Broadway Books, 2005), 30.

[46]Jack Kornfield, *A Path with Heart: A Guide Through the Perils and Promises of Spiritual Life* (New York: Bantam Books, 1993), 60.

[47]Larry Rosenberg, *Breath by Breath: The Liberating Practice of Insight Meditation* (Boston: Shambhala Publications, 1998), 20-1.

[48]Antoine Lutz, Heleen A. Slagter, John D. Dunne, and Richard J. Davidson, "Attention Regulation and Monitoring in Meditation," *Trends in Cognitive Sciences* 12, no. 4 (1 April 2008):164.

[49]Heleen A. Slagter, Antoine Lutz, Lawrence L. Greischar, Andrew D. Francis, Sander Nieuwenhuis, James M. Davis, Richard J. Davidson, "Mental Training Affects Distribution of Limited Brain Resources, *PLoS Biology* 5, no. 6 (June 2007): e138.

[50]Yongey Mingyur Rinpoche, *Joyful Wisdom: Embracing Change and Finding Freedom* (New York: Harmony Books, 2009), 146–7.

[51]Antoine Lutz et al., "Attention regulation and monitoring in meditation," *Trends in Cognitive Sciences* 12, no. 4 (1 April 2008):164.

[52]Mark Williams, John Teasdale, Zindel Segal, and Jon Kabat-Zinn, *The Mindful Way through Depression: Freeing Yourself from Chronic Unhappiness* (New York: The Guilford Press, 2007), 182.

[53]Ibid., 184.

[54]Ibid., 183.

[55]Pema Chodron, *The Wisdom of No Escape* (Boston, MA: Shambhala Publications, 1991), 4.

[56]Sharon Salzberg, "The Force of Kindness," public talk given at University of Wisconsin-Madison, 28 May 2009, transcript of audio recording.

[57]Sharon Salzberg, *Lovingkindness: The Revolutionary Art of Happiness* (Boston: Shambhala Publications, 2008), 19.

[58]Ibid., 21.

[59]Sharon Salzberg, "The Force of Kindness," public talk given at University of Wisconsin-Madison, 28 May 2009, transcript of audio recording.

[60]Jon Kabat-Zinn, "Reflections on the Origination, Development, and Scope of Mindfulness-Based Stress Reduction Programs in Mainstream Medicine," talk given at the Mind and Life XVI Conference, 16 April 2008, www.mindandlife.org/conf08.mayo.html.

[61]Matthieu Ricard, "On the Habits of Happiness," *TED Talks*, February 2004, www.ted.com/index.php/talks/matthieu_ricard_on_the_habits_of_happiness.html.

[62]Yongey Mingyur Rinpoche, interviewed by Miriam Boleyn-Fitzgerald, 20 April 2009.

[63]Vilayanur S. Ramachandran, "A Journey to the Center of your Mind," *TED Talks*, March 2007, www.ted.com/index.php/talks/ vilayanur_ramachandran_on_your_mind.html.

찾아보기

ㅣㄱㅣ

각성 10

간질 189

감금증후군 14, 21, 24, 28, 32

감마 활동 77

감성지능 82

감정적 중요도 201

감정 조절 40

감정 회로 131, 135, 143

강화 학습 141

거미막 114

경험적 초점 185, 187

고차 의식 203

공감 79, 140, 211

공포 반응 165

공포증 193

공황발작 78

관리 기능 150

관자마루 접합부 79

관자엽 199, 201

관자엽 간질 199, 202

관조적 교육 56

긍정심리학 62

긍정적 강화 74

기능자기공명영상 5

기댐핵 68, 139

기본 신경망 100, 153, 185, 197

기억 148, 159

기억 삭제 172

꼬리핵 140

| ㄴ |

낙관주의 63

날트렉손 98

노화 99, 149, 156, 158, 164

뇌들보 150, 189

뇌량 189

뇌사 14, 17

뇌섬 49, 79, 95, 96, 107, 140, 187

뇌전도 15

뇌졸중 20, 38, 96

뇌줄기 4, 16

뇌파 15, 76

눈확이마겉질 94

| ㄷ |

당뇨 160

대뇌겉질 16

데카르트 105

도덕적 딜레마 113, 118

도덕적 의사결정 142

도덕 추리 121

도덕 판단 113, 125, 127, 134, 141

도파민 70, 71, 93

두뇌 트레이닝 145

등가쪽 이마앞겉질 135

등쪽 줄무늬체 70

| ㅁ |

마루겉질 204

마루엽 100, 153

마음－뇌 관계 123

마음－뇌 상호작용 181

마음챙김 41, 44, 57, 186, 220

마음챙김에 근거한 스트레스 감소 42, 211

마음챙김에 근거한 인지치료 43, 211

마음 훈련 210

마이뜨리 218

마인드 컨트롤 102

만성 분노 39

만성 통증 50, 87, 99, 154

메따 51, 217, 219

메스암페타민 93

명상 57, 77, 174, 182, 188, 198, 208, 209

무無대상 주의 215

무無판단적 자각 205

무조건적 자비 77

무조건적 자비명상 206

물질남용장애 97

| ㅂ |

바이오피드백 103
배안쪽 이마앞겉질 112
배측 선조체 70
법정신의학 123
베타차단제 166, 168
변연계 79, 95
보상 중추 138, 139
보상 회로 69, 88, 98
복측 선조체 72
부처 178
분노 38
분할 뇌 189, 193
불안장애 46
비만 69
비자기의식적 자각 175

| ㅅ |

사법체계 128
사회적–정서적 학습 82
서사적 초점 185, 187
선禪 50
선악의 문제 128
성년 신경발생 159
수초화 121
순수 이타주의 138
순수한 자각 174

스트레스 37
스트레스 호르몬 49, 84
식물인간 4, 9, 13, 17, 19
신경 공시성 77
신경 회복력 61
신경가소성 36, 54
신경발생 158
신경생성 163
신경신학 199
신경심리학 115
신경영상화치료 89, 102, 106
심리치료 56, 57
심적 지각 182

| ㅇ |

아인슈타인 196
아캄프로세이트 98
안락사 28
안쪽 관자엽 100, 153
안쪽 관자엽 체계 150
안쪽 이마앞겉질 49, 73, 185
알츠하이머병 95, 148, 150, 151,
    153, 165, 174
알코올중독자 89
암묵(절차)기억 151
앞쪽 띠이랑 103
약물 남용 88

양전자방출 단층촬영술 11
어둠의 신경망 100, 153
열린 관찰 215
열린 자각 217
열린 존재 명상 204
영적 경험 203
외상적 기억 170, 171
외상 후 스트레스 장애 46, 167
외상 후 스트레스 장애 환자 216
외현기억 151
우울 43
우울증 98, 159, 216
운동 155, 161, 162
육교 딜레마 116
의식 영상화 31
의식장애 9
이마겉질 121, 152
이마앞겉질 84, 204
이마엽 100, 153
이마쪽 뇌섬 97
이타 행동 137, 138
인지 재평가 80
인지적 노화 150
인지치료 37

| ㅈ |
자각 10, 16

자기반성 186
자기의식 203
자기자각 179, 188
자기참조 184
자비심 75, 79, 80, 85, 140, 175, 196, 206, 207, 217
자선 140
자아 114, 178, 183, 190, 203, 222
자애 217, 219, 221
자유의지 115, 122
작업기억 117
장기기억 165
재활치료 26
전차 딜레마 116
전측 대상회 103
접근 행동 67
정서 148
정서적 탄력성 65
정서 조절 회로 123
종교 202
주의집중 208
줄무늬체 72
중간뇌변연계 도파민계 93
중독 87, 97, 106
지속적 식물인간 상태 16
지주막 114

진화심리학자 137

질병인식불능증 194

질병자각결여증 194

| ㅊ |

철회 행동 67

초점 자각 217

최소 의식 7

최소 의식 상태 18, 19, 32

충격적인 기억 147

충동적 공격성 123

측핵 68

치료에 프로프라놀롤 171

치매 152, 155, 164, 173

치아이랑 156, 157, 158, 160, 162

| ㅋ |

컴퓨터 단층촬영술 15

코르티솔 84, 159

코카인 93

쾌락 중추 68, 141

| ㅌ |

통증 72, 99, 103

통증 환자 91

| ㅍ |

편도체 23, 65, 72, 121, 124, 135, 201

포도당 대사 157

폭력 123

표현 억압 40

품행장애 71, 73

프로작 98

프로프라놀롤 166, 167, 170

피부 전기 반응 202

피츠버그 물질 B 155

| ㅎ |

학습 159

해마 95, 150, 157, 159, 163

해석자 190

해코지 71

행복 61, 75, 80, 175, 209, 211, 221, 223

행복 회로 84

현재적 자각 185

혈당 수준 156, 157

호기심 224

호흡 자각 212, 214

혼수상태 17

혼수상태학 10

환자-컴퓨터 인터페이스 30

회색질 88, 99, 121
흡연 95

| 기타 |
3분 호흡 공간 51, 216
9 · 11 테러 57
CT 15
EEG 15
fMRI 31, 32, 55, 70, 77, 94,
    100, 107, 115, 138, 151, 156,
    184, 206

fMRI 피드백 103
I 184, 198
MBCT 46, 211, 216, 221
MBSR 42, 211, 221
me 184, 186, 198
mPFC 185, 187, 197
MRI 95
PET 12, 22, 92, 155
PTSD 46, 52, 170, 171
rACC 103, 104
VMPFC 112, 118

저 자 소 개

미리엄 볼린−피츠제럴드

미리엄 볼린−피츠제럴드Miriam Boleyn-Fitzgerald는 15년 동안 호기심 많은 온갖 종류의 독자들에게 맞추어 광범위한 과학적 주제를 다루는 책들을 써왔다. 그녀는 '전문적인' 이야기로부터 지루한 요소를 걸러내는 것이 좋다고 믿는다. 인생을 더 행복하고 건강하며 만족스럽게 만드는 데 도움이 되는 지식에 독자들이 더 쉽게 접근할 수 있도록 말이다.

스와드모어대학교에서 물리학 학위를 딴 저자는 토마스 J. 왓슨 장학금을 받았으며, 매사추세츠공과대학교(MIT)에서 과학, 기술 및 사회 분야에서의 대학원 연구로 아이다 M. 그린 상을 수상했다. 클린턴 대통령의 인간방사성실험 자문위원회 집필진의 한 사람으로, 그리고 천연자원방어위원회와 우려하는 과학자 동맹의 분석가로 일한 바 있다. 위스콘신 주 애플턴에서 남편 패트릭과 아들 에이단과 함께 살면서 집필을 하고 있다.

역 자 소 개

박소현

서울대학교 컴퓨터공학과(학사)
서울대학교 심리학과(학사, 석사 수료)
전남대학교 제약학과(학사)
현재 약사이자 전문번역가로 활동 중
dinosmile@naver.com

김문수

서울대학교 심리학과(학사, 석사 수료)
미국 캘리포니아대학교(어바인캠퍼스, 박사)
미국 예일대학교(박사 후 과정)
현재 전남대학교 심리학과 교수
munsookim@hanmail.net